Jack Canfield, M
Marty Becker, D.M.V., C

Bouillon de Poulet pour l'âme de l'ami des Chats

Traduit par Fernand A. Leclerc et Lise B. Payette

BÉLIVEAU
éditeur
Montréal, Canada

L'édition originale de cet ouvrage a été publiée sous le titre
CHICKEN SOUP FOR THE CAT LOVER'S SOUL

Health Communications, Inc., Deerfield Beach, Floride (É.-U.)
ISBN 0-7573-0332-3

Réalisation de la couverture : Jean-François Szakacs

Dépôt légal : 4e trimestre 2008
Bibliothèque et Archives nationales du Québec
Bibliothèque nationale du Canada

ISBN 978-2-89092-410-9

BÉLIVEAU éditeur
5090, rue de Bellechasse
Montréal (Québec) Canada H1T 2A2
514-253-0403 Télécopieur : 514-256-5078

www.beliveauediteur.com
admin@beliveauediteur.com

Gouvernement du Québec — Programme de crédit d'impôt pour l'édition de livres — Gestion SODEC — www.sodec.gouv.qc.ca.

Nous reconnaissons l'aide financière du gouvernement du Canada par l'entremise du Programme d'aide au développement de l'industrie de l'édition (PADIÉ) pour nos activités d'édition.

IMPRIMÉ AU CANADA

CE LIVRE EST DÉDIÉ

aux millions de personnes dans le monde qui partagent leur cœur et leur foyer avec des chats, en célébrant l'affection sans limite, l'amour ronronnant, le charme idiot et le mystère serein de ces créatures uniques qui enrichissent la vie des humains.

NOUS DÉDIONS AUSSI CE LIVRE

aux vétérinaires et autres professionnels des soins des animaux dont la compassion et la compétence soignent et protègent ces merveilles poilues qui font partie intrinsèque de notre santé et de notre bien-être.

NOUS DÉDIONS ÉGALEMENT CE VOLUME

aux éleveurs et propriétaires exposants qui honorent, préservent et cherchent à améliorer la santé physique et psychologique de leurs chatons spéciaux — qu'ils aiment se coucher sur vos genoux, se frotter sur vos chevilles, qu'ils soient tigrés, tachetés, format de poche ou grosse boule ronronnante, à poils frisés, lisses comme du satin, à la robe abondante ou chauves comme une pêche — perpétuant l'héritage unique de la race féline dans toutes ses merveilleuses variations.

ET AUX HÉROS,

ces personnes et ces organismes de partout, qui se consacrent au secours des animaux de compagnie errants en leur trouvant un foyer, en aidant les chatons malades, blessés ou au mauvais comportement, et qui luttent, un animal à la fois, pour atteindre cette glorieuse journée où tous les petits êtres à fourrure dans le besoin auront un foyer aimant pour toujours.

ENFIN, À DIEU,

qui a choisi de nous privilégier en créant les chats — ceux-ci nous donnant un avant-goût du paradis sur Terre, et pour cela, nous Lui en sommes éternellement reconnaissants.

Table des matières

5. Ces chats qui enseignent

6. Adieu, mon amour

7. Adopte-moi !

8. Un membre de la famille

Remerciements

Nous désirons exprimer notre profonde gratitude aux personnes suivantes qui ont permis la réalisation de ce livre :

Nos familles, qui ont été le bouillon de poulet de notre âme !

La famille de Jack : Inga, Travis, Riley, Christopher, Oran et Kyle, pour leur amour et leur soutien.

La famille de Mark : Patty, Elisabeth et Melanie qui, une fois de plus, ont fait leur part et nous ont soutenus avec amour dans la création d'un autre livre.

L'âme sœur de Marty et amoureuse elle aussi des animaux, sa femme Teresa, qui l'inspire de son amour sans limites et de son intérêt pour l'amour particulier qu'il porte aux animaux. Aussi, ses enfants adorés, Mikkel et Lex, qui apportent tant de joie dans sa vie trépidante et lui rappellent de prendre le temps de relaxer, de taquiner, de rire et de se régénérer en prenant des périodes de congé. Virginia Becker et le regretté Bob Becker, qui ont enseigné à Marty à aimer toutes les créatures de Dieu, sur la ferme où il a grandi, du toutou familial gâté aux vaches laitières boueuses. Valdie et Rockey Burkholder, dont la bonté et le soutien ont permis à Marty de s'épanouir dans la plus belle oasis de beauté, de bonté et de sérénité du monde, la superbe Bonners Ferry, en Idaho. Enfin, tous les animaux de compagnie — passés, présents et futurs — qui, en donnant leur amour, leur loyauté et leur humour, ont tant enrichi sa vie en lui donnant plus de sens.

La famille de Carol : Lorin, McKenna et particulièrement son mari adoré, Larry, qui lui permettent de consacrer tout son temps à l'écriture et à la rédaction. La mère de Carol, Selma, ses frères, Jim et Burt, et ses sœurs, Barbara et Holly, et leurs familles, les gens qu'elle aime le plus au monde.

Le mari d'Amy, Mahmoud, pour ses encouragements, son amour et son soutien de tous les instants. Et ses parents, Phil et Mary Monteith, qui ont inspiré et nourri son amour des animaux de compagnie dès son plus jeune âge. Ses merveilleux frères et leurs familles: Laird, Gene, Jodi, Sherrie, Andrew, Colin, Erin et Kyle Monteith — et leur grande variété d'animaux chéris membres de la famille d'hier, d'aujourd'hui et de demain. Et Seren, qui laisse ses empreintes de pattes dans le cœur des membres de sa famille.

Nos remerciements chaleureux également à: Marci Shimoff qui, comme toujours, inspire, encourage et, bien sûr, est la meilleure des amies.

Cindy Buck, dont les talents exceptionnels de rédaction nous sont indispensables et dont l'amitié l'est encore plus.

Christian Wolfbrandt, avec son don extraordinaire pour garder les animaux de compagnie, en plus d'être un bon ami. Nous avons tellement apprécié ton aide !

Notre éditeur, Peter Vegso, un ami précieux, tant sur le plan professionnel que personnel, qui nous a tellement appris sur l'écriture et la promotion de livres, et qui demeure loyal envers et contre tout.

Patty Aubery et Russ Kamalsi, pour votre intelligence, votre perspicacité et votre soutien constant, et pour avoir été là tout au long du voyage avec votre amour, votre rire et votre créativité sans limites.

Barbara LoMonaco, qui nous a alimentés d'histoires et de caricatures merveilleuses.

D'ette Corona, indispensable, de bonne humeur, bien informée et aussi solide que le Roc de Gibraltar. Sans toi, nous n'y serions pas arrivés.

Patty Hansen, qui s'occupe si bien des aspects légaux et des accords de licence des livres *Chicken Soup for the Soul*. Tu relèves superbement le défi !

Laurie Hartman, gardienne précieuse de la marque *Chicken Soup*.

Veronica Romero, Teresa Esparza, Robin Yerian, Jesse Ianniello, Jamie Chicoine, Jody Emme, Debby Lefever, Michelle Adams, Dee Dee Romanello, Shanna Vieyra, Lisa Williams, Gina Romanello, Brittany Shaw, Dena Jacobson, Tanya Jones et Mary McKay qui soutiennent avec amour et habileté les entreprises de Jack et de Mark.

Lisa Drucker, qui a révisé le manuscrit final. Merci d'être là quand on a besoin de toi.

Bret Witter, Elisabeth Rinaldi, Allison Janse et Kathy Grant, nos éditeurs chez Health Communications, Inc., merci de votre souci d'excellence.

Notre grand ami, Terry Burke, qui s'intéresse personnellement à chacun de nos livres et qui se donne un mal de chien à faire mousser les ventes pour que, dans le cas présent, les animaux de compagnie et les gens en profitent.

Lori Golden, Kelly Maragni, Sean Geary, Patricia McConnell, Ariana Daner, Kim Weiss, Paola Fernandez-Rana et Julie De La Cruz, des services des ventes, du marketing et des relations publiques de Health Communications, Inc., pour l'incroyable soutien que vous accordez à nos livres.

Tom Sands, Claude Choquette et Luc Jutras, qui, année après année, réussissent à faire traduire nos livres en trente-six langues dans le monde entier.

Le service graphique de Health Communications, Inc., qui, par son talent, sa créativité et sa patience sans borne, produit les couvertures et la maquette intérieure des livres qui rendent si bien l'essence de *Bouillon de poulet :* Larissa Hise Henock, Lawna Patterson Oldfield, Andrea Perrine Brower, Anthony Clausi, Kevin Stawieray et Dawn Von Strolley Grove.

Dr Janice Willard, collègue de Marty, réalisatrice, coauteure et amie, qui a facilité sa vie et l'a enrichie, tout en lui permettant d'entreprendre de plus nombreux projets d'aide aux animaux de compagnie, aux personnes et à la profession que nous aimons.

Un merci tout spécial à Frank Steele qui nous a gratifiés de son amitié unique. Ton soutien pendant la gestation de ce livre a été très important pour nous.

Et mille mercis aux membres de Cat Writers' Association, de OWFI, la « Colorado Gang » et les « Warpies » dont les *coups de pattes* ont tellement contribué au succès de ce livre.

Merci également à tous les coauteurs des *Bouillon de poulet pour l'âme* ; grâce auxquels c'est une telle joie de faire partie de la famille des *Bouillon de poulet*.

Enfin, à notre glorieux groupe de lecteurs qui nous a aidés à faire le choix final et a fait des suggestions inestimables pour améliorer ce livre :

Jo Braley Birmingham, Kathy Bumgardner, Ina Bushon, Susan Catania, Marci DeLisle, Sharon DeNayer, Robin Downing, D.M.V., Susan Fucini, Wanda Rachel Glinert, Jean Greenwood, Diane Lopez, Cindy Lovern, D.M.V., Priscilla Maltbie (auteure du livre illustré pour enfants *Picasso and Minou*, basé sur l'histoire du jeune Pablo Picasso et de son chat, Minou), Angie McGee, Sandy Meyer, Patti Morelock, Kim Ossi, Jane Popham, Eliyahu Rooff, Diane Bolte Silverman, Jesse Gunn Stephen, Mary Summers, Sue Teumer, Susan Tripp et Tim Vande Giessen.

Surtout, merci à toutes les personnes qui ont soumis leurs histoires venant du cœur, leurs poèmes, leurs citations et leurs caricatures pour une inclusion possible dans ce livre. Même si nous n'avons pu inclure tous vos envois, nous savons que chacun de vos mots venait du fonds du cœur et visait à honorer la grande famille des chats.

L'importance de ce projet a peut-être fait que nous avons omis les noms de certaines personnes qui nous ont aidés en cours de route. Si c'était le cas, veuillez nous en excuser et sachez que nous vous estimons vraiment beaucoup.

Avec toute notre reconnaissance et notre amour !

Introduction

Le chat est une créature à nulle autre pareille. Des dessins de chats dans les grottes préhistoriques aux chats de concours sophistiqués d'aujourd'hui, les chats ne cessent de fasciner les gens. S'il arrive qu'un chat accepte de partager son affection avec un ou deux humains, il conservera toujours son mélange chimérique d'imprévisibilité et d'indépendance qui ne cesse de défier la compréhension des plus patients d'entre nous. C'est comme s'ils savaient qu'au moment où ils ont pour la première fois pénétré dans le cercle de la lumière humaine, ils ont changé à jamais notre histoire en influençant nos religions, notre littérature, notre art, notre vie même.

Qu'ils aient été vénérés comme dans l'Égypte ancienne, ou persécutés comme au Moyen Âge, les chats ont touché une corde profonde et sensible dans l'imaginaire humain. Le chat est tour à tour l'enfant sauvage qu'on ne peut apprivoiser, le doux compagnon qui ronronne un mantra pour soulager des âmes humaines souffrantes ou le chaton éternel qui peut tirer un sourire du plus avare des cœurs humains. Nos chats nous enchantent et, nous l'espérons, nous les enchanterons aussi.

Les véritables passionnés de félins se réjouissent du fait que le chat ait enfin retrouvé le piédestal dont il a été si cruellement chassé autrefois. Si, autrefois, nous n'admettions pas notre forte attirance, aujourd'hui notre histoire d'amour avec les chats est devenue très publique.

Après tout, les chats sont doués pour soulager nos maux. Cet « effet animal » positif a été documenté dans d'innombrables études sur la santé humaine et il est encouragé par des organismes comme la Delta Society. La simple présence d'un chat affectueux aide à soulager la douleur chronique, nous remonte le moral, détecte les crises de santé imminentes, diminue notre pression artérielle, nous aide à nous rétablir d'une maladie grave et va même jusqu'à réduire le risque que nos enfants deviennent allergiques ou souffrent d'asthme à l'âge adulte. Le lien humains-animaux, ou plus simplement « le Lien », se renforce année après année!

En fait, c'est la force et le pouvoir du Lien qui ont inspiré la création de ce livre. Quand nous avons demandé des histoires, nous en avons reçu des milliers de la part d'amis des chats du monde entier qui ont voulu nous raconter les mille et une façons dont leurs chats ont eu un effet bénéfique dans leur vie. *Bouillon de poulet pour l'âme de l'ami des chats* est un témoignage sur l'amour réciproque des humains et des chats. Les chapitres de ce livre illustrent les principales façons dont les chats nous font du bien: ils nous aiment, nous guérissent, nous apprennent des choses, nous font rire et, parfois, nous brisent le cœur au moment de leur décès.

Les félins occupent une place bien spéciale dans la vie des humains modernes. Jour après jour, les chats nous accueillent à la porte en se frottant affectueusement contre nos chevilles, en demandant à être caressés sur nos genoux et ils nous distribuent moult baisers de moustaches et coups de tête quand nous en avons besoin. Les chats ne s'intéressent pas à notre apparence, à nos revenus, à notre célébrité ou notre anonymat — ils nous aiment sans condition, parce que nous les aimons. Quels que soient leur âge ou leur situation, les humains apprécient l'interaction et l'amour inconditionnel des chats.

Malgré nos efforts, il nous est impossible de rester indifférents aux chats — particulièrement à quatre heures du matin lorsque leur écuelle est vide! Alors, souriez à leur « ch-attitude » et laissez libre cours à votre passion féline en vous laissant « minoucher » par les pages qui suivent. Nous souhaitons que les histoires que vous y trouverez vous enchanteront, vous amuseront, vous surprendront et vous informeront et, surtout, qu'elles honoreront les mystères et les merveilles des admirables chats qui partagent nos vies.

1

De l'amour

Il n'y a pas plus grand cadeau
que l'amour d'un chat.

Charles Dickens

Stubbly Dooright

Pendant des années, ma femme, Teresa, a enseigné l'éducation physique au niveau élémentaire de plusieurs écoles. Comme elle avait un horaire régulier dans les six écoles de son district, elle avait la chance d'apprendre à connaître la plupart des enfants du territoire et de les voir à leur meilleur — et à leur pire.

Il est déjà assez difficile d'être un enfant et, en plus, les classes de gym enlèvent tout le vernis et mettent à nu la vérité cachée. Il n'y a rien comme une classe d'éducation physique pour exposer ses forces et ses faiblesses, son audace ou sa timidité, ses talents pour gagner des compétitions athlétiques ou son total manque de coordination. Pire que tout, lorsque les gens sont choisis dans un camp, l'ordre de sélection ne laisse aucun doute quant à son statut dans la vie. Certains ont été choisis les derniers et ils en ont tous souffert.

Dans l'une des écoles, dont la façade grise et la cour en asphalte reflétaient l'environnement dépressif du centre-ville où elle se situait, Teresa a remarqué une enfant de troisième année qui était toujours choisie la dernière. La fillette, que nous appellerons Meagan, était de petite taille et obèse, et elle avait un regard fermé et désespéré. Meagan était toujours assise seule en classe, elle jouait seule pendant la récréation et mangeait seule son lunch, qui était enveloppé dans un sac de papier recyclé. Les professeurs et le personnel étaient gentils avec Meagan, mais les élèves ne l'étaient pas.

Les histoires qu'on racontait étaient déplorables. Teresa a su que, lorsque les surveillants dans la cour de récréation ne regardaient pas, les enfants couraient pour toucher Meagan par défi, puis ils déguerpissaient pour « infecter » les autres de son « virus ». En l'appelant

« Meagan la naine» dans leurs railleries, ils faisaient bien pire que l'isoler ; ses journées d'école et ses allers-retours à la maison étaient remplis de tourments psychologiques et physiques. Les enseignants qui ont rencontré la mère célibataire de Meagan, une femme travaillante qui faisait de son mieux pour « joindre les deux bouts qui ne se rejoignaient jamais », ont su que les fins de semaines étaient particulières pour Meagan — non pas qu'elle dormait chez des amies et était invitée au cinéma ou à des fêtes, mais parce qu'étant loin des autres enfants, dans l'intimité de sa chambre, ses misères cessaient, du moins jusqu'au lundi et la longue marche vers l'école.

La situation de Meagan troublait profondément ma femme. Après avoir parlé au directeur et à d'autres professeurs, Teresa a eu une idée. Elle savait, de ses conversations avec Meagan, que l'enfant n'avait jamais eu d'animal de compagnie. Teresa était certaine qu'un animal serait une solution idéale pour insuffler beaucoup d'amour et d'acceptation dans la vie de Meagan. Teresa a dit à Meagan qu'elle devait discuter d'une chose importante avec sa mère et elle lui a demandé si sa mère ne viendrait pas la chercher prochainement après l'école. Inquiète de savoir si quelque chose n'allait pas, la maman dévouée et consciencieuse est venue dès le lendemain.

Teresa lui a raconté les problèmes de l'enfant à l'école et, finalement, elle a abordé le sujet d'un animal de compagnie pour Meagan. À la surprise et au grand bonheur de mon épouse, la maman de Meagan a répondu qu'elle croyait que c'était une très bonne idée. Elle a accepté de venir à l'hôpital vétérinaire où j'exerçais pour voir les nombreux animaux abandonnés et rejetés qui se trouvaient là, afin de choisir parmi eux l'animal idéal pour Meagan.

Le samedi après-midi suivant — après la fermeture du bureau mais avant de quitter pour la journée — Meagan et sa mère sont venues par la porte arrière, comme il avait été convenu. Lorsque la sonnerie a retenti et comme il fallait s'y attendre, les chiens ont entonné un chœur de jappements vigoureux.

Je me suis agenouillé et me suis présenté à Meagan en leur souhaitant la bienvenue dans mon bureau, à elle et à sa mère. J'ai remarqué que la fillette, comme toute créature victime d'intimidation, avait beaucoup de peine dans ses yeux — tellement, en fait, que j'ai dû regarder ailleurs un moment afin de me ressaisir.

Je les ai conduites jusqu'à l'arrière, où étaient gardés les animaux sans domicile. J'étais certain que Meagan s'éprendrait d'un des chiots de race terrier croisé qui avaient été déposés dans une boîte à notre porte plus tôt dans la semaine. Les chiots avaient le poil retroussé, d'immenses yeux bruns humides et des langues roses qui entraient et sortaient comme des convoyeurs qui faisaient des heures supplémentaires.

Pourtant, même si Meagan trouvait les chiots bien de son goût, elle ne les aimait pas. Pendant que nous marchions le long de l'allée pour regarder d'autres « modèles d'occasion », la mascotte de la clinique est apparue, un tigré américain à poil ras qui s'était fait couper une patte par une faucheuse à foin alors qu'il se roulait dans un champ de luzerne. Avec un moignon comme patte droite arrière, on lui avait donné le nom de Stubbly Dooright.

Stubbly avait une curieuse habitude de se frotter contre vous en ronronnant, puis de vous mordre assez fort pour obtenir votre attention, mais pas suffisamment pour percer la peau. Ce fut le coup de foudre lorsque Stubbly s'est accroché au doigt rose de Meagan et, pour jouer, elle a presque soulevé le chat de terre. On pouvait clairement entendre Stubbly ronronner dans sa position verticale.

Meagan a quitté la clinique ce même samedi après-midi rayonnante de bonheur. Elle avait maintenant un ami vivant qui voulait jouer avec elle, qui aimait se pelotonner près d'elle sur le canapé et dormir près d'elle dans le lit. Sa mère nous a confié plus tard que, lorsque Meagan revenait à la maison après l'école, Stubbly courait à la porte, à la manière de Lassie, et la suivait de pièce en pièce dans la maison. Comme un boomerang félin, Stubbly partait pour accomplir ses « affaires de chat », mais revenait toujours pour être à ses côtés.

Stimulée par l'amour inconditionnel de Stubbly, son affection sans borne et sa loyauté, Meagan a commencé à s'épanouir. Même si elle ne pourrait jamais devenir la Reine du bal, elle a trouvé des amies qui aimaient les animaux et qui se sont liées d'amitié avec elle, et les choses ont commencé à s'améliorer pour elle — physiquement, émotionnellement et socialement.

Dix années plus tard, Teresa et moi avons reçu de Meagan une invitation pour la cérémonie de remise des diplômes de l'école, et nous avons été ravis de lire qu'elle était l'une des élèves de la promotion qui prononceraient le discours d'adieu.

Le jour de la remise des diplômes, nous nous sommes mêlés aux familles et aux amis assis dans l'auditorium pour voir les finissants recevoir leur diplôme. Lorsque Meagan s'est présentée sur le podium, la tête haute et rayonnante, j'ai eu peine à la reconnaître. Elle était devenue une jeune femme attrayante, de taille moyenne avec un physique athlétique, et elle a prononcé un discours sur l'importance de l'acceptation et de l'amitié qui a fasciné l'auditoire. Elle allait étudier en communications au collège et elle avait clairement un don en cette matière.

À la fin de son discours, elle a parlé de l'ami spécial qu'elle a rencontré en troisième année, et qui l'a aidée à remonter la pente dangereuse dans son enfance. L'ami qui l'avait réconfortée lorsqu'il n'y avait pas assez de nourriture à la maison parce que sa mère avait été congédiée, et l'ami qui était resté à ses côtés pendant qu'elle versait toutes les larmes de son corps après qu'un garçon lui avait demandé par défi de l'accompagner à une danse sans avoir l'intention de l'y emmener. L'ami exceptionnel qui avait été là pour sécher ses pleurs ou pour la faire rire lorsqu'elle en avait le plus besoin.

Alors que l'auditorium était rempli de monde qui buvait ses paroles, Meagan a dit qu'elle aimerait maintenant présenter cet ami exceptionnel et elle lui a demandé de venir sur l'estrade pour qu'on lui rende hommage. Meagan a regardé vers la droite ; personne ne s'est présenté dans l'allée. Elle a regardé vers la gauche, personne non plus ne s'est approché de l'estrade.

Ce fut l'un de ces moments où l'on souffre pour le conférencier, et les gens commençaient à pivoter sur leur siège, à tendre le cou et à murmurer. Après ce qui a semblé une éternité, mais qui a en fait duré moins d'une minute, Meagan a dit soudainement : « La raison pour laquelle mon ami n'est pas venu sur l'estrade, c'est parce qu'il y est déjà. De plus, il n'a que trois jambes et, parfois, il a de la difficulté à marcher. »

Quoi? Personne ne s'était présenté sur l'estrade et quel genre de personne avait trois jambes ?

Avec son sens aigu du drame, Meagan a levé les mains très haut — en exhibant une photographie de Stubbly Dooright. Pendant qu'elle décrivait son chat adoré, la foule s'est levée et lui a fait une ovation tout en riant et en l'applaudissant longuement.

Stubbly Dooright n'était peut-être pas là en personne, mais il y était définitivement en esprit — le même esprit qui a fait toute la différence dans la vie d'une enfant très seule.

Marty Becker, D.M.V.,
avec Teresa Becker

Oscar, le chaton de poubelle

Les gens qui n'aiment pas les chats n'ont pas encore rencontré celui fait pour eux.

Deborah A. Edwards, D.M.V.

On l'a nommé Oscar, d'après le personnage de *Sesame Street* qui vit dans une poubelle, parce que c'est là que nous avons d'abord fait sa connaissance. Je travaillais pour une chaîne de livraison de pizza et on m'avait assignée aux poubelles. Pendant que je déposais les sacs dans une benne à ordures, j'ai entendu un faible miaulement. J'ai commencé à fouiller dans les vidanges, et en dessous de plusieurs sacs, j'ai trouvé un chat, blessé et maigre. Je n'étais pas certaine si le chat était entré lui-même dans la benne pour chercher de la nourriture ou s'il avait été déposé là sciemment. Notre établissement se trouvait juste derrière un immeuble résidentiel, et il était fréquent de trouver des chats seuls et abandonnés.

De retour sur la terre ferme, il était évident que le chat était blessé à une patte. Il ne pouvait pas se tenir sur sa patte arrière droite. Cette situation me posait un gros problème. Mes finances étaient serrées et je retournais vivre chez mes parents — ayant déjà deux chats sous ma responsabilité. Papa tolérait à peine les deux félins déjà en place. Sa réaction à l'annonce d'un autre chat blessé serait certainement peu réceptive.

J'ai emmené l'animal abandonné chez le vétérinaire en espérant qu'on pourrait le soigner. Après des injections et des radiographies, le vétérinaire a découvert que le chat avait le bassin fracturé. J'ai posé des affiches, en espérant que quelqu'un le réclamerait ou l'adopterait.

Pendant ce temps, la réponse à la maison a été rapide et formelle: plus de chats! Papa a insisté pour que j'amène le chat immédiatement à la Société protectrice. J'ai répliqué en disant qu'on l'endormirait. Heureusement, maman est intervenue. Elle a convenu que personne ne voudrait adopter le chat avec sa blessure, donc, nous le garderions le temps que sa hanche guérisse. Puis, il devrait partir — et c'était final.

Oscar doit avoir en quelque sorte compris sa situation. Il semblait analyser le comportement des deux autres chats et leur interaction avec mon père. Nous avons soupçonné qu'il avait soudoyé Tanner, notre retriever blond, avec des restants de table en échange de leçons d'étiquette. Alors que les autres chats se tenaient à l'écart, Oscar était attentif. Il venait lorsqu'on l'appelait, et il roulait sur le dos pour qu'on gratte son ventre. Pendant que sa blessure commençait à guérir, il sautait sur l'ottomane près du fauteuil préféré de papa, et éventuellement sur ses genoux. Au début, papa repoussait Oscar, mais sa persistance a été récompensée. Peu après, Oscar et un papa marmonnant partageaient le fauteuil.

À l'heure des repas, Oscar venait s'asseoir avec nous. Il se plaçait sur le sol près de la chaise de papa et, de temps en temps, Oscar tapotait papa sur le genou avec une patte. Au début, cela provoquait de la colère et des exclamations sévères qu'on ne peut pas répéter ici. Malgré tout, Oscar refusait de se soumettre. Les coups de patte répétés sur les genoux ont bientôt mené à des morceaux de nourriture de choix à peine dissimulés sous la table.

Oscar accueillait mon père au haut de l'escalier chaque matin et il l'attendait à la porte chaque soir. Parfois, papa ignorait Oscar et, d'autres fois, il passait par-dessus, en se plaignant tout le temps. Oscar est devenu maître dans l'art d'ouvrir la porte en passant sa patte dessous et en la balançant de l'avant à l'arrière jusqu'à ce qu'elle s'ouvre.

Bientôt, il dormait dans la chambre des maîtres, au pied du lit. Papa était tout à fait dégoûté, mais il ne pouvait pas empêcher le chat de se glisser dans le lit pendant qu'ils dormaient. Finalement, papa a cédé.

Avant longtemps, Oscar, qui voulait avoir sa place à la table pendant les repas, a commencé à sauter sur mes genoux. On lui a permis de rester pourvu que sa tête reste sous le niveau de la table. Bien sûr, une patte occasionnelle apparaissait périodiquement pour signaler sa présence.

Trois mois ont passé et le vétérinaire a annoncé qu'Oscar était en santé et guéri. J'avais le cœur brisé. Comment pouvais-je éloigner cet animal affectueux de ce qui était devenu sa maison, loin des gens en qui il avait confiance ? Le cœur brisé, j'ai ramené Oscar à la maison et j'ai annoncé à mes parents ce qui aurait dû être une bonne nouvelle: Oscar était un chat en santé avec une hanche guérie. « Comme je l'ai promis, je vais l'amener à la Société protectrice des animaux », ai-je dit avec lassitude.

En me retournant pour mettre Oscar dans la cage de voyage, papa a parlé et a prononcé trois mots magiques: « Pas *mon* chat! »

Oscar est à la maison pour y rester. Il a maintenant sa propre chaise à la table et il dort — devinez où — dans la chambre des maîtres, entre maman et papa. Il est leur « petit chat » officiel et une preuve vivante que, bien ancré même dans les cœurs les plus inattendus, un ami des chats dort en chacun de nous.

Kathleen Kennedy

Le chat de ma mère

Lorsque ma mère, alors âgée de dix-neuf ans est décédée deux semaines après m'avoir donné naissance, j'ai hérité de son chat, Paprika. C'était un géant très gentil, avec des rayures orange foncé et des yeux jaunes qui me regardaient avec tolérance pendant que je le traînais avec moi partout où j'allais. Paprika avait dix ans lorsque je suis née. Ma mère l'avait tenu et aimé pendant ses dix premières années, alors que je ne l'avais jamais connue. Je le considérais donc comme mon lien avec elle. Chaque fois que je le serrais sur mon cœur, j'étais réconfortée du fait qu'elle avait fait la même chose.

« Est-ce que tu l'aimais beaucoup? » demandais-je souvent à Paprika alors que nous étions étendus sur mon lit.

« Miaou! » était sa réponse, pendant que je frottais mon menton sur son nez rose.

« Est-ce que tu t'ennuies d'elle? »

« Miaou!» Ses grands yeux jaunes me regardaient, l'air triste.

« Je m'ennuie d'elle aussi, même si je ne l'ai pas connue. Par contre, grand-maman dit qu'elle est au ciel et qu'elle veille sur nous de là-haut. Puisque nous sommes orphelins tous les deux, je sais qu'elle est contente que nous soyons là l'un pour l'autre », lui disais-je toujours, car c'était pour moi une pensée très réconfortante.

« Miaou! » répondait Paprika, en montant sur ma poitrine en ronronnant.

Je le tenais serré, les larmes aux yeux. « Et ça me rend tellement heureuse que nous nous ayons, l'un et l'autre ». La patte orange de Paprika venait toucher gentiment mon visage. J'étais convaincue qu'il me comprenait, et je savais que je le comprenais.

À ce moment-là, nous vivions dans le pays de ma naissance, la Hongrie, et mes grands-parents maternels m'élevaient, car la Deuxième Guerre mondiale avait aussi pris mon jeune papa. En grandissant, la guerre s'est intensifiée. En peu de temps, nous avons dû devenir des vagabonds en quête d'endroits plus sûrs.

Au printemps de 1944, j'avais huit ans, Paprika et moi étions blottis au fond d'une voiture de bois pendant que nous nous déplacions dans notre pays. Au cours des nombreux raids aériens de cette période terrible, quand nous devions nous précipiter pour trouver refuge dans une cave, un placard ou un fossé, il était toujours dans mes bras — je refusais carrément de partir sans lui. Comment aurais-je pu, quand l'une des premières histoires que l'on m'a racontées enfant était celle de ma mère mourante qui a supplié ses parents de prendre soin de son chat ainsi que de son bébé?

Après le Noël de 1944, lorsque nous avons failli être tués dans un bombardement dans la ville où nous étions, grand-papa a décidé que nous serions plus en sécurité à la campagne. Nous nous sommes donc installés dans une petite maison près d'un cimetière. Là, grand-papa, avec l'aide de voisins, a construit un bunker loin de la maison. Au début du printemps de 1945, nous avons passé toute une nuit dans le bunker. Paprika était avec moi, bien sûr. Encore une fois, j'ai refusé de m'en séparer.

Les avions de guerre vrombissaient, les tanks grondaient, et les bombes sifflaient et explosaient au-dessus de nos têtes toute la nuit pendant que je m'accrochais à Paprika, et que ma grand-mère s'accrochait à nous deux, en priant sans arrêt. Paprika n'a jamais été pris de panique dans ce bunker. Il est simplement resté dans mes bras en me réconfortant de sa présence.

Enfin, le bruit a cessé et grand-papa a décidé que nous pouvions retourner à la maison sans danger. Avec précaution, nous avons rampé à l'extérieur dans la lumière de l'aurore et nous nous sommes dirigés vers la maison. Les buissons craquaient sous nos pieds en chemin. Je tremblais, tout en tenant fermement Paprika. Soudain, il y a eu un bruissement dans les buissons juste devant nous. Deux hommes sont sortis et ont pointé des mitrailleuses directement sur nous.

« *Stoi!* » a crié l'un des hommes. Nous savions que ce mot voulait dire « Arrêtez! »

« Des Russes! a murmuré grand-papa. Restez bien tranquilles, sans bouger. »

Paprika a sauté de mes bras lorsque le soldat a crié et plutôt que d'écouter grand-papa, je me suis élancée entre les soldats et je l'ai rattrapé.

Le jeune soldat, un grand aux cheveux noirs, s'est approché de moi. J'ai eu un mouvement de recul tout en tenant Paprika contre moi. Le soldat a tendu la main et l'a caressé avec douceur. « J'ai une petite fille d'environ ton âge, là-bas en Russie, et elle a un chat comme celui-ci », a-t-il dit en nous souriant. J'ai regardé dans ses doux yeux bruns et ma peur a disparu. Mes grands-parents ont soupiré de soulagement. Nous avons constaté ce matin-là que l'occupation soviétique de notre pays progressait.

Pendant les semaines et les mois éprouvants qui ont suivi, l'amour de Paprika m'a facilité la vie, car il ne me quittait presque jamais. Il était mon réconfort, mon meilleur ami.

À l'automne de 1945, grand-papa, qui avait dénoncé les atrocités qui avaient lieu dans notre pays, était parti se cacher pour éviter d'être fait prisonnier comme dissident par le nouveau gouvernement communiste. Grand-maman et moi nous préparions pour un Noël sombre qui s'est transformé en mon pire cauchemar lorsque je me suis réveillée le matin de Noël pour trouver Paprika pelotonné près de moi comme d'habitude, mais sans vie et froid. J'ai pris son corps mou et, le tenant près de moi, j'ai pleuré sans pouvoir m'arrêter. Il avait dix-neuf ans, j'en avais neuf.

« Je t'aimerai toujours, Paprika. Je ne donnerai jamais mon cœur à un autre chat », lui ai-je juré à travers mes larmes. « Jamais, jamais! »

L'esprit de Paprika est maintenant au ciel, avec ta maman, mon ange », m'a dit grand-maman, en essayant de me consoler. Mon cœur fut brisé ce jour terrible de Noël 1945.

Grand-papa est resté caché jusqu'à l'automne de 1947, quand nous avons finalement pu fuir notre pays communiste en nous cachant parmi des Allemands qui étaient déportés en Autriche. Là-bas, nous nous sommes retrouvés dans un camps de réfugiés et nous y sommes restés pendant quatre ans. Ces temps ont été difficiles pour moi, et je pensais souvent à Paprika. Je voyais les chats d'autres personnes et je savais que ce serait très réconfortant de sentir un animal chaud à fourrure ronronner dans mes bras. Ma loyauté envers Paprika, mêlée dans mon esprit à ma loyauté envers ma mère, n'a jamais flanché. J'avais fait un vœu et je le respecterais.

Un rayon d'espoir a traversé ces ténèbres lorsque finalement, nous avons été acceptés pour immigrer aux États-Unis. En septembre 1951, nous avons embarqué sur un vieux navire de la marine américaine. Nous étions en route pour l'Amérique.

Cette année-là, nous avons passé notre premier Noël aux États-Unis. Les horreurs de la guerre et les quatre années difficiles dans un camp de réfugiés étaient maintenant choses du passé et une vie pleine de nouvelles promesses s'ouvrait à nous. Ce matin de Noël, je me suis réveillée avec une odeur alléchante qui flottait dans toute la maison. Grand-maman cuisinait sa première dinde américaine. Pendant ce temps, grand-papa a pointé vers l'un des présents sous l'arbre de Noël. Ce cadeau semblait en vie, car la boîte sautait au son de « Jingle Bells » qui jouait à la radio. Je me suis précipitée, j'ai défait le ruban orange et j'ai soulevé le couvercle de la boîte.

« Miaou! » a crié le présent, en sautant directement sur mes genoux et en ronronnant. C'était un minuscule chaton tigré orange, et lorsque j'ai regardé dans ses yeux jaunes, le vœu que j'avais fait en 1945 s'est effrité comme de la poussière. J'étais une nouvelle personne dans un nouveau pays. En serrant le chat contre moi, j'ai laissé la douceur de l'amour remplir mon cœur à nouveau.

Ce Noël-là, je crois que maman nous a souri du ciel avec approbation, pendant que l'esprit de Paprika ronronnait joyeusement à ses côtés.

Renie Burghardt

Un miaou est un baume pour le cœur.

Stuart McMillan

Le tigré qui aimait la musique

En juillet 1999, notre monde a changé à jamais à la suite de cinq petits mots prononcés à mon mari au cours d'un appel téléphonique qui nous a réveillés aux petites heures du matin: « Votre fils n'a pas survécu. »

Notre fils, Don, vivait en Caroline du Nord et il terminait son doctorat en guitare classique afin de pouvoir enseigner un jour. Il avait déjà reçu sa maîtrise en Performance musicale de l'Université Southern Methodist du Texas. Le 17 juillet, il s'est endormi au volant de son auto et il a frappé le pilier d'un pont. Il est mort sur le coup.

Donnie parti, nous avons hérité de sa chatte, Audrey. Il ne l'avait pas souvent emmenée chez nous au cours des années, et elle passait alors son temps cachée sous le lit. Elle était nerveuse et timide, une beauté grise qu'il avait acquise dans un refuge lorsqu'il vivait à Memphis, au Tennessee. Il appelait Audrey « princesse » et disait qu'elle tolérait de se faire flatter seulement à ses propres conditions — lorsqu'*elle* était d'humeur pour cela!

Audrey est arrivée chez nous tout juste un mois après l'adoption de MoJo, un chat abandonné que nous avions trouvé au refuge local. Audrey se terrait constamment sous un lit ou un canapé. MoJo, qui était un chat dominant, la traquait continuellement. Je voulais tant qu'Audrey apprenne à nous connaître, mais elle avait peur de sortir pour plus longtemps que nécessaire afin d'avaler son repas du matin.

Une chose que j'avais remarquée à propos d'Audrey était qu'elle adorait la musique. Chaque fois que la musique jouait, elle sortait la tête et regardait autour, comme si elle voulait d'une certaine façon en faire partie.

« Pense seulement à toute la musique à laquelle elle a été exposée. Cela doit la réconforter, car le son lui est si familier », ai-je dit à mon mari.

Mon fils aimait tous les genres de musique. Non seulement jouait-il de la guitare chaque jour, mais il avait aussi des amis qui venaient chez lui et qui jouaient différents instruments. Je sais qu'il avait de nombreux CD — toute une collection, du classique au bluegrass. Nous partagions, lui et moi, un amour pour de la bonne musique acoustique bluegrass.

Audrey était avec nous depuis environ trois semaines lorsqu'une de mes bonnes amies a perdu le petit chien qu'elle avait depuis des années. Je lui ai offert MoJo, sachant qu'il l'aiderait à vivre sa douleur. Je savais que MoJo me manquerait, mais je savais aussi que s'il n'était pas là, Audrey sortirait de sa cachette et apprendrait à nous connaître un peu mieux. Je voulais tant qu'elle se sente chez elle avec nous — et que nous puissions l'aimer ouvertement et qu'elle nous donne cet amour en retour.

Puis, c'est arrivé. Un soir, après que MoJo eut quitté la maison et que j'essayais depuis quelques heures de faire sortir Audrey de sa cachette, j'ai eu une idée. J'ai sorti un CD d'un des récitals de Donnie et je l'ai fait jouer. Mon mari avait passé plusieurs heures à transférer les cassettes de tous les récitals de guitare de Donnie sur des CD afin que nous puissions toujours avoir sa musique avec nous.

La musique a commencé et mes yeux se sont remplis de larmes, car je voyais en pensée mon fils assis devant moi avec sa guitare. Il était le plus heureux lorsqu'il jouait. Sa tête tombait parfois et se levait pour soutenir une note, et, dans ma tête, je le voyais avec un reflet de soleil qui accentuait la blondeur de ses cheveux qui tombaient sur son front. J'ai haussé le volume pour laisser la musique m'envahir et remplir mon âme.

Quelques minutes plus tard, j'ai senti Audrey qui se frottait sur ma jambe et ronronnait! Puis, elle a marché en cercle autour de la pièce comme si elle cherchait quelque chose. Où était son cher Donnie? Elle l'avait entendu et elle se souvenait de lui — je savais qu'elle s'en souvenait!

Je me suis dirigée doucement vers elle pour ne pas l'effrayer au point qu'elle retourne se cacher, et j'ai sorti la courtepointe de mon fils de la penderie. C'était un piqué que je lui avais confectionné et sur lequel il avait dormi en s'en servant comme d'un drap sur le matelas de son appartement. Je ne l'avais pas lavé. Je l'ai étendu soigneusement sur le sol et j'ai appelé mon mari pour qu'il vienne voir ce qui se passait. À ce point, des larmes coulaient sur mon visage et je sentais que mon fils était avec nous comme jamais auparavant.

Audrey a marché sur la courtepointe et, soudain, elle s'est laissée tomber et a roulé. Elle a fait beaucoup de tonneaux, en frottant à plusieurs reprises le côté de sa face dans la courtepointe, comme pour dire: « Hé! j'aimais votre fils; maintenant, je vous aime aussi. » Des larmes de joie ont été versées ce jour-là — le jour où Audrey a accepté l'amour que nous voulions lui offrir si désespérément. Je crois sincèrement qu'elle a pleuré son absence à sa façon et comprenait soudain le lien que nous avions avec ce merveilleux jeune homme lorsqu'elle l'a entendu encore une fois jouer sur sa guitare.

Notre chatte tigrée amoureuse de la musique nous comble de joie chaque jour. Elle et moi partageons maintenant ce « lien bluegrass ». Lorsque je fais jouer mon CD favori de bluegrass, elle accourt pour ronronner et frotter son amour partout sur moi pendant les chansons! Il est étonnant de voir ce que fait cette chatte qui est indéniablement attirée par la musique. Elle peut aussi sentir lorsque je suis triste et que je m'ennuie de mon fils. Certaines pièces de musique me le rappellent encore, et elle vient vers moi pour se coller, en prolongeant son âme pour me réconforter. Les larmes coulent sur mes joues quand je *sens* mon fils près de moi à travers sa chatte. Je sais qu'il y a une raison pour laquelle elle est dans ma vie — pour continuer de me réconforter et de me relier à lui avec son amour.

Beverly F. Walker

Le chat de Coco

« Elle a l'air de s'ennuyer », a déclaré ma fille, de retour de l'université pour une courte visite à la maison.

Nous avons toutes deux observé la chatte grise à longs poils que j'avais adoptée la semaine précédente à la Société protectrice du district de Washington. Depuis que je l'avais emmenée à la maison, Coco, qui était le chat le plus vivant au refuge, était apathique et sans énergie. J'ai essayé de changer sa nourriture, je lui ai donné des vitamines, j'ai joué davantage avec elle le soir. Rien ne semblait éveiller son intérêt.

« Elle a peut-être besoin d'un animal de compagnie », a dit ma je-sais-tout de fille, d'un air narquois.

Quelques soirs plus tard, j'ai été réveillée en sursaut par une longue plainte mélancolique venant d'une masse sombre sur le rebord de ma fenêtre de chambre ouverte. « Pour l'amour du ciel, Coco, qu'est-ce qui se passe? » ai-je demandé en la prenant et en la mettant au bout de mon lit, sa place habituelle la nuit. Dès que j'ai refermé la lumière, elle a sauté hors du lit et a repris sa position et ses plaintes. J'ai gagné cette ronde en l'enfermant dans une autre chambre à coucher, mais elle a gratté à la porte et m'a tenue éveillée une grande partie de la nuit.

Pendant les quelques jours suivants, Coco a passé la majeure partie de son temps sur le rebord de la fenêtre, tantôt en miaulant et tantôt en émettant des sons plaintifs — me jetant sans cesse des regards accusateurs.

« Laisse-la sortir », m'a conseillé ma fille au téléphone de son dortoir à l'université.

« Es-tu sérieuse? » ai-je répondu. L'avenue Wisconsin, qui se trouve devant mon appartement, est très achalandée. « Elle ne vivrait pas assez longtemps pour que je ferme ma porte à double tour. »

Après encore quelques jours à entendre ce félin en détresse émotionnelle — qui faisait maintenant la grève de la faim — j'étais prête à suivre le conseil de ma fille. Mon appartement situé au deuxième étage était trop haut pour qu'un chat entre et sorte. J'ai fait un voyage de reconnaissance dans la cour à l'arrière de l'édifice de mon appartement et j'ai regardé vers ma fenêtre, munie de barreaux par mesure de sécurité. Coco me regardait d'en haut dans un appel silencieux.

J'ai regardé autour. Une vieille échelle de bois était à demi cachée derrière des buissons. Je l'ai appuyée sous ma fenêtre, contre l'édifice. Il restait encore un espace de moins de deux mètres, mais cela valait la peine d'essayer.

J'ai tenté de ne pas penser aux autres animaux qui pourraient trouver l'entrée de fortune invitante alors que j'ouvrais la fenêtre, juste assez pour que Coco puisse se glisser dessous. Elle n'a pas eu de difficulté à sauter sur le haut de l'échelle. En la regardant disparaître au coin de l'édifice, j'ai prié pour qu'elle puisse faire le saut de nouveau pour revenir — et pour qu'elle soit en sécurité.

Je sais que c'est irresponsable de laisser sortir un chat d'intérieur, particulièrement dans une ville achalandée, mais Coco avait un besoin si pressant de sortir que je n'ai pas pu m'empêcher de croire qu'elle savait ce qu'elle faisait. Même à cela, j'ai probablement regardé par cette fenêtre toutes les quinze minutes pendant tout le reste de l'après-midi.

Au moment où je commençais à m'inquiéter, j'ai entendu le bruit du petit store qui couvrait la fenêtre ouverte. Coco a sauté sur le sol, puis elle s'est retournée pour fixer la fenêtre. Presque au même moment, une tête noir et blanc a poussé le store de côté. Coco lui a fait un miaou d'encouragement et le nouveau a sauté. Les chats se sont touché le nez et je les regardais, incrédule.

Le chat en visite n'était pas très propre — ses taches étaient plus grises que blanches — et elle était extrêmement maigre, sauf son ventre, qui démontrait des signes évidents d'une grossesse avancée. Je ne pouvais pas m'imaginer comment Coco l'avait convaincue de faire ce dernier saut de presque deux mètres sur le rebord de la fenêtre, sans parler de l'avoir fait entrer dans un appartement inconnu. Elle était pourtant là, regardant dans ma chambre à coucher pendant que Coco lui léchait gentiment le cou et le dos.

« Ceci n'est pas une bonne idée », ai-je maugréé en déposant une deuxième assiette de nourriture et en amenant la visiteuse vers la litière. « Demain, elle doit aller à la Société protectrice. Après tout, c'est la chose responsable à faire avec des chats errants, surtout des chattes errantes enceintes. » Les deux chattes ont ignoré mes commentaires.

Le lendemain matin, j'ai sorti de sous mon lit la cage pour transporter la chatte errante et je suis partie à sa recherche. Elle n'était dans aucune des pièces de l'appartement. Finalement, j'ai vu Coco qui se faufilait dans la penderie de l'entrée où étaient les manteaux. Lorsque j'ai ouvert la porte, j'ai trouvé la chatte visiteuse tout étendue dans une boîte de vêtements d'hiver, qui allaitait quatre petites boules de fourrure. Bon, oublions la Société protectrice. J'aurais vraiment été sans cœur d'aller leur porter une nouvelle mère et quatre petits adorables!

Polly, comme je l'appelle maintenant, ainsi que ses bébés, sont restés dans la penderie pendant quelques semaines, jusqu'à ce que les chatons soient assez gros et assez braves pour s'aventurer à l'extérieur dans l'appartement. Pendant ce temps-là, il était visible que Polly n'avait pas un comportement maternel naturel. Elle ne faisait même pas sa toilette, encore moins celle de ses bébés. Coco a pris la responsabilité du nettoyage, de câliner et de jouer avec les chatons. Polly n'était que nourrice et ne montrait aucun intérêt pour ses nouveaux-nés, pendant que Coco leur enseignait à se laver et à se défendre, et à utiliser la litière. En fait, Polly n'avait d'intérêt en presque rien et elle passait la plupart de son temps à regarder dans le vide. Dès que les chatons ont été sevrés, je l'ai amenée chez mon vétérinaire pour la faire vacciner et stériliser. Pendant l'examen, il a découvert que Polly était sourde et qu'elle souffrait peut-être de dommages au cerveau.

D'un autre côté, les chatons étaient aussi actifs et curieux que tous les autres chatons, se fourrant le nez partout et grossissant chaque jour. J'ai décidé de garder Polly et j'ai commencé à chercher des foyers adoptifs pour les chatons. En moins d'une semaine, les quatre étaient placés.

Le jour où le dernier chaton est parti, Coco s'est retirée sous le canapé et elle a refusé de sortir pour son repas du soir. Elle émettait occasionnellement des petits miaulements doux. Le lendemain, elle était encore là, et rien n'a pu la faire bouger. J'ai pensé prendre une journée de congé du travail, mais j'avais peur que « ma chatte est déprimée parce qu'elle a perdu ces chatons adoptés » ne soit pas une raison suffisante pour justifier mon absence. Je me suis précipitée à la maison après le travail, mais Coco n'était pas là pour m'accueillir à la porte et j'ai regardé sous le canapé. Il n'y avait pas d'animal, sauf des touffes de poils. J'ai fait le tour de l'appartement et j'ai finalement trouvé les deux chattes enlacées face à face dans la boîte de vêtements d'hiver de la penderie dans l'entrée, les deux pattes de Polly autour du cou de Coco. Coco a regardé lorsque j'ai ouvert la porte, mais Polly a continué de lécher la face de Coco. Les deux chattes ronronnaient très fort.

Coco et Polly vivent encore avec moi et elles ne sont jamais très loin l'une de l'autre. Coco ne mange jamais sa nourriture avant de s'assurer que Polly est à côté d'elle, devant sa propre nourriture, et elle lui fait religieusement sa toilette tous les jours. Polly ne répond toujours pas à mes avances. Elle semble la plus heureuse lorsqu'elle est pelotonnée contre Coco.

Je crois que ma fille avait raison: Coco avait besoin d'un animal de compagnie, de quelqu'un à s'occuper. Et Polly et ses chatons n'auraient jamais survécu longtemps laissés à eux-mêmes. Comment Coco l'a-t-elle su, je ne le saurai jamais. Et, par une sorte d'instinct, Polly a reconnu la douleur de Coco et a pu lui offrir le réconfort dont elle avait besoin, un réonfort que seul un autre chat pouvait lui offrir.

Sheila Sowder

Le pouvoir de l'amour

Il n'est pas facile de gagner son amitié, mais elle en vaut la peine.

Michael Joseph

Lorsque j'ai aperçu pour la première fois le gros chat gris et blanc dans notre cour, j'ai su immédiatement que c'était un chat errant. Il avait le regard fier — un guerrier blessé avec une grosse tête et de larges épaules, et un corps couvert de vilaines cicatrices.

J'ai commencé à mettre de la nourriture pour lui chaque jour, et même s'il était facile de voir qu'il était affamé, il ne s'en approchait pas si quelqu'un était autour. À cause d'un œil mort, ce qui lui donnait un air malveillant, tous les voisins qui le voyaient en avaient peur, même ceux qui aimaient les chats. L'hiver est venu et il n'avait pas encore réussi à nous faire confiance, à moi et à ma famille. Puis, un jour, c'est arrivé — il a été frappé par une voiture. Je m'en suis aperçue lorsque je l'ai vu se traîner dans la neige jusqu'au plat de nourriture. J'ai su alors qu'il nous fallait le piéger sans cruauté. Il a fallu de l'ingéniosité, mais nous avons finalement réussi.

Il a passé une semaine chez le vétérinaire afin d'être traité pour ses blessures, et pour qu'il soit stérilisé, libéré de ses puces, qu'il reçoive ses vaccins et médicaments vermifuges ainsi qu'un toilettage et autres. Nous avions très hâte de le ramener à la maison afin qu'il se joigne à notre famille, mais lorsque nous sommes arrivés au cabinet du vétérinaire, ce dernier, très sérieux, nous a dit que nous devrions le faire endormir immédiatement. Notre gros chat errant était si féroce et méchant qu'il ne deviendrait jamais, mais jamais, apprivoisé, encore moins un animal de compagnie.

Je n'étais pas convaincue. J'ai toujours cru au pouvoir de l'amour, assez pour apprivoiser même la bête la plus sauvage. Je me suis dit : *J'ai prié pour ce chat depuis le jour où je l'ai aperçu, je ne vais pas abandonner si facilement !*

J'ai dit au vétérinaire : « Je veux essayer. Je l'amène à la maison. » Nous l'avons appelé Paws.

Nous avons ouvert la cage qui transportait le chat sous le lit dans la chambre d'invités, où nous avions mis de la nourriture, de l'eau et une litière — dans le coin le plus reculé afin que Paws se sente en sécurité — et nous avons quitté la chambre. Trois jours ont passé et nous n'avons eu aucun signe du chat. La seule façon de savoir qu'il était sous le lit, c'était lorsque l'un d'entre nous passait devant la porte de la chambre ouverte, nous entendions un grognement sourd et des crachements.

Je voulais rejoindre son cœur, pour qu'il sache qu'il était en sécurité et aimé. J'ai échafaudé un plan pour le toucher sans danger. J'ai mis sur ma tête le chapeau dur à large bord de mon mari et une paire de ses gants de soudure. Couchée sur le sol, je me suis glissée sous le lit vers Paws, mon visage par terre, et seul lui faisait face le dessus de ma tête protégé par le chapeau. J'ai tendu la main et je l'ai caressé, répétant gentiment encore et encore : « Paws, nous t'aimons, nous t'aimons, nous t'aimons. »

Il s'est comporté comme le diable de Tasmanie — en rugissant, grondant férocement et hurlant, et en se frappant le dos sous le dessous du lit alors qu'il essayait de me griffer et de me mordre. C'était terrifiant — mais je savais qu'il ne me ferait pas de mal, j'ai donc continué. Enfin, ma main gantée a rejoint son visage et j'ai pu le caresser, en lui disant toujours combien nous l'aimions. Très lentement, il s'est calmé. Il tremblait de peur alors que je le caressais toujours et que je lui parlais de la même voix douce pendant encore quelques minutes. Puis, je suis sortie de sous le lit et j'ai quitté la pièce.

Le premier pas avait été fait. J'étais contente, mais je me demandais combien de temps durerait cette campagne.

Plusieurs heures plus tard, je suis retournée en haut et je me suis rendue dans ma chambre. J'ai remarqué un chat sur le lit, puis j'ai regardé à deux fois. C'était Paws, tout étiré sur les oreillers et ronronnant à pleine force! J'ai mis ma main sur ma bouche. Je ne pouvais pas le croire.

Ce cher chat est devenu l'amour de notre maisonnée. Souvent, trois de nos autres chats le léchaient et faisaient sa toilette en même temps, deux chiens se pelotonnaient contre lui toute la journée et, mieux encore, toutes les nuits, il reprenait sa place favorite pour dormir — sur mon oreiller avec sa belle face au poil touffu pleine de cicatrices, collée sur la mienne.

Même si Paws a finalement succombé au cancer, son héritage — ma foi inébranlable dans le pouvoir de l'amour — survivra à jamais.

Barbara (Bobby) Adrian

À l'épreuve des « enfants »

Mon mari et moi revenions tout juste de l'épicerie lorsqu'un cri de chat à vous glacer le sang a résonné à l'extérieur de la porte avant. J'avais une peur bleue que l'un de nos deux chats d'intérieur soit passé entre nos jambes pour sortir et qu'il se retrouve maintenant en difficulté.

Lorsque j'ai ouvert la porte, un chat étrange — je n'utilise pas le mot étrange en vain — a fait irruption avec désinvolture dans l'entrée. « Hé, tu n'as pas d'affaire ici », ai-je dit à l'animal blanc poussiéreux alors que je me penchais pour l'attraper. Trop tard, il courait maintenant à la cuisine.

Nos deux félins tout proprets ont étudié l'intrus, qui a regardé les deux chats tour à tour et les bols de nourriture appétissante sur le sol de la cuisine, comme pour demander: « Alliez-vous finir votre repas ? »

Avant que quiconque puisse répondre, il a enfoui sa tête dans le bol le plus près.

« Hé, boule de fourrure, c'est assez », ai-je dit en le déposant, lui et le bol de nourriture confisqué, sur le patio. « Personne n'entre dans la maison sans un laissez-passer du vétérinaire. »

Non seulement je n'avais pas l'intention d'avoir un autre chat, mais plus important, pour la première fois depuis des années, il n'y avait plus de leucémie féline dans notre maison — et je ne prenais aucune chance. Le chat miteux était patient. Il est resté sur le patio, se prélassant au soleil et mangeant la nourriture que je lui donnais chaque fois qu'il tapait contre la fenêtre avec sa patte.

Lorsque je lui apportais sa nourriture, nous parlions, ou du moins, je parlais. Il opinait de la tête et frémissait de la queue. Il était tout blanc, à l'exception de sa queue et d'une oreille dorées. Je l'ai appelé Bogus, car il n'avait pas l'air très réel. Il ressemblait à deux chats mis ensemble pour en faire un seul. J'aurais dû savoir que lui donner un nom équivalait à l'adopter, mais il a fallu une autre semaine de recherche des propriétaires avant que mon mari et moi l'amenions chez le vétérinaire pour son bilan officiel.

Nous avons compris petit à petit à quel point ce chat était astucieux, et le vétérinaire aussi, lorsque Bogus a jeté par terre avec un coup de patte une bouteille de vaccin. Puis, il a aussi fait tomber la seringue qui était dans la main du vétérinaire. Ce dernier a déclaré Bogus en santé, sauf pour des oreilles brûlées par le soleil, mais il nous a assurés qu'elles guériraient sans qu'un suivi à son cabinet soit nécessaire.

Comme la première fois, dès que nous avons ouvert la porte pour le laisser entrer à la maison, Bogus s'est senti chez lui. Il s'est fait ami avec les autres chats, puis leur volait leur endroit favori pour dormir. Il était toujours le premier arrivé lorsque le repas était servi, et il choisissait les meilleurs genoux pour s'asseoir en tout temps.

Tout allait bien, sauf une mauvaise habitude — oh, peut-être plus d'une — la démolition du papier hygiénique. En quelques minutes, il pouvait déchirer un rouleau double de papier.

Mais nous sommes plus futés que le chat, nous sommes-nous dit, mon mari et moi. Nous avons caché le papier dans une armoire au-dessus de la toilette. Il a fallu environ dix minutes à Bogus pour le trouver. Maintenant, nous avions des mètres de papier hygiénique qui couvraient l'entrée, le sol de la salle de bains, et le corridor qui menait à l'oreiller favori de Bogus — un oreiller qu'il avait volé à l'un des autres chats, bien sûr.

C'est alors que j'ai découvert, à l'épicerie, l'allée de produits pour la sécurité des enfants. Parmi les articles pratiques destinés à protéger les enfants des dangers qui pourraient être entreposés sous l'évier de la cuisine ou derrière des prises électriques, j'ai trouvé le système de serrure idéal pour les armoires.

« Tu vois ça ? » J'ai balancé le paquet à la face d'un chat très curieux. « Ceci t'empêchera une fois pour toutes de toucher au papier hygiénique. » Bogus regardait pendant que j'essayais avec peine d'enlever l'emballage en plastique autour du simple machin qui, j'en étais certaine, sauverait le papier hygiénique de l'obsession de Bogus.

Vingt minutes plus tard, à l'aide de cisailles solides, j'ai réussi à libérer de son emballage le dispositif à l'épreuve des enfants. C'était un bidule étroit en plastique, en forme de U, qui s'installait au-dessus de la poignée de l'armoire avec une serrure à glissière qui se resserrait d'un côté, de sorte qu'il était impossible pour un enfant, une bête à fourrure ou tout autre créature d'ouvrir les portes. J'étais impressionnée. Pourvu que ce soit aussi efficace que l'emballage... Bogus a plissé ses yeux dorés en me regardant de la porte de la salle de bains.

« Voilà, mon gros », ai-je ri en lui tapotant la tête et en frottant son oreille dorée. « Voyons voir maintenant si tu peux ouvrir cette armoire. »

Je me suis installée dans mon fauteuil favori et j'ai pris le livre que j'étais en train de lire. *Bang, bang, bang*, faisaient les portes de l'armoire pendant que Bogus testait le nouveau cadenas. J'ai tourné la page et j'ai ri à haute voix pendant que le bruit s'intensifiait.

Soudain, le bruit a cessé. Un silence qui donne le frisson... Le doux bruit des pattes sur le plancher de bois dans le corridor... Le bruit de Bogus qui s'installe près de moi. J'ai regardé la serrure à l'épreuve des enfants qu'il avait laissé tomber sur mes genoux.

C'est alors que j'ai su: je pouvais rendre ma maison à l'épreuve des enfants, mais je ne pouvais pas rendre mon cœur à l'épreuve de Bogus. Et je ne voudrais pas qu'il en soit autrement.

Valerie Gawthrop

« ... Est-ce que quelqu'un sait qui a mangé mon pâté à tartiner de foie haché au jalapeno!? »

Les oncles

Il y a de nombreuses années, nous avions un chat qui s'appelait Curly. Les gens se souvenaient surtout de sa magnifique fourrure à longs poils blanche et noire. Chaton, il n'était qu'une grosse boule de duvet, accentuée par de longs poils frisés qui sortaient de ses oreilles — d'où son nom, Curly.

Bien sûr, si vous restiez assez longtemps autour de notre maison, vous sauriez qu'il était le « chef » de notre groupe de félins. Un titre qu'il s'était approprié, bien entendu. Cela signifiait qu'il aurait préféré que son frère Grayspot s'installe dans un endroit inconnu et qu'il n'en revienne jamais. La même chose pour Yellowcat, un vieux chat errant qui traînait toujours autour. En même temps que ce statut, venait une responsabilité que Curly prenait très au sérieux: il s'occupait et s'inquiétait de tous les chats plus jeunes.

Tout à commencé lorsque Mama Chat, une jeune chatte errante, a décidé que l'espace sous notre remise était l'endroit idéal pour sa famille qui naîtrait bientôt. Nos autres chats l'ont acceptée aussi chaleureusement que s'ils l'avaient connue toute leur vie. Bientôt, elle nous a présenté ses trois nouveaux chatons: Ginger, un chaton amical et curieux à poils longs gingembre; Blue Eyes, un beau petit couleur fauve à poils courts et aux yeux bleus; et Stripes, leur compagnon de litière à rayures pâles et foncées.

Tous aimaient jouer avec leurs « oncles », Grayspot et Curly — surtout avec Curly, qui était ravi de leurs joyeuses cabrioles. Malheureusement, ils imitaient leur mère très méfiante et refusaient tout rapport avec nous, les humains. Les cinq chats — chatons et oncles — dormaient ensemble dans le nid douillet sous la remise, du moins jusqu'au jour où les oncles se sont souvenus qu'ils ne pouvaient pas supporter d'être l'un près de l'autre. Par la suite, les chatons n'ont jamais été vus avec plus d'un oncle à la fois.

Puis, un jour, quand les chatons avaient environ quatre mois, Stripes est devenu soudain très malade. Après deux jours de diarrhée continue et de vomissement, il était tellement déshydraté que j'ai pensé qu'il était déjà mort. Tous les autres chats étaient inquiets — Curly, le premier. Bien sûr, Stripes avait besoin des soins d'un vétérinaire, mais sa mère refusait que je l'approche. Sans liquide, le petit Stripes ne survivrait pas. Lorsqu'il s'est évanoui dans la cour arrière, loin du plat d'eau, il semblait qu'il n'y avait plus d'espoir.

Pendant que j'étais à l'intérieur pour trouver un sac convenable pour l'enterrement inévitable, j'ai regardé par la fenêtre et j'ai vu une chose étonnante. Curly se dirigeait à travers la cour vers le bol d'eau. Grayspot, aussi. Par contre, ces ennemis jurés marchaient très lentement — *côte à côte !*

Puis, j'en ai vu la raison. *Soutenu entre les deux, il y avait le pauvre petit Stripes !* Pas à pas, Curly et Grayspot avançaient, transportant le petit chaton malade avec eux — jusqu'au bol d'eau. Ils ont continué de le soutenir pendant qu'il buvait le liquide qui lui sauverait la vie.

Par la suite, Curly est resté constamment près de Stripes, jusqu'à ce que le chaton se rétablisse complètement. Malheureusement, il a par le fait même attrapé ce qui avait rendu son petit ami si malade. Il s'est rétabli, mais ses forces ne sont jamais revenues totalement.

Cette année-là, il a plu tôt et à torrents. Avec les chatons qui grossissaient rapidement, il n'y avait maintenant de place que pour un adulte dans leur nid sec et sûr. Curly a insisté pour que Grayspot y dorme avec les petits ; Curly restait tout simplement à l'extérieur, à la pluie battante, et refusait que j'essaie de le faire changer d'avis. Déjà affaibli de la poitrine, il a rapidement attrapé une pneumonie et en est mort.

Je ne sais pas comment Curly a fait pour convaincre Grayspot d'aider Stripes ce jour-là — peut-être Grayspot s'est-il offert. La belle fourrure de Curly est mémorable, mais sa compassion étonnante, son esprit de sacrifice et son amour inconditionnel sont ce dont je me rappelle le plus de lui — et cela me remplit encore le cœur.

Bonnie Compton Hanson

Le bon choix

Un dimanche après-midi de fin d'automne, quelques mois après le début de notre relation, mon copain et moi sommes allés au refuge pour animaux de la ville pour adopter deux chats, un pour chacun de nous. Le refuge était situé dans un édifice miteux en béton, anonyme sauf pour la grande vitrine devant l'entrée, où les résidants les plus adorables du refuge — généralement une portée de chatons ou de chiots — apparaissaient quotidiennement. Sur le mur face à la rue, une fenêtre au niveau des yeux permettait de voir d'autres animaux errants, généralement des chats qui, ne craignant pas les hauteurs, semblaient aimer regarder passer les piétons.

La bénévole à la réception, une pièce grande comme une boîte à chaussures où étaient entassés un bureau en métal noir et beige tout bosselé et une demi-douzaine de chaises pliantes dépareillées, nous a expliqué le processus d'adoption. Elle s'est déclarée satisfaite du fait que nous étions des candidats sérieux pour l'adoption et nous a dirigés vers la porte du corridor qui menait à la salle où étaient les chats, une porte à moitié cachée derrière des caisses données de nourriture pour animaux et des sacs de litière générique.

À la fin de l'étroit corridor rempli de bruits de gémissements et de jappements, de grattage et de miaulements, la pièce des chats — une salle pas plus grande que l'aire de la réception — avait un reflet vert sous les fluorescents. Les cages étaient alignées contre les murs, du plancher au plafond. Sur le côté gauche, plusieurs familles étaient rassemblées autour des cages qui contenaient des portées de chatons. Deux bénévoles en sarraus bleus sortaient les chats des cages afin que les gens les prennent.

Mon copain et moi nous sommes séparés. En contournant la foule autour des chatons, je me suis dirigée vers les cages à droite de la pièce. Il y avait des fiches sur le devant des cages où étaient inscrits le nom et la description des occupants : Flossie (quatre ans, femelle stérilisée, la famille a déménagé) était une chatte blanche très poilue avec la face écrasée et des yeux bleu saphir ; Jojo (six mois, mâle, propriétaire allergique) était un chat filiforme avec des taches noir et orange ; Sam (deux ans, mâle, errant) était un chat Maine Coon solidement charpenté ; Yin et Yang (un an, mâle et femelle, trop de travail pour le propriétaire) étaient une paire de siamois plaintifs et sous-alimentés. La dernière cage à droite au niveau des épaules semblait vide, même s'il y avait une fiche : Morris (un an, mâle, errant).

J'ai regardé dans la cage. Du même gris bleu que les murs en métal qui l'entouraient, Morris se fondait dans le coin ombragé de la cage. Seule la fourrure blanche sous sa poitrine et les rayures blanches à travers son nez se reflétaient dans la lumière tamisée. Ses yeux jaunes, tachetés de brun et d'or, brillaient comme s'ils étaient allumés de l'intérieur. Il était assis, droit et immobile, comme les statues de pierre de chats qui gardaient les pyramides de l'Égypte ancienne.

« Hé, Morris, ai-je murmuré. Hé, petit », en mettant mes doigts dans la cage et en les bougeant. Il a cligné des yeux et a incliné légèrement la tête, en me regardant.

Une bénévole, une jeune femme au teint cireux dans la mi-vingtaine, coiffée d'une mince queue de cheval brune, est apparue près de moi. Elle a consulté son bloc-notes.

« Excusez-moi », a-t-elle dit, en passant devant moi pour sortir la fiche de son étui. Elle a vérifié la carte avec ses notes, a écrit quelque chose sur son bloc-notes et a replacé latéralement la carte dans la fente de métal, le côté court sur le dessus. Elle a tourné les talons pour quitter.

Je me suis tournée vers elle, en retirant mes doigts de la cage de Morris.

« Excusez-moi, ai-je dit. Qu'est-ce que cela veut dire quand vous tournez la carte de cette façon ? »

Elle regardait vers la famille d'enfants bruyants derrière elle. En se retournant vers moi, elle a répondu, d'une voix à peine plus forte qu'un murmure : « Cela veut dire qu'il est le suivant à partir. »

« Il est adopté ? C'est merveilleux ! »

« Non, a-t-elle marmonné en regardant de nouveau son bloc-notes. Il est le suivant à partir, vous savez, partir. »

Je ne comprenais pas. Je l'ai regardée, mais elle avait les yeux fuyants.

« Il est ici depuis dix jours déjà, a-t-elle ajouté. Nous ne pouvons pas le garder plus longtemps. »

« Que lui arrivera-t-il ? » ai-je répliqué, même si je venais de comprendre.

« Si personne ne l'adopte d'ici la fin de la journée, on l'endormira. » Elle a soupiré. « C'est un chat adulte et les familles veulent des chatons. De plus, il n'est pas très amical. Il ne fait que rester là, dans un coin. »

Un père avec ses deux enfants, debout devant une cage de chatons, l'a appelée et elle s'est excusée. Mes yeux se sont embués et j'ai eu la gorge serrée en la regardant ouvrir la porte de la cage, prendre au hasard deux chatons agités et en donner un à chacun des enfants criards.

À l'autre bout de la pièce, mon copain était penché, les doigts à l'intérieur des barreaux d'une cage où il y avait deux jolis chats rayés gingembre et blanc, qui se battaient pour obtenir son attention.

Quelque chose de rapide et de léger a frôlé mon oreille droite, et je me suis retournée. Morris était assis à l'avant de sa cage, une patte au bout blanc étirée à travers les barreaux. Je me suis approchée de la cage et il a encore tendu la patte, tapant mon oreille gauche.

« S'il vous plaît, ai-je demandé par-dessus mon épaule à la bénévole qui s'approchait à mon appel. Puis-je le prendre? »

« Morris? a-t-elle dit. Certainement. » Elle a ouvert la porte, a tendu la main, mais Morris s'est reculé de nouveau dans son coin.

« Laissez-moi essayer », ai-je repris alors qu'elle reculait.

« Morris, ai-je dit doucement. Hé, Morris. » Il s'est avancé en longeant la cage et je l'ai sorti. Il s'est installé dans mes bras, les pattes sur ma poitrine. Les larmes qui me brûlaient les yeux ont menacé d'éclater et j'ai penché la tête vers lui. Il a approché sa petite face anguleuse vers moi et, avec un ronronnement qui ressemblait presque à un grognement, il m'a léché l'oreille. J'ai eu la gorge serrée. Des larmes ont roulé sur mes joues.

J'ai entendu mon nom et je me suis retournée. Mon copain était toujours devant la même cage. Il tenait dans ses bras l'un des chats orange.

« Regarde ces petits, a-t-il dit. Snickers et Reeses. Mais nous changerons leurs noms. Lui s'appellera Calvin. » Il a flatté le chat qui ronronnait. « Et l'autre sera Hobbes », en indiquant le chat dans la cage.

« Non, ai-je dit, la voix étranglée. Je veux celui-ci. »

« Quoi? a-t-il répondu en me fixant. Allons, ces petits sont parfaits, ils sont bien assortis. »

« Non! ai-je répliqué en m'essuyant la joue sur mon épaule. Ils vont endormir Morris si je ne le prends pas. »

« Morris? Écoute, tu ne peux pas sauver tous les chats qui se trouvent ici. De plus, ces deux-là sont si mignons... »

Sa voix s'est fait traînante alors qu'il me faisait un sourire encourageant.

« Je ne laisse pas ce chat », ai-je répondu. Morris a levé une patte pour me tapoter le visage.

Mon copain a ouvert la bouche, puis il a senti que rien de ce qu'il dirait ne me ferait changer d'idée, et il s'est tu. Il a soupiré.

« Bien, a-t-il ajouté. Le mien sera Calvin. Le tien pourra s'appeler Hobbes. »

J'ai dit : « Morris. Son nom est Morris. »

Mon copain a secoué la tête et a fait un signe à la bénévole.

« Calvin et Morris, a-t-il grommelé. Parfait. »

Au cours de l'hiver, Morris et Calvin ont souvent joué l'un avec l'autre, mais Morris n'a jamais aimé mon copain. Il s'est avéré que Morris savait bien juger les gens. Au printemps, mon copain était parti. Quinze années plus tard, Morris est encore à mes côtés, aussi aimant et adorable que le premier jour où je l'ai rencontré.

M. L. Charendoff

Conversation avec un chat

Tu es mon chat et je suis ton humain.

Hilaire Belloc

Il y a environ huit ans, ma petite amie, Gale, et moi avons acheté une cabane à Flagstaff, en Arizona, pour l'utiliser comme escapade d'été. Elle nécessitait beaucoup de rénovations et, au cours de ce premier été, pendant que Gale travaillait à Tucson où nous vivions à l'époque, je me rendais à Flagstaff une semaine par mois pour effectuer les réparations nécessaires.

Par un chaud après-midi où je travaillais sur la véranda, j'ai entendu un miaulement. En levant les yeux, j'ai vu un chat presque adulte qui était là, dix ou treize mètres plus loin, près de notre tas de bois. J'ai pensé que c'était l'une des chattes sauvages qui vivaient dans la région. Je l'ai regardée un moment, puis j'ai répondu à son miaulement. Encouragée, la chatte a miaulé de nouveau. J'ai répondu, me demandant brièvement ce que nous nous disions. Nous avons échangé quelques miaulements additionnels avant qu'elle ne s'enfuie dans les bois.

De toute évidence, elle avait aimé notre conversation, car elle est revenue. Chaque jour pendant la semaine, je l'ai vue courir à travers la cour ou se prélasser au soleil dans un endroit protégé près du tas de bois.

J'ai toujours eu un faible pour les chats — nous en avions deux chez nous, à Tucson — alors, j'ai commencé à laisser de la nourriture pour elle. Si j'étais là, elle ne s'en approchait pas, mais si j'étais à l'intérieur, elle venait et nettoyait parfaitement le bol. J'ai essayé de lui offrir de la nourriture dans ma main, mais c'était encore trop terrifiant pour elle. Elle avait besoin de son espace, je me suis donc tenu à distance respectueuse.

Cette chatte avait quelque chose de particulier qui me touchait. Je voulais la convaincre de me laisser la flatter. Je pouvais comprendre que la vue d'une personne entière était quelque chose de trop impressionnant pour elle, donc, pendant qu'elle mangeait son repas sur la véranda, j'ai mis de la nourriture pour chats sur mes doigts, je me suis couché sur le plancher à l'intérieur de la porte, et j'ai sorti mon bras et ma main avec la nourriture à l'extérieur de la porte — bien à sa vue pendant qu'elle avalait son repas. Il a fallu quelques jours de ce manège, mais bientôt, elle léchait la nourriture sur mes doigts sans problème.

Ensuite, j'ai apporté son bol sur la véranda et, au lieu de m'en aller, je me suis assis près d'elle pendant qu'elle mangeait. Elle a rapidement fait le lien que le gros humain terrifiant voulait aussi dire nourriture délicieuse. Elle était méfiante, mais sa faim était plus forte que sa peur.

Son apparence n'avait rien de spécial. Sa fourrure au poil ras était blanche, avec des taches gris foncé, presque noires. Sa face était presque toute blanche, mais il y avait un point foncé au-dessus d'un œil et autour d'une oreille. Son dos était gris foncé, sauf une marque inhabituelle: une petite tache blanche en forme de pointe de flèche au milieu du dos.

Un jour, pendant que son nez était enfoui profondément dans son bol, j'ai tendu la main et je l'ai flattée le long de son dos. Elle a été étonnée, mais n'a pas bougé. J'ai continué de la caresser et de lui parler pendant qu'elle terminait son repas.

Nous avions fait de réels progrès, sans plus. Elle me laissait m'asseoir près d'elle et la flatter pendant les repas. Elle venait même sur la véranda et restait autour si j'étais assis à lire sur une chaise, mais elle refusait d'entrer et ne voulait pas que je la prenne ou que je la tienne. Nous avions frappé un mur, et elle ne voulait pas avancer d'un centimètre de plus.

Par contre, un lien nous unissait. Si je partais faire des courses, dès que ma voiture entrait dans l'allée, mon chat très réservé venait m'accueillir en courant. J'ai décidé de l'appeler Moki, d'après le Moki Dugway, une route spectaculaire qui serpente à travers les rochers rouges dans le désert du sud de l'Utah. Quelque chose à propos de la pointe de flèche sur son dos semblait bien aller avec cette région.

Pendant les quelques mois suivants, chaque fois que je retournais à Tucson, je payais Jessica, la fille d'une voisine, pour qu'elle mette de la nourriture pour Moki pendant que j'étais parti. Jessica m'a dit que Moki mangeait sa nourriture, mais elle refusait que Jessica s'approche d'elle. Ce privilège m'était réservé. C'est ainsi que notre routine a continué : chaque fois que j'arrivais dans l'allée à l'été et à l'automne, Moki flairait ma présence et venait en courant.

Puis, un après-midi d'octobre, je me suis garé, mais Moki n'est pas venue. J'étais troublé, mais non inquiet. Elle chassait peut-être. Un peu plus tard, la mère de Jessica a frappé à ma porte. « J'ai de mauvaises nouvelles », m'a-t-elle dit.

Un soir, m'a expliqué ma voisine, alors que Jessica venait déposer de la nourriture pour Moki, le chien de la maison a réussi à sortir de la cour et il a suivi Jessica jusque chez moi. Moki attendait son repas près du tas de bois lorsque le chien est arrivé derrière elle et l'a attaquée. Jessica lui a crié d'arrêter, mais le chien a secoué violemment Moki avant que Jessica puisse les rejoindre. Quelques instants plus tard, le chien a laissé tomber la chatte et Moki est partie, ensanglantée et blessée. Elle ne savait pas où était Moki — ni comment elle allait — mais elle doutait des chances de survie de la chatte dans les bois remplis de prédateurs autour de nos maisons.

J'ai immédiatement sauté dans ma voiture et je me suis mis à chercher le long des bois près de la route. J'ai appelé et appelé, mais je n'ai rien vu ni rien entendu. Moki, si elle était vivante, avait dû s'enfuir depuis longtemps. Pendant ma visite, j'ai cherché Moki tous les jours pendant une partie de la journée. Tout ce que j'ai trouvé était du poil près du tas de bois, un rappel horrible de ce qui s'était passé. Profondément triste, j'ai quitté Flagstaff une semaine plus tard, certain que je ne reverrais plus Moki.

L'hiver a passé et j'ai fait un ou deux voyages à Flagstaff pour faire des travaux dans la cabane. Il n'y a jamais eu de signe de Moki. J'étais surpris de ma souffrance à la perte de cette chatte qui avait tant gardé ses distances entre nous. J'ai enfoui Moki dans un compartiment de mon cœur et j'ai essayé de l'oublier.

Lorsque le mois de mai est revenu, j'ai fait un autre voyage à Flagstaff pour terminer les travaux à la cabane, en espérant que Gale et moi pourrions y passer du temps ensemble pendant l'été.

Tard un après-midi, je travaillais à l'intérieur avec la porte ouverte pour laisser entrer la brise du printemps et je l'ai entendue : un faible miaulement. J'ai laissé de côté ce que je faisais et j'ai couru à l'extérieur.

Elle était là, venant vers moi aussi rapidement qu'elle le pouvait — sur trois pattes. Sa quatrième était toujours là, mais elle ne mettait pas de poids dessus.

Je me suis agenouillé et j'ai flatté Moki avec beaucoup de douceur pour ne pas lui faire peur, mais j'étais tellement heureux de la voir que je me suis retrouvé à la prendre dans mes bras et à la tenir près de moi. Elle ne s'est pas débattue. Au contraire, elle a ronronné fortement pendant que je l'apportais à l'intérieur.

J'ai téléphoné à Gale pour lui partager la bonne nouvelle. Elle m'a dit que je devrais faire voir Moki par un vétérinaire le plus tôt possible. Ce soir-là, Moki a dormi avec moi sans même quitter le lit.

Le lendemain matin, je l'ai emmenée chez le vétérinaire. Il a pris des radiographies de sa patte et a dit que c'était une vilaine fracture et qu'elle ne s'était pas bien soudée, mais il a recommandé de ne pas la traumatiser en réparant les dommages. Il croyait qu'avec le temps, une fois que la patte serait complètement guérie, elle recommencerait à l'utiliser. J'ai demandé au vétérinaire de la stériliser et de lui donner ses vaccins et des médicaments vermifuges. Le lendemain, lorsque je suis allé la chercher au cabinet du vétérinaire, Moki s'est blottie dans mes bras comme si elle avait toujours fait cela. Le mur entre nous était tombé.

Moki et moi sommes demeurés proches. En fait, rares sont les fois au cours des huit dernières années où nous avons été séparés; elle vient même avec nous pendant les vacances. Je ne sais pas comment elle a pu survivre pendant cet hiver neigeux et froid avec ses blessures, mais je suis heureux qu'elle l'ait fait. Je ne sais pas lequel de nous deux était le plus heureux de revoir l'autre; aujourd'hui, je ne peux pas dire qui est le plus attaché à l'autre. Gale dit que Moki me regarde avec « les yeux de Nancy Reagan ». Moki est vraiment mon chat, et je suis vraiment son humain. Et la vie est plus douce à cause de cela.

On ne sait jamais où peut nous mener une conversation avec un chat.

Hoyt Tarola

Il y a toujours de la place pour un de plus

Un samedi après-midi au printemps dernier, nous revenions à la maison après les courses. Il était seize heures trente, heure de pointe sur la rue principale à quatre voies qui traverse la ville. J'étais fatiguée et je regardais dans le vide, sans porter attention aux boutiques et aux maisons que nous passions. Mon mari, Fred, conduisait et soudain, il a dit d'une voix scandalisée: « Mais qu'est-ce que c'était ça? »

« Quoi? » ai-je demandé, soudain éveillée.

Il a regardé à notre droite et il a crié: « C'est un chaton! »

Il avait vu une petite boule de poils lancée de la fenêtre droite de la voiture devant nous. Trop abasourdi pour prendre le numéro de plaque de la voiture, Fred est entré dans la première allée de garage, a stationné la voiture et a couru jusqu'à l'endroit où il avait vu le chaton atterrir près du trottoir. J'étais assise dans l'auto en m'imaginant le pire. Quelle chance avait un chaton dans une telle circulation?

Quelques minutes plus tard, Fred est revenu et m'a donné une petite boule de fourrure blanche de huit semaines, avec des rayures orange derrière chaque oreille et une croupe orange. Le chaton tremblait et avait l'air étourdi, mais il ne semblait pas blessé. J'ai alors remarqué qu'il n'avait pas de queue. *Oh non*, ai-je pensé, *on a passé sur sa queue en auto*. En regardant plus attentivement, j'ai vu qu'il était né ainsi.

« C'est un Manx croisé », ai-je dit. Je l'ai tenu près de moi, je l'ai caressé et lui ai parlé doucement. En me tournant vers Fred, j'ai demandé: « Que fait-on maintenant? »

Nous avions déjà des compagnons depuis longtemps: deux chats adultes en début d'adolescence. À Noël, nous avons ajouté un jeune croisé persan errant qui traînait dans le vieux centre commercial où Fred travaillait. Il a fallu trois mois avant que les chats résidants et le nouveau, Pooh, s'habituent à vivre ensemble. Allions-nous en apporter un autre chez nous? De plus, dans une maison pas beaucoup plus grande qu'un appartement de deux chambres à coucher.

Fred a dit: « Ramenons-le à la maison pour qu'il se calme. Lundi, je le laisserai à la boutique de toilettage. » La dame qui dirigeait la boutique aimait beaucoup les chats errants et elle les prenait sous son aile jusqu'à ce qu'elle puisse leur trouver un foyer.

Nous avons fait entrer en douce le chat dans la maison et nous l'avons installé dans l'une des petites chambres, avec de la nourriture, de l'eau, une litière et une vieille serviette afin qu'il se couche dessus pour dormir. Les autres chats n'ont pas été longs à découvrir l'intrus. L'un après l'autre, ils se sont plantés devant la porte fermée en demandant silencieusement à savoir ce qui se passait. Squeek, le plus vieux chat dominateur, était clairement consterné et il me jetait des regards noirs chaque fois que je passais devant la porte de la chambre. Il voulait que je sache qu'il n'y avait simplement plus de place dans la maison ou dans son cœur pour accepter un autre chat. « Ça va, mon vieux, ai-je dit en me penchant pour caresser sa petite tête folle, nous le gardons juste pour le week-end. »

Rendu au dimanche, le chaton s'était bien adapté à sa nouvelle vie et il cherchait à se distraire. Je suis allée le voir souvent, je l'ai caressé et j'ai balancé une corde devant lui pour qu'il attaque. Lorsque je l'ai pris dans mes bras, il a ronronné avec force et a frotté affectueusement son nez contre le mien.

« Ne t'attache pas trop », m'a prévenue Fred.

« Non, non, ai-je répondu, je ne pourrais pas m'occuper d'un autre chat. » Il n'avait pas semblé difficile d'élever deux chats. Deux chats à repérer. Deux bols de chats à laver. Deux chats à brosser et à soigner avec des médicaments lorsqu'ils étaient malades. Les griffes de huit pattes à couper. Deux chats qui partageaient parfois le même lit la nuit. Puis, le troisième est arrivé. Tout à coup, ma routine du matin a été bousculée. Où était chacun des chats? Qui avait été nourri, qui ne l'avait pas été? Pourquoi est-ce que je manquais toujours de bols propres pour eux? Pendant que les plus vieux dormaient, le jeune voulait que je joue avec lui. J'étais beaucoup plus occupée avec un seul chat de plus. Je ne pouvais pas m'imaginer en ajouter un quatrième.

Le dimanche soir, Fred et moi nous sommes rassurés l'un l'autre quant à notre décision de ne pas le garder. « Ce sera trop difficile pour les chats plus vieux, ai-je dit. Ils sont déjà stressés par Pooh. »

« Oui, a-t-il ajouté, et en plus, cela coûtera plus cher de nourriture pour chats et de vétérinaire. » Trois chats suffisaient amplement, avons-nous conclu.

Le lundi matin, j'ai dit adieu au chaton et je suis partie travailler. En route, je pensais au fait que la petite face avec les énormes yeux ambrés ne serait pas là lorsque je reviendrais à la maison. J'ai commencé à pleurer. « Arrête ça, me suis-je dit à haute voix. Tu ne peux pas prendre tous les chats errants que tu rencontres sur ton chemin. » Malgré tout, j'avais toujours le cœur lourd.

Je me suis tracassée toute la matinée et je ne pouvais pas me concentrer sur mon travail. Je voulais téléphoner à Fred et lui dire d'oublier d'amener le chaton à l'animalerie. Par contre, chaque fois que je voulais prendre le téléphone, les paroles sensées de la soirée précédente m'en empêchaient.

Ce soir-là, je suis rentrée à la maison pour constater que le chaton était parti, installé confortablement dans une cage à la boutique de toilettage, selon Fred. Je me sentais comme une traîtresse. « Il nous a fait confiance, ai-je dit, découragée, et maintenant il est assis, seul, dans une cage. Il doit avoir tellement peur. Qui sait si quelqu'un l'adoptera ou combien de temps cela prendra. » Fred n'a pas répondu et il a été anormalement silencieux toute la soirée.

Je n'étais pas de meilleure humeur le lendemain. Je ne pouvais penser à rien d'autre qu'au chat. Au milieu de l'après-midi, j'avais pris une décision. J'ai téléphoné à la maison et j'ai dit à Fred : « Va chercher le chaton. Ce ne sera certainement pas plus de travail, non? »

« Pas nécessaire, a répliqué Fred. Il est juste ici, sur mes genoux. Je n'en pouvais plus, alors, je suis allé le chercher ce matin. » Il avait fait un don à la propriétaire de la boutique pour l'aider avec les autres chats errants, l'avait remerciée et lui avait dit que nous avions décidé de le garder. Elle a souri et a répondu : « Cela ne me surprend pas. »

« Nous sommes fous », ai-je ajouté.

« Je sais », a-t-il répondu en riant.

Skeeter est maintenant un membre de la famille, heureux et bien établi. Oui, il y a eu une période d'ajustement, tant pour les chats que pour les humains. Squeek lui rappelle encore avec une baffe occasionnelle à la tête qu'il est le chef des chats et qu'il a les pleins pouvoirs sur le nouveau lit pour chat. Pooh, méfiant au début, est maintenant ravi d'avoir un compagnon de jeu avec qui courir dans la cour. Shadow, la plus vieille, est devenue la mère d'adoption et donne au chaton de longues séances de léchages aimants. Ils dorment souvent ensemble, la patte avant de Shadow entourant le chaton.

Ma routine s'est ajustée d'elle-même — ou je m'y suis ajustée. Les chats ont leur propre horaire pour la nourriture, ainsi il n'y en a jamais plus de deux à la fois dans notre minuscule cuisine. Ils semblent comprendre la règle du deux-chats-sur-le-lit-à-la-fois et ils s'y installent tour à tour. Skeeter a établi un rituel du soir, se précipiter le premier sur les genoux de Fred, puis sur les miens, pour nous donner affectueusement à chacun un content-que-tu-m'appartiennes avec un frottage de nez.

Toute nouvelle vie apporte son lot d'enseignement — ou de rappels — de leçons du passé oubliées. Dans ce cas-ci, on m'a rappelé que même lorsque la tête dit « impossible », le cœur peut toujours trouver de la place pour un de plus.

Roberta Lockwood

Dans un parfait état de symbiose.

Quel était ce bruit?

Je fais régulièrement du bénévolat à la *Peninsula Humane Society & SPCA*, en banlieue de San Francisco, pour apprivoiser des chats. Lorsque j'ai connu Boots, le petit chat gris était parmi l'un des vingt-sept chats sauvés d'une personne qui amassait des chats en grand nombre dans une maison condamnée. C'était un chat de quatre ans, infesté de puces, pesant moins de deux kilos, qui me déchirait le cœur.

Sur sa fiche, il était indiqué: « L'état de Boots empire. Il a besoin d'attention. » Rien n'était plus vrai! Lorsque j'ai essayé de le prendre pour la première fois dans la cage, il m'a fallu des minutes pour gentiment enlever ses griffes de l'étagère où il s'accrochait. Lorsque je l'ai finalement tenu sur mes genoux, tout son corps tremblait; il était paralysé par la peur. Comme il avait été en compétition avec vingt-six autres chats, il était évident que cet avorton n'avait jamais reçu assez d'affection ou d'attention.

Puis, Boots a fait une chose inhabituelle. La peur lui tendait la peau, lui lissait les oreilles vers l'arrière et lui enroulait la queue bien serrée autour du corps. Ensuite, la terreur lui a fait relâcher sa vessie partout sur moi. Je n'ai vu sa face qu'une seule seconde. Il avait l'air contrit, comme pour dire: « Désolé, mais je ne sais tout simplement pas ce que tu fais! » Puis, sa face a disparu, enfouie sous mon bras et hors de vue.

Afin qu'il se sente en sécurité, je l'ai enveloppé dans une grande serviette. Il a fini par se sortir la tête, a évalué la situation et s'est caché de nouveau. C'était le mieux qu'il pouvait faire, et ses efforts me suffisaient.

Je retournais au refuge tous les jours pour passer du temps avec Boots. Les jours passaient et il semblait aller mieux, mais sa crainte d'être pris dans des bras était toujours visible.

Pendant que j'étais au refuge pour apprivoiser Boots et ses compagnons, la personne qui avait amassé tous ces chats venait souvent leur rendre visite. (C'était permis en vertu de la loi.) Elle se promenait avec une employée du refuge, passait devant les cages et identifiait même chaque chat par son nom. Elle n'était pas cruelle intentionnellement, mais, comme la plupart de ces gens-là, elle était déséquilibrée émotionnellement ou mentalement. Elle a transféré la garde de plusieurs chats au refuge afin qu'ils puissent être adoptés.

Par contre, Boots était en mauvaise situation. Il n'était pas encore assez intégré pour être placé en adoption. De plus, vu ses progrès très lents, il devrait sans doute être euthanasié en raison de l'espace limité.

Même si mon mari, Rog, et moi étions la famille d'un seul chat, nous avons décidé d'adopter Boots. Nous déménagions dans une nouvelle maison et nous avons pensé que le temps était bien choisi. La femme propriétaire du chat a transféré la garde, lui permettant ainsi d'être adopté. Dès que nous l'avons ramené à la maison, le premier geste que nous avons posé a été de lui donner un nouveau nom. Nous voulions qu'il ait une forte identité pour le séparer de son ancienne vie. Rog a suggéré Bodacious [Fabuleux], et j'ai accepté.

Nous avons immédiatement rencontré des difficultés. Après avoir passé six mois dans le refuge, Boots connaissait la routine. Par contre, ici, dans notre maison, Bodacious était de nouveau terrifié. Parfois, je me demandais si nous avions fait la bonne chose en l'adoptant. Pendant le premier mois, il s'est caché dans la penderie de mon bureau. Ni les marques d'amitié ni la nourriture pouvaient le persuader de sortir de là. Il avait déjà connu la faim; la nourriture n'était pas une motivation. De plus, il ne comprenait pas assez l'affection pour que cela puisse l'encourager. Nous devions simplement attendre.

Lorsqu'il s'aventurait à l'extérieur de la penderie, il retournait se cacher aussitôt si je tournais soudainement la tête. S'il était près et si je levais la main pour prendre le téléphone, il partait en trombe.

Un jour, il s'est montré en haut de l'escalier, mais lorsque Rog et moi l'avons vu, il a disparu. Les fuites étaient cependant de plus en plus courtes, et Bo a pris de l'assurance. J'étais experte en massages de chat et j'ai pratiqué sur lui toutes les techniques que je connaissais, en cherchant la touche magique qui libérerait ce félin apeuré. J'avais appris que de lentes caresses, surtout sous le menton et sur les joues, faisaient des miracles pour calmer les chats et accélérer la formation du lien affectif.

Il y a eu de très lents progrès. Ces caresses d'une lenteur incroyable étaient appréciées. Nous avons aussi découvert que Bo tolérait le brossage avec une brosse à bain à long manche, car le manche créait un « lien sans contact ». Ou peut-être cela lui rappelait-il la langue rêche de sa mère. Quelle que soit la raison, il s'assoyait toujours pour un massage avec la brosse.

Bo a trouvé des « endroits sûrs » où il se laissait approcher. Notre lit et son propre lit étaient des refuges sans danger. Un jour, lorsque mon mari a levé le repose-jambe de son côté de la causeuse, Bo s'est installé entre les jambes de Rog. C'était sa première démonstration de comportement territorial.

Notre chat résidant, Champion, un félin relax de douze ans, est devenu le modèle de Bo, en lui montrant comment se comporter devant l'affection et l'attention. Bo observait la façon dont nous caressions Champion et voyait qu'il n'y avait aucun danger. Il a trouvé du réconfort avec « un de ses semblables » et a commencé à suivre Champ comme son ombre dans toute la maison. Leur lien félin s'est développé en une relation affectueuse.

Un soir, Rog et moi étions assis sur la causeuse, Bo entre les jambes de Rog. Mon bras reposait sur Bo et Rog le caressait sous le menton. Soudain, nous avons entendu un bruit. Nous nous sommes regardés, les sourcils froncés — quel était ce bruit ? Nous étions dans une nouvelle maison et nous n'étions pas encore très familiers avec les différents bruits. Le bruit s'est intensifié.

Toujours inquiets, nous avons regardé autour de nous. Puis, en nous tournant vers Bo, nous nous sommes aperçus qu'*il* en était la source. Notre confusion s'est transformée en étonnement et en ravissement: Bo ronronnait! Il n'avait jamais ronronné avant et, déjà, le volume sonore était très élevé.

Ce fut le début de la symphonie féline sans fin de satisfaction de Bo. Pendant que Champion m'enseignait le « ronronnement en puissance », Bo faisait une démonstration de « vibrations de contentement de tout son corps ». C'est une machine à ronronner extrême. C'est un son joyeux, et mon cœur est ému chaque fois que je l'entends.

Éventuellement, Bo nous a consolés lorsque Champ s'en est allé au paradis des animaux. Puis, il est devenu le chef lorsque nous avons accueilli à la maison un autre chat du refuge, Minka.

Avec le temps, nous avons découvert la merveilleuse poitrine blanche de Bo. Aujourd'hui, il se tourne souvent sur le dos, le ventre en l'air pour obtenir de l'attention. Cette posture vulnérable indique sa confiance totale — quel pas de géant pour un chat aussi terrifié! Il s'effarouche encore facilement et chaque mouvement soudain peut encore le faire détaler, mais il ne va jamais très loin, ni pendant très longtemps. Même s'il ne pourra jamais être tout à fait *fabuleux*, il a fait de grands progrès.

Pendant que j'écris ceci sur mon portable, il est tôt le matin. Minka est étendue sur la table à côté de notre causeuse et planifie sa journée de chat. Bo est niché, confortable dans son endroit favori, entre mes jambes.

Il lui a fallu quelques minutes avant d'arriver là, par contre. En premier, il m'a interrompue alors que je tapais au clavier, en me donnant des coups de tête féroces au menton, puis il a valsé sur le clavier, indifférent aux dessins qu'il créait à l'écran par la pression de ses pattes blanches. Et il a essayé de se faufiler dans le petit espace entre mon ventre et le portable. Maintenant qu'il est installé entre mes jambes, j'entends encore son ronronnement à plein régime qui sort du plus profond de lui. Un ventre rassasié rempli de nourriture, qui tient compagnie à un cœur plein d'amour — quelle bonne combinaison!

Voilà qu'il est revenu, me bloquant la vue de l'écran, tout à fait inconscient, mais totalement joyeux dans un moment de liberté féline. Moi? Je suis ravie. L'écriture peut attendre; les moments d'amour qui circule librement sont sans prix.

Maryjean Ballner

Ce que j'ai fait au nom de l'amour

L'appel est arrivé à 22 heures par une soirée chaude du mois d'août.

« Pouvez-vous garder et héberger temporairement un chaton qui ne peut pas marcher ? » a demandé Laura, une bénévole à la Société protectrice des animaux. Le mot *chaton* est l'équivalent d'une garantie d'hébergement dans notre maison, et le fait qu'il ne puisse pas marcher a conclu l'affaire. Sans y réfléchir, nous avons accepté d'être les gardiens temporaires d'un chat handicapé.

Il est arrivé quelques minutes plus tard, apeuré, tremblant et couvert de ses propres excréments.

« Nous l'avons trouvé sur la rue Grove, a dit Laura, alors nous l'avons appelé Grover. »

La première chose à faire était de le nettoyer. Il était assez petit pour tenir dans une main, par conséquent, le lavabo de la salle de bains semblait un choix logique pour lui donner son bain. Pendant que je faisais doucement pénétrer le shampoing dans sa fourrure malodorante, Laura a répondu à notre question évidente mais non verbalisée de ce qui n'allait pas avec lui.

« Il a peut-être été frappé par une voiture, a dit Laura. Nous allons attendre quelques semaines pour voir s'il ira mieux. » Nous n'avions pas besoin de demander ce qui arriverait s'il *n'*allait *pas* mieux. Comme la Société protectrice des animaux ne comportait que des bénévoles et n'était soutenue financièrement que par des dons, nous devions prendre des décisions difficiles mais pragmatiques concernant les animaux pour lesquels nous investissions temps et argent.

Pendant les deux semaines suivantes, nous avons observé avec pitié les pattes arrières de Grover qui lui jouaient continuellement des tours, d'abord en se déplaçant dans des directions bizarres, puis relevant son postérieur comme s'il était sur un levier hydraulique, le propulsant parfois cul par-dessus tête. Il atterrissait souvent avec un bruit sourd dans sa nourriture ou dans son bol d'eau, se retrouvant soit frustré, soit tout mouillé. Pour couronner le tout, la pauvre petite chose avait des crises d'épilepsie chaque fois qu'elle levait la tête trop en arrière. Il n'y a pratiquement pas eu de changement dans sa condition pendant ces premiers jours critiques où il était sous nos soins, et nous savions ce que cela voulait dire.

Ce qui a changé, par contre, c'est *notre* attitude. Ce qui a commencé par de la pitié s'est rapidement transformé en admiration, alors que nous reconnaissions des caractéristiques qui font cruellement défaut à plusieurs de nos frères humains: la confiance, la patience, la persévérance, le courage — et un *manque* surprenant de ce qui est souvent trop évident chez ces mêmes êtres humains, une nature portée à se plaindre. Ce n'était pas en lui de geindre sur ses malheurs. Plutôt, il semblait infiniment reconnaissant de notre générosité à son égard afin de l'aider.

Les deux semaines d'attente n'étaient pas entièrement terminées que nous avons compris que même un petit chat handicapé méritait sa chance, qu'il ait été frappé par une voiture ou simplement né ainsi. Nous étions déterminés à lui donner cette chance.

Pendant les quelques semaines suivantes, la vie avec Grover a grandement transformé notre routine jusque-là banale. Nous nous sommes retrouvés à apprendre une nouvelle langue: « Le parler Grover ». Nous avons rapidement appris à reconnaître quel cri voulait dire « J'ai faim » et quel autre signifiait « Vite! Je ne peux pas me rendre à temps à la litière! » Quand nous entendions le deuxième cri, notre réaction était toujours instantanée et nous abandonnions immédiatement ce que nous faisions, comme si nous tenions une patate chaude. Nous le prenions et l'amenions en hâte dans « sa » chambre, où il y avait une litière fabriquée spécialement pour lui, posée sur un rideau de douche qui attrapait tout « ce qui débordait ». Il se débattait pour trouver une position confortable sur le côté, et faire ce que d'autres chats faisaient si naturellement d'une façon beaucoup plus privée et digne.

Tout ce temps, nous savions que nous n'étions que les gardiens temporaires de ce chaton spécial, nous avons donc entrepris des recherches pour trouver le foyer parfait pour ce petit que plusieurs considéreraient comme imparfait.

En attendant, nous avons cherché la cause de sa condition étrange. D'après nos recherches, il semblait que Grover soit né avec une hypoplasie cérébelleuse, une condition génétique causée par la chatte qui avait contracté la maladie de Carré alors qu'elle était enceinte. C'était une question de chance à savoir si aucun ou tous ses chatons seraient affectés et jusqu'à quel degré — et Dame Chance avait de toute évidence choisi d'ignorer Grover.

L'étape suivante a été de confirmer ce diagnostic. Nous sommes donc allés à l'hôpital vétérinaire de l'Université d'Ohio — un trajet de deux heures en voiture, seulement pour l'aller. C'est là que Grover a reçu son tout premier surnom, « Pud Pud », et nous avons pensé que c'était le diminutif de « Puddin », à cause de son bon tempérament. Plusieurs vétérinaires et étudiants vétérinaires ont observé la démarche de Grover, l'ont examiné et nous ont posé une litanie de questions sur ses activités quotidiennes pour nous confirmer, par la suite, que Grover souffrait d'hypoplasie cérébelleuse.

Au cours de cette période, nous avons reçu deux demandes d'information pour adopter Grover, l'une d'un vétérinaire et l'autre d'une famille qui habitait deux États plus loin. Nous étions bien décidés à trouver le foyer parfait pour Grover d'ici à l'Action de grâce. Nous en étions tout autant soulagés que tristes. L'Action de grâce aurait lieu bientôt, et nous savions que la maison qu'il trouverait ne serait pas la nôtre.

Par contre, il y avait d'autres sujets d'inquiétude pendant la période d'attente. Nous devions nous occuper de tous les bords coupants dans notre maison qui pouvaient blesser Grover alors qu'il se déplaçait péniblement d'un lieu à un autre. Nous avons trouvé des restes d'emballage à bulles et, rapidement, nous avons protégé le coin de l'âtre de brique, l'endroit le plus « dangereux » dans la maison, selon la haute opinion de Grover. Mon sens de l'observation m'a menée au magasin de fournitures de bureau pour acheter deux rouleaux géants d'emballage à bulles, qui ont servi pour la plupart à décorer les pattes des chaises, les coins des murs, le bas des lampes, les bords du bureau et tout ce qui risquait de blesser notre pensionnaire temporaire.

Grover était maintenant assez vieux pour être stérilisé, une décision qui a nécessité un autre trajet de deux heures, cette fois à MedVet, à Columbus, Ohio, un hôpital d'urgences animales, spécialisé dans les soins non routiniers. Après avoir parlé au chirurgien qui s'occuperait de Grover et m'être assurée qu'il prendrait toutes les précautions nécessaires pour sa sécurité — y compris le recours à l'anesthésie « humaine » — nous l'avons confié aux mains habiles du médecin. Puis, il y a eu l'attente quasi sans fin, jusqu'à ce que Grover réapparaisse, tout à fait éveillé et en pleine forme après sa courte hospitalisation.

Ainsi, après avoir adapté notre routine quotidienne pour nous conformer à la sienne, après avoir modifié une pièce entière pour qu'il ait son propre espace, après deux voyages aller et retour de quatre heures pour obtenir un diagnostic et pour le faire stériliser, après avoir « décoré » toute la maison d'emballage à bulles et déménagé sa chaise favorite devant notre fenêtre en baie afin qu'il puisse observer les oiseaux, Grover a été adopté.

Trois fêtes de l'Action de grâce ont passé depuis que Grover a trouvé son foyer permanent — et, pendant que j'écris ceci, il est assis près de mon bureau sur sa chaise favorite.

Et, lorsque le prochain jour de l'Action de grâce arrivera, nous remercierons encore — pour le privilège de partager notre vie avec un petit chat handicapé appelé Grover.

Linda Bruno

2

CÉLÉBRER LE LIEN

Le temps passé avec un chat
n'est jamais perdu.

Colette

La belle musique

Pour moi, tout ce qu'un chat est et fait est beau, adorable, stimulant, apaisant, attirant et ravissant.

Paul Gallico

J'ai d'abord craqué pour la mère de Ricky. Topanga était une chatte Devon Rex tachetée — une race de chats athlétiques hors de l'ordinaire, avec de grandes oreilles, des yeux énormes et un pelage unique distinctif, ondulé comme de la chenille.

Boum! La beauté tachetée a atterri sur mon épaule et a commencé à ronronner dans mon oreille.

Je l'ai regardée. Topanga m'a regardé. Le ronronnement s'est intensifié. C'était la plus belle musique féline que j'avais jamais entendue et j'ai fondu.

« Si cette chatte a des chatons, je veux le savoir », ai-je dit à Leslie, l'éleveuse.

« Steve, a-t-elle répondu en souriant, elle est enceinte. »

Journaliste professionnel spécialiste des animaux de compagnie, j'aime tous les animaux. À cette époque, ma femme, Robin, et moi partagions notre condo de Chicago avec deux chiens, Chaser et Lucy, et même si je fréquentais des centaines, peut-être même des milliers de chats dans mon travail, je n'avais pas de chat. Je n'ai pu résister à l'idée d'adopter un des chatons de Topanga.

Dès le départ, notre petit chaton blanc, Ricky, a charmé nos amis et même les étrangers. Lucy et Chaser m'avaient toujours accompagné dans mes déplacements, et Ricky a fait de même. Ricky s'est bientôt fait des amis partout : au cabinet du vétérinaire, à l'animalerie, à la banque, chez le teinturier, même au poste de radio où je travaillais. Son petit air canaille charmeur et sa fourrure blanche clairsemée de bébé — les chatons Rex ont souvent l'air de candidats au *Rogaine*, un traitement capillaire pour la repousse des cheveux — attiraient toujours une foule curieuse et amicale, et le petit a appris dès le premier jour que les gens l'adoraient. J'étais son plus grand admirateur.

Mon émerveillement pour Ricky a monté d'un autre cran, cependant, quand il a eu huit ou neuf mois. Notre chienne Lucy était chien de thérapie et je lui ai acheté un piano jouet en pensant que les gens aimeraient la voir taper sur les notes. Au moment de l'entraîner, j'ai cru bon de m'enfermer dans mon bureau pour éviter les distractions. Trois ou quatre minutes après le début de la leçon, Ricky a réussi à ouvrir la porte. Il a traversé la pièce pour s'asseoir bien droit à côté de Lucy, devant moi. Le message était clair: « Je veux participer à ceci, moi aussi. »

Après trois séances d'entraînement, Ricky a frappé les notes. En dix jours, Ricky jouait du Chopin — disons que je suis généreux, mais il composait des airs uniques et personnels que j'ai qualifiés de jazz moderne. Au cas où j'en aurais douté, Ricky a démontré qu'il était un chat cool.

Au début, cela m'amusait. J'ai appris à Ricky à répondre à son nom et à sauter à travers et par-dessus des objets — des cerceaux, des enfants accroupis, même des chiens inconnus qui faisaient un « couché/reste ». Il vous faisait un « high five » — ou plutôt un « high four » — si vous le lui demandiez.

Je ne me souviens pas quand j'ai pris conscience que nous étions des pionniers. Vous n'êtes pas censés pouvoir entraîner un chat. Ricky était un professeur, montrant par l'exemple qu'un chat peut être beaucoup plus qu'une boule de poils féline endormie qui ronfle sur le canapé. Ricky, en jouant des compositions originales pour piano à la télévision locale ou nationale — ou sur les marches à l'avant de notre condo, a touché les gens d'une façon que je n'aurais jamais cru possible.

Lors d'un concert en plein air, un garçon de dix ans, atteint du syndrome de Down, s'est présenté. Il a été envoûté par le félin pianiste. Il a fixé Ricky pendant de longues minutes avant de se mettre à rire à gorge déployée. Ce n'était pas un petit rire nerveux, c'était un bon rire franc.

Sa mère a été bouleversée. À voix basse, elle m'a confié: « Le papa de Billy est décédé il y a deux semaines. Malgré nos efforts, il ne veut pas parler et il n'a aucune réaction. »

Riant toujours, Billy a commencé à flatter Ricky. Puis, Billy s'est assis et il a pris Ricky pendant de longues minutes et celui-ci a commencé à ronronner sur ses genoux. Je ne sais pas ce que Billy a dit, mais pendant longtemps, il a murmuré des choses à l'oreille de Ricky. Avant que Billy et sa maman nous quittent, Billy a regardé Ricky et lui a dit: « Je t'aime », puis il lui a déposé un baiser. Ricky avait ce talent extraordinaire de toucher les gens.

Au moment de la visite annuelle de Ricky à la clinique, son vétérinaire a demandé qu'il donne un récital de piano pour le personnel. Les employés s'étaient entassés pour écouter Ricky jouer et ils ont fait des *oh* et des *ah* pendant toute sa prestation.

Plus tard, au moment où le vétérinaire commençait à examiner Ricky, je n'oublierai jamais son expression en écoutant le cœur de mon chat. « Steve, j'entends un murmure, et ce n'est pas bon signe. »

Elle m'a référé à un spécialiste du cœur à proximité, un des meilleurs au pays, et j'ai retenu mon souffle jusqu'au moment du rendez-vous. J'ai regardé l'échographie, j'ai écouté parler le spécialiste, mais je n'ai pas vraiment entendu les mots. Journaliste spécialisé en animaux de compagnie, je sais ce qu'est la cardiomyopathie hypertrophique, ce qui a empiré les choses. J'étais figé. Très probablement, Ricky ne vivrait pas très longtemps.

De retour à ma voiture, j'ai sorti Ricky de sa cage et je me suis assis dans le parc de stationnement en le tenant dans mes bras et en pleurant. J'aime mes chiens, mais Ricky était mon meilleur ami. Travailler étroitement avec lui pendant l'entraînement avait forgé un lien particulier — une connexion esprit/cœur issue du fait d'avoir « lu » la pensée de l'autre et de s'être compris de façon quasi mystique. Notre relation était devenue comme une colle extraforte, plus solide qu'il était possible d'imaginer.

Heureusement, Ricky ne savait pas qu'il était malade. Au cours des mois et des années suivants, il est allé régulièrement chez le vétérinaire spécialiste des soins cardiaques pour des contrôles au moyen d'ultrasons, et même si la maladie progressait, elle le faisait très lentement. Ricky a appris à sauter sur mes épaules à tous les jours pour « demander » ses médicaments pour le cœur — c'est le seul chat que j'ai connu qui *aimait* prendre des médicaments.

Chez le cardiologue, Ricky est devenu fasciné par la jarre à biscuits pour chiens sur le comptoir de la réception, qui faisait « Ouaf, ouaf ». Il a appris par lui-même à ouvrir la jarre et il sortait les biscuits en les alignant sur le bord du comptoir, puis il les poussait un à un en bas du comptoir vers les chiens assis qui attendaient patiemment. Même malade, il était toujours ce bon Ricky qui faisait des choses inattendues.

En fait, la première fois qu'il a fait le truc de la jarre à biscuits pour chiens, la réceptionniste était tellement étonnée qu'elle s'est précipitée à l'arrière de la clinique et a insisté pour que chacun vienne à la réception pour voir Ricky nourrir les chiens. Ricky n'a jamais cessé de changer la perception des gens sur ce que les chats pouvent faire.

Le temps est venu où il n'avait plus envie d'aller chez le vétérinaire. Alors que la maladie de Ricky s'aggravait, je restais dans le déni et je ne voulais pas penser qu'il lui restait si peu de temps à vivre. Un jour, il était assis près de moi dans mon bureau, perché sur le radiateur à faire ce qu'il aimait le plus — manger. Puis, il m'a regardé.

Et il est tombé.

Ma femme, Robin, a pensé qu'il n'était que tombé, mais je savais. Je savais — et je l'ai pris et j'ai couru à l'autre bout du corridor. Les voisins ont affirmé qu'ils m'avaient entendu crier dans l'ascenseur qui descendait. Robin a téléphoné aux vétérinaires pour leur demander de nous attendre. Ils ont essayé, mais ils n'ont pas pu le sauver ...

Il y a deux ans de cela, mais je pense encore à Ricky chaque jour qui passe. Je ne peux pas croire que j'aurai de nouveau un chat qui prendra autant de place que lui dans mon cœur. Même si sa vie a été très courte, il y a eu un bagage énorme de vie durant ces six années. Ricky a été le meilleur ambassadeur de tous les temps — pour les Devon Rex et pour tous les chats en général.

Steve Dale
Tel que raconté à Amy Shojai

NOTE DE L'ÉDITEUR : *En juin 2002, la Fondation Winn Feline (www.winnfelinehealth.org), qui soutient la recherche en santé féline, a annoncé la création de* THE RICKY FUND, *instauré pour accepter des dons réservés spécifiquement à la recherche concernant la cardiomyopathie hypertrophique. Steve Dale, chroniqueur d'agence nationale sur les animaux et animateur à la radio, a travaillé avec Winn pour créer ce fonds à la mémoire de son Devon Rex, Ricky.*

C'est mon chat

Février 1991. L'opération Tempête du désert fait rage; notre pays est en guerre. Ici, à la maison, il règne un silence étrange — causé tant par l'absence de mon fils de onze ans, Zach, qui passe le week-end chez son père, que par le vide laissé par le décès de ma mère, qui ne m'interrompra plus jamais par un téléphone mal à propos. Comme si la guerre, la séparation et la mort ne sont pas suffisants, la Saint-Valentin va arriver bientôt et je n'ai ni amoureux ni être cher en vue.

Voilà le facteur décisif. À trente-sept ans, je n'ai encore jamais connu un jour de Saint-Valentin où se réalise la promesse des cartes Hallmark. Pour une raison inconnue, lorsque le 14 février arrive, les amis de cœur s'éclipsent ou je reçois des valentins d'admirateurs que je préférerais ne pas connaître. Cette année, je ressens un profond sentiment d'abandon.

Dans cette mer de désespoir, il me vient une idée: J'oublie les hommes. Je vais me procurer un chat.

J'ai dans l'idée une chatte calico à poils longs et au nez rose. Soudain, il me vient en tête un chat mâle noir. Tout aussi soudainement, je rejette cette pensée. *Pas de chat noir et pas de mâle.* Je suis décidée. *Les chats noirs sont trop mystérieux, ils ont le poil trop lustré et ils sont trop distants. Les chats mâles sont aussi trop indépendants et trop portés à marquer leur territoire.* Conclusion: un chat noir ne semble pas assez câlin.

En ce jour fatal de février, je téléphone donc à la Société protectrice des animaux de la localité pour demander s'il y a des chattes calico à adopter. « Vous êtes chanceuse! dit la voix au bout du fil. Nous avons une petite chatte calico qui est en attente d'adoption. »

« Formidable! que je lui réponds. C'est exactement ce que je cherche. »

Après avoir raccroché, je me lance immédiatement dans une frénésie de ménage pour préparer le nid — je passe l'aspirateur, époussette, nettoie et organise. Il ne m'est jamais venu à l'idée qu'un petit chat ne saurait pas faire la différence, ou qu'il s'en soucierait. Les mères préparent les nids, alors c'est ce que je fais.

Le feu bien allumé dans la cheminée, je saute dans ma Mazda bleue en direction du refuge pour animaux, en pensant tout ce temps à maman. Ma mère a toujours pris beaucoup de place dans ma vie, mais son décès récent a fait d'elle une compagne encore plus présente, qui n'est plus limitée par les contraintes du temps et de l'espace.

Depuis aussi longtemps que je me souvienne, ma mère a détesté les chats — jusqu'à ce que l'un d'entre eux entre dans sa vie. C'était le jour de Noël au nord du Michigan, et mon frère Michael, mon fils Zach et moi nous étions donné rendez-vous chez ma mère pour célébrer les fêtes.

Il y a eu un grattement à la porte. Maman a ouvert. Un chat est entré, un énorme chat avec un long pelage marbré noir et brun et un manteau de neige. Il a pénétré dans la maison comme s'il y était déjà venu. Il avait une tête énorme et des yeux jaunes ronds et une large face plate. Il a regardé ma mère et il a miaulé, comme pour lui dire: « Joyeux Noël » ou « Je suis content de te voir ». Sa tête nous rappelait une photo d'identité judiciaire sur une affiche de criminels recherchés, et nous l'avons donc appelé Muggs.

Il a été le seul chat que maman a jamais aimé, et il n'est resté que pour la semaine. Lorsque mon frère et moi avons été prêts à retourner chez nous, il semble que c'était aussi le cas pour Muggs. Ma mère était convaincue que c'était l'esprit incarné de mon frère Ricky, qui était mort à l'âge de cinq ans. Qui étions-nous pour dire le contraire? D'un certain côté, cela semblait logique. Muggs est revenu l'année suivante, au même moment, au même endroit, pour repartir à la fin de la semaine de Noël, et cette fois il n'est jamais revenu.

En me dirigeant vers la Société protectrice des animaux, je décide d'appeler mon nouveau chat Muggs, en mémoire de ma mère et par respect pour l'espoir qu'elle nourrissait, que la mort n'était pas la fin de tout. Présentement, je veux aussi y croire.

Je gare la voiture dans l'entrée circulaire du refuge et je marche péniblement dans la neige jusqu'à la porte. Un homme âgé plein d'entrain en chemise bleue m'accueille à la réception. « Bonjour! Que puis-je faire pour vous ? »

« Je suis venue pour la chatte calico. »

« Je regrette, mademoiselle, la chatte calico vient tout juste d'être adoptée il y a environ une heure. »

Je suis littéralement terrassée. Ce chat était supposé m'appartenir. Pourquoi ne suis-je pas venue immédiatement après avoir raccroché l'appareil?

« Attendez! a dit l'homme avec un sourire. Son frère est encore ici. »

« Non, je ne veux pas d'un chat mâle », lui répondis-je. Mon découragement est aussi épais que des sables mouvants, et tout aussi glissant. « Bon, avez-vous d'autres chats que je pourrais voir? » dis-je finalement.

« Avons-nous d'autre chats? » répète-t-il avec un sourire empreint d'ironie.

Il m'escorte le long d'un corridor étroit vers une pièce où se trouvent des cages et des cages de chats: des élancés, des duveteux, des délicats et des trapus. Des tigrés, des « écaille-de-tortue », des blancs et des gris. Ils sont tous assis ou couchés là, plaqués contre le fond de leur cage, en me fixant froidement dans une totale indifférence. *Les chats excellent tant à ce jeu,* me vient soudain à l'esprit. *À quoi ai-je pensé ?*

Puis, j'entends quelque chose: une vibration étrange et basse et le son d'une clochette. En me dirigeant au bas de la rangée de cages, le son de la vibration et de la clochette augmente, jusqu'à ce que j'identifie finalement la source. Là, dans la dernière cage au bout de la rangée, se trouve un tout petit chat noir qui tape sur une balle en plastique dans laquelle est insérée une clochette, et qui ronronne de toute la force de ses petits poumons félins. *Ah,* me dis-je, *je crois que c'est le frère du calico.* Imaginez, un chat noir mâle.

Ses galipettes m'amusent et je me retrouve attirée par cette démonstration de vie. Mais alors, comme propulsée par une force antimagnétique, je me détourne immédiatement de sa cage, cherchant sérieusement ce que je veux.

Sauf que maintenant, comparativement au petit qui ronronnait, les autres chats semblent encore plus éteints, comme des zombies à quatre pattes ou des plumeaux sur des bâtons. Il émane du ronronnement du chaton noir et du tintement de la clochette une présence qui m'attire, me fait signe, me ramène. *Viens me voir! Viens me voir!* Et j'y vais.

« Oh, petit. Qu'allons-nous faire? » que je lui demande doucement, à voix haute, alors qu'il se frotte contre les barreaux de sa cage, en se penchant pour que je le touche. Comme s'il répondait à un signal, le préposé apparaît et il demande: « Vous voulez le prendre dans vos bras? »

« D'accord » est ma réponse, sachant pertinemment que je perds le contrôle de quelque chose et que je m'enlise rapidement. Pas dans les sables mouvants cette fois, mais dans quelque chose de plus doux, de plus foncé, de plus réconfortant, comme les rayures en velours noir de ce petit corps dans mes bras.

Pendant que le chaton s'accroche après ma veste et contre mon cou, ronronnant fortement dans mon oreille, je lis sur la fiche de sa cage:

Chat mâle noir.
Ronronne comme un moteur de bateau.
Nom: Muggins.

Je n'invente rien.

« Alors, qu'est-ce que vous en pensez? » me demande le préposé avec un large sourire, tout en tenant la porte de la cage ouverte.

« Je crois, dis-je à travers mes larmes, que c'est mon chat. »

Mary Knight

« Bon... J'avais demandé un signe. »

Sauver le soldat Hammer

Ma compagnie, Team Hammer, a traversé la frontière vers l'Iraq en avril 2003, en qualité d'élément de tête de la 4e Division d'infanterie. En tant que dernier bataillon de manœuvre, nous avons sauté de point chaud en point chaud au centre et au nord-est de l'Iraq jusqu'en septembre, et nous avons finalement installé nos opérations dans une base aérienne de Balad, quatre-vingts kilomètres au nord de Bagdad.

C'est en novembre que j'ai d'abord remarqué trois chatons qui couraient dans la base. Quelqu'un m'a dit qu'ils étaient nés sous un conteneur pour l'expédition, il y avait environ six ou huit semaines. Des chiens se tenaient autour de la base — attirés par la nourriture — mais aucun autre chat. Deux des chatons se comportaient comme deux chats sauvages typiques et ils n'étaient pas intéressés à la compagnie des soldats.

Ce n'était pas le cas du troisième chaton. Il se faisait remarquer en étant continuellement dans nos jambes sous la large tente que nous utilisions pour nos repas. Il était impossible de ne pas voir le petit chat. Il était enjoué comme j'en avais rarement vu — en réalité, nous appelions ses galipettes du « dîner-théatre ». Il courait après tout et n'importe quoi, sautait sur les bottes et se battait sauvagement avec tout ce qui bougeait. Il était un vrai clown et une distraction bienvenue des batailles qui faisaient rage autour de nous. Nous l'avons baptisé Hammer, et il est devenu notre mascotte. Lorsque j'ai parlé du chat à ma femme, elle m'a envoyé un collier rouge vif et une « plaque d'identité » pour Hammer. Il était écrit: Pfc. Hammer, HHC 1/8 Infantry, Balad, Iraq.

Hammer était mêlé à presque tout ce qui se passait à la base. Il mangeait avec nous, dormait avec nous, venait en mission avec nous. Nous lui avons fabriqué un harnais et une laisse à partir d'une corde de parachute pour garder Hammer en sécurité lorsqu'il quittait la base avec nous. Il adorait se promener dans le camion et il était toujours le premier à sauter quand la porte d'un camion était ouverte. Pendant les tirs d'artillerie, les soldats cachaient Hammer dans leur armure pour ne pas l'exposer au danger. Tous se disputaient la chance de dormir avec Hammer; généralement, celui qui le nourrissait le soir avait le chaud félin à fourrure comme compagnon de couchette.

Hammer me rappelait un peu la maison. Nous avions cinq chats à l'époque, et il était si bon d'avoir un chat autour de moi — un rappel quotidien vivant, respirant et ronronnant des personnes aimées là-bas, aux États-Unis.

Même « ceux qui détestaient les chats » aimaient Hammer. L'un d'entre eux était un soldat qui avait été gravement blessé. Nous avons fait entrer Hammer en cachette à l'hôpital pour lui rendre visite. Le soldat était dans l'unité des soins intensifs et branché à un tas de moniteurs. Il a été tellement surpris. Nous avons déposé Hammer dans ses bras et, bien qu'il ne voulût pas l'admettre, il était évident que Hammer lui faisait du bien. Les moniteurs l'ont trahi. Nous pouvions voir que la pression sanguine de notre camarade et son rythme cardiaque s'amélioraient pendant qu'il tenait le chat.

Juste au bout du corridor, il y avait deux enfants iraquiens qui avaient été brûlés lorsque le four d'argile dans leur maison a explosé. Nous leur avons amené Hammer, et même s'ils ne pouvaient pas parler l'anglais, leur grand sourire et leurs yeux pétillants étaient la preuve que le chat était un visiteur particulier et bienvenu.

Hammer était spécial pour beaucoup de personnes. Nous l'appelions notre thérapeute du stress sur place. Lorsque nous revenions d'une mission, fatigués, sales, tendus et agités par toute l'adrénaline circulant dans notre système, Hammer était là pour nous. Il sautait sur les genoux, se frottait contre les chevilles et faisait ce qu'il fallait pour obtenir notre attention. Nous savions que nous devions repartir dans quatre ou cinq heures et il était important de nous détendre. Hammer était le champion pour nous changer les idées et nous aider à nous sentir bien et tranquillisés.

Hammer était aussi le meilleur officier de lutte intégrée contre les parasites de la base. Même s'il n'avait plus besoin de chasser pour de la nourriture — nous le nourrissions bien — il continuait à contrôler les souris et la population de rats, ce qui était important pour conserver notre stock de nourriture fraîche. Hammer faisait simplement sa part.

Les semaines passaient et, bientôt, notre compagnie devrait retourner à la maison. Je ne pouvais imaginer laisser Hammer derrière. Tous étaient d'accord pour dire qu'il faisait partie de notre compagnie. Il avait tant fait pour notre moral; nous voulions l'emmener avec nous aux États-Unis. À la fin de janvier, j'ai commencé à envoyer des courriels et à faire des appels téléphoniques pour essayer d'organiser le transport de Hammer hors de l'Iraq, en mars, avec le reste de l'Équipe Hammer.

C'était pour moi une période très angoissante. Lorsque la Jordanie a fermé ses frontières, notre meilleure chance d'envoyer Hammer à la maison venait de s'écrouler. Nous avions projeté d'envoyer Hammer par Koweït City et par l'hôpital vétérinaire international. Malheureusement, cela prenait de l'argent que nous n'avions pas.

Les deux sociétés *Alley Cat Allies* et *Military Mascots* ont répondu à mon appel et, avec leur aide, nous avons commencé à demander des dons privés pour le transport de Hammer à la maison. Le moment de notre départ approchait rapidement et notre plan pour ramener le chat n'allait pas aussi rapidement que je l'aurais voulu. Je m'inquiétais — je savais que les chances de survie de Hammer étaient minces, sinon nulles, si nous ne le ramenions pas avec nous. L'issue était toujours très incertaine et nous avons commencé à essayer de trouver des endroits sûrs pour Hammer en Iraq. Nous avions même un plan extravagant consistant à essayer de noliser un avion privé pour le petit.

Enfin, l'appel est arrivé: l'argent était là! On m'a dit d'amener Hammer à Koweït City pour qu'il obtienne son certificat de santé en vue de son long voyage vers la maison.

Le dernier obstacle était de faire traverser la frontière à Hammer. La patrouille frontalière arrêtait tous les véhicules et cherchait de la contrebande. Amener un animal de l'autre côté de la frontière constituait une zone grise — certains patrouilleurs le permettaient et d'autres, pas. Si le gardien était parmi ceux qui ne le permettaient pas, il nous obligerait à laisser Hammer sur le côté de la route. Comme c'était la seule porte de sortie pour Hammer de quitter l'Iraq, nous avons pensé que nous devions prendre le risque.

En arrivant à la frontière, j'étais nerveux. Hammer, avec son harnais et sa laisse improvisés, était inconscient de cette tension et regardait le paysage qui déroulait par la fenêtre. Lorsque nous nous sommes arrêtés à la frontière, les patrouilleurs ont commencé leur fouille dans notre camion. Osant à peine respirer, nous avons regardé pendant qu'ils se rendaient au siège où Hammer était perché. Ils ont regardé le chat, mais n'ont pas dit un mot. Ils ont fini leur fouille et nous ont signalé de partir. En quittant le poste de contrôle, nous avons tous émis un grand soupir de soulagement et nous nous sommes félicités les uns les autres — y compris Hammer. Nous avions réussi!

À Koweït City, nous avons déposé Hammer à l'hôpital vétérinaire où il a été vacciné, châtré et examiné avec soin.

Notre compagnie devait quitter le Koweït avant que Hammer ne soit prêt, mais il devait prendre un vol KLM vers San Francisco, puis vers Denver, où j'irais le chercher à l'aéroport.

Une fois à la maison, je suis resté en contact avec l'hôpital de Koweït City et, enfin, Hammer a reçu son autorisation de départ. Un bénévole de *Pets Unlimited,* un refuge et un hôpital vétérinaire sans but lucratif, l'a pris à San Francisco. Le bénévole l'a gardé pendant la nuit et l'a ensuite accompagné à Denver. *Pets Unlimited* a même donné un sac de transport à côtés souples pour le voyage du chat.

Lorsque Hammer et son escorte sont arrivés à Denver, ma famille les a rencontrés à l'aéroport. Le bénévole m'a dit que Hammer avait été calme pendant tout le voyage, mais alors qu'ils marchaient vers nous et que Hammer a entendu ma voix, il s'est immédiatement mis à ronronner.

Ce fut pour moi une rencontre émotive. Surtout, je me suis senti soulagé. Nous avions réussi: Hammer était à la maison — et en sécurité. J'ai tenu mon vieil ami dans mes bras et j'ai savouré le bien-être de se retrouver de nouveau ensemble.

En général, Hammer s'est bien ajusté à la vie civile. Même si c'était un chat qui avait vécu entouré de beaucoup de dangers et qui avait appris à s'en accommoder, il a trouvé certaines choses très angoissantes dans son nouvel environnement. Il n'avait jamais été près de petits enfants auparavant, et, à sa première rencontre avec mon petit-fils de trois ans, Hammer s'est précipité sous le lit pour se protéger. Il a rapidement compris que ces personnes miniatures n'étaient pas malicieuses et, aujourd'hui, il n'a peur de personne qui nous rend visite.

Il en est aussi venu à comprendre que notre hamster, Zeus, n'est pas un rôdeur qu'il faut exterminer, mais qu'il fait partie de la famille. Pendant que Zeus roule à travers la maison dans sa « balle pour hamster », Hammer le surveille avec intérêt, mais sans lueur prédatrice dans les yeux. Les autres chats et le chien ont accepté Hammer, et il est très bien intégré.

Certaines habitudes sont difficiles à casser, par contre. Lorsqu'il est temps d'aller au lit, Hammer, qui avait l'habitude de dormir avec les hommes de Team Hammer, se dirige vers ce que nous appelons la « chambre des garçons », où lui, un autre chat mâle et mon fils adolescent couchent tous ensemble pour la nuit.

À l'autre extrémité de la Terre, loin de l'Iraq, le soldat de première classe Hammer est encore en devoir — remontant le moral et faisant sourire les gens.

Rick Bousfield

Tous les êtres vivants ont une âme pareille,
même si chacun a un corps différent.

Hippocrate

Billu le beau, Henry le héros

Les yeux d'un animal ont le pouvoir de parler une langue formidable.

Martin Buber

De mes deux chats, j'ai toujours pensé que Billu serait celui qui se démarquerait. C'est le plus intelligent des deux, le chat orange et blanc qui aura sa photo dans un calendrier, l'extroverti extrême qui se retourne sur le dos pour qu'on lui flatte le bedon, et qui se fait des amis de tous ceux qui viennent à la maison. *Bonjour! Je m'appelle Billu! Prononcer Biilu! Heureux de vous voir! N'est-ce pas que j'ai un beau bedon?* Pourtant, c'est son frère, Henry — le plus « lent », avec de grosses pattes, un tigré aux babines noires — qui m'a sauvé la vie à l'été 2003.

J'étais dans notre chalet d'été près d'un lac du New Hampshire, un endroit où je venais depuis 1950, l'année de ma naissance. Un après-midi de la fin de juillet, je lisais, assise dans la cour. Il faisait soleil et il y avait peu d'humidité; l'eau du lac clapotait doucement au bord de la grève. En entendant le miaulement caractéristique d'Henry, j'ai levé la tête pour le voir perché sur le bord de la fenêtre de la salle de bains, qui m'observait intensément. J'ai trouvé cela étrange — Henry ne s'assoyait jamais à cette fenêtre et il était rarement éveillé, sinon jamais, à cette heure de la journée. Il m'a appelé plusieurs fois et j'ai répondu: « Bonjour, Henry », puis j'ai poursuivi ma lecture. Il continuait de miauler. J'ai remarqué que mon bras et ma jambe droits étaient étrangement engourdis. J'ai décidé de les faire bouger en allant nager. L'eau du lac m'a remise en forme; l'engourdissement a disparu. Je n'ai rien raconté à mon mari.

Quelque chose n'allait pas et Henry le savait. Il a rôdé autour de moi pendant toute la soirée et, cette nuit-là, il a dormi sur l'oreiller près du côté gauche de ma tête, une chose dont je ne me souvenais pas qu'il ait jamais faite. Généralement, il s'étendait à mes côtés et Billu se pelotonnait sur mes chevilles. Je me suis réveillée plusieurs fois pendant la nuit, en me sentant très mal: nausées, étourdissement et désorientation. *Tu viens d'attraper un vilain virus d'estomac,* ai-je pensé, le cerveau embrouillé.

Au matin, les nausées avaient disparu, mais j'étais de nouveau engourdie. Henry ne cessait pas de me donner des coups à l'épaule. Lorsque je me suis levée, je me suis affaissée, mais j'ai pu, je ne sais comment, me relever et marcher normalement. Henry en était rendu à gémir. Strident et continuel, son message a fini par passer: quelque chose n'allait pas du tout. J'ai compris que je devais me rendre à l'hôpital — après avoir nourri les chats, bien sûr.

J'ai alors pris l'une des décisions les plus stupides de ma vie: comme je ne voulais pas inquiéter mon mari, je ne l'ai pas réveillé et je me suis rendue par moi-même à l'urgence — vingt-quatre kilomètres dans ma RAV4 manuelle. Par miracle, j'ai réussi à arriver sans incident et quelque trois heures plus tard — après avoir donné les renseignements sur mon assurance à pas moins de sept personnes et qu'on m'eut fait entrer dans trois salles d'examen, où l'on m'a dit « d'attendre » — j'ai appris ce qu'Henry avait dû pressentir, ou peut-être senti, le jour précédent: depuis les dernières vingt-quatre heures, je faisais une thrombose « graduelle » et cumulative.

Je me souviens peu des dix jours qui ont suivi. Après un jour ou deux, on m'a transféré au Brigham and Women's Hospital à Boston, où j'ai séjourné une semaine. L'origine de ma condition s'explique par un problème de caillot, le syndrome des anticorps antiphospholipides. Les médecins chargés de mon cas ont semblé sincèrement émus par l'histoire que je leur ai racontée (avec une assez mauvaise prononciation et une construction grammaticale bizarre) à propos de l'avertissement d'Henry. « Il... lui... a sauvé, je crois, ma vie. »

Un médecin a suggéré que mon mari puisse emmener Henry, peut-être, pour une visite. Mon mari et moi étions d'accord: *non.* Il n'est pas bon voyageur et il est trop timide; il serait terrifié. Je le verrai bien assez tôt.

Il y a maintenant un an de cela. Comme victime de thrombose, j'ai eu une chance presque incroyable; je parle normalement; j'écris de nouveau. Il m'arrive encore de me sentir fatiguée le jour, mais la fatigue me donne une bonne excuse pour me pelotonner avec les chats et faire une sieste. Je crois qu'il me reste beaucoup d'années à vivre. J'espère qu'il en sera de même pour Henry et Billu, qui auront tous les deux cinq ans en novembre. Comme toujours, nous les fêterons. Je leur chanterai « Bonne fête » et je leur achèterai des gâteries. J'ai l'impression qu'ils me démontreront leur amour comme ils le font chaque jour: Billu se tournera sur le dos et me montrera son beau bedon, et Henry miaulera, sautera sur mes genoux et me regardera.

Je lui demande parfois: « Comment l'as-tu su? » Il me répond simplement par un ronronnement bas et profond. C'est bien ainsi. Pendant que nous nous regardons tous les deux dans les yeux, la différence s'estompe entre nous. Nous restons assis ainsi pendant un moment, à nous regarder l'un l'autre, n'étant plus un chat et une femme, mais simplement deux créatures qui feraient n'importe quoi l'une pour l'autre, n'importe quoi au monde.

Cori Jones

Le voleur de chat

Ruth a téléphoné à l'hôpital vétérinaire où je travaillais pour dire que son chat ne se comportait pas comme d'habitude depuis plusieurs jours. « Est-ce qu'un vétérinaire pourrait venir chez moi et examiner Puff? » a demandé la dame âgée à la réceptionniste.

La réceptionniste a posé les questions d'usage: *Pouvez-vous emmener Puff? Est-ce que quelqu'un peut vous conduire tous les deux? Pouvons-nous aller vous chercher?*

Ruth a répondu: « Je ne conduis pas. Je n'ai pas d'amis ou de famille qui pourraient me déposer. Je ne veux pas que vous veniez me chercher. Je veux que vous veniez chez moi. Mon chat est sous le lit. Il ne sortira pas et je suis malade d'inquiétude. S'il vous plaît, venez! »

Les visites à domicile étaient peut-être courantes à l'époque de James Herriot, mais elles sont rares de nos jours dans le monde de la médecine vétérinaire, si rares que même mon mentor, mon associé d'expérience dans notre cabinet, n'a pas pu me donner beaucoup de conseils en la matière. Il a seulement suggéré: « Vous seriez probablement mieux de ramener Puff à l'hôpital afin de pouvoir l'examiner correctement, faire les tests nécessaires et le mettre sous observation pendant un certain temps. »

Ainsi, quelque temps plus tard, après avoir terminé les chirurgies de la journée, le jeune diplômé de l'école vétérinaire que j'étais a quitté le stationnement de la clinique pour effectuer sa toute première visite à domicile.

Lorsque je suis arrivé à la modeste maison style ranch de Ruth, dans la zone rurale de Twin Falls, Idaho, j'ai cherché à deviner ce que je trouverais à l'intérieur. J'ai vu des enclos, brisés et vides; une vieille automobile avec deux crevaisons et une plaque d'immatriculation vieille de dix ans; une niche pour chien avec une chaîne, mais pas de chien. *Cette femme est définitivement laissée à elle-même,* ai-je conclu.

Quand j'ai frappé, la porte s'est entrouverte et j'ai entendu: « Est-ce vous, docteur? » J'ai été accueilli par la caricature d'une femme de ranch autrefois robuste: flétrie, usée par le temps et inquiète. « Allons voir Puff », a-t-elle supplié.

En me dirigeant dans la maison, tout en esquivant une litière, un lit d'animal, des poteaux à gratter et des douzaines de jouets pour chats, j'ai remarqué des photos récentes de Puff sur le réfrigérateur. J'ai aussi vu des photos de famille plus anciennes sur la télévision. « Est-ce votre famille? » ai-je demandé.

« Oui, a répondu Ruth, mon mari est mort il y a presque vingt ans, et mes deux enfants sont morts dans des accidents d'auto alors qu'ils étaient très jeunes. » Il était évident que Puff était le dernier membre de la famille de Ruth.

La dame m'a conduit dans la chambre à coucher où Puff se cachait sous le lit. Je me suis penché pour regarder et j'ai vu un chat en détresse — les yeux dilatés, la respiration superficielle et rapide. Pour un vétérinaire, ces signes signifient: « Ce chat a déjà vécu au moins huit de ses neuf vies. »

Alors que je commençais à tirer le chat de sous le lit pour l'examiner, il a émis un long miaulement lugubre et a commencé à se débattre. Je continuais à tirer et le chat a commencé à me griffer. C'est alors que Ruth a attrapé un balai tout près et a commencé à me frapper le derrière en criant: « Ne faites pas mal à mon chat! »

« Je ne lui fais pas mal! » ai-je probablement crié, car les griffes du chat entraient dans la peau de ma main. « J'essaie seulement de mieux l'examiner! »

Heureusement, cette scène chaotique a été interrompue lorsque Puff est soudain apparu. J'ai couché la boule de longs poils sur le lit et j'ai commencé à l'examiner. La fourrure de Puff, surtout blanche, avait un chatoiement iridescent. Trop malade pour se débattre davantage, Puff s'est couché calmement pendant que je laissais courir sur lui mes mains encore malhabiles, fraîchement diplômées de l'école vétérinaire, du bout de son nez jusqu'au bout de sa queue touffue. J'ai constaté que sous la fourrure épaisse, il y avait un corps squelettique. Me rappelant les paroles de mon mentor, j'ai dit à Ruth que je devais ramener Puff à l'hôpital vétérinaire pour des tests, des traitements, une observation et une consultation avec mon associé.

Ruth a hésité. Non pas parce qu'elle ne voulait pas que les tests soient faits, ou en raison des coûts. Si Puff n'était pas là, Ruth se retrouverait toute seule. À voir l'expression sur mon visage, elle craignait, avec raison, que Puff ne puisse jamais revenir à la maison.

Enfin, après un adieu plein de larmes, j'ai placé Puff dans la cage de transport que j'avais apportée avec moi et je me suis dirigé vers la clinique. Je venais tout juste d'y entrer et de déposer Puff sur la table d'examen pour des prises de sang lorsque la réceptionniste s'est montrée la tête et a dit: « Les policiers sont en avant. Ruth leur a téléphoné pour déclarer que tu avais volé son chat! »

Je lui ai répondu de m'envoyer les policiers. J'ai expliqué ce qui était arrivé: Ruth était toute seule, c'était son seul enfant et, oui, d'une certaine façon, j'avais été un « voleur de chat », mais elle m'avait demandé d'aider son animal. Puff avait un besoin urgent de soins médicaux qui ne pouvaient être prodigués qu'à l'hôpital. Avec des sourires compréhensifs, les officiers ont accepté d'aller rendre visite à Ruth et de tenter de la réconforter.

Mon équipe vétérinaire a fait les prises de sang et des radiographies. Nous devions avoir un diagnostic avant de commencer le traitement. Les résultats des tests sont arrivés et ont démontré qu'une infection puissante et chronique détruisait les reins de Puff. Le pronostic était sombre.

Nous avons donné au chat des antibiotiques puissants et nous l'avons mis sous intraveineuse, puis il a été mis sous une diète spéciale qui permettait aux reins de fonctionner à une vitesse de croisière. Malgré tous nos efforts — et les téléphones de Ruth presque à toutes les heures pour demander quand Puff reviendrait à la maison — le chat continuait de dépérir.

Trois jours après avoir sorti Puff de sous le lit, j'ai senti l'emprise de la mort sur lui pendant que je me préparais à quitter l'hôpital après ma ronde de nuit. J'ai vérifié la fiche de nouveau pour m'assurer que Puff avait reçu tous ses médicaments et ses liquides; j'ai vérifié encore une fois le travail du laboratoire, cherchant ce que nous aurions pu avoir oublié — ou pour un peu d'espoir. Il n'y avait aucun signe d'encouragement. Il semblait ne pas avoir d'espoir alors que je regardais Puff et qu'il ne bougeait pratiquement pas, couché sur une couverture enveloppant un coussin chauffant. Le chat luttait pour sa vie. J'ai téléphoné à Ruth et j'ai essayé de la préparer à la perte dévastatrice qui, je le savais, serait bientôt là.

Ruth a suggéré: « N'y a-t-il rien d'autre que vous pouvez faire, Dr Becker? »

Je me souviens d'avoir pensé: *Il n'y a rien d'autre que je puisse faire médicalement parlant; Puff s'en va et Ruth sera seule.* À haute voix, j'ai répondu la seule chose qui me venait à l'esprit: « Je vais demander aux gens de s'unir en prières pour Puff. »

Lorsque je suis revenu à la maison, j'ai téléphoné à la chaîne de prières de notre église et je leur ai parlé de Ruth et de Puff. Ils ont promis de prier pour eux et de s'organiser pour que les dames de notre église entreprennent immédiatement des visites régulières à Ruth après que je leur ai parlé du jour, pas très lointain, où cette femme serait vraiment toute seule.

En secouant la tête, j'ai dit à ma femme, Teresa, que perdre Puff tuerait Ruth. Puis, je suis sorti sur le patio et j'ai regardé le ciel dans la nuit, pleinement conscient de ma propre incapacité et de mon impuissance dans ce drame. J'ai demandé de la compassion et de l'aide à une puissance supérieure.

Le lendemain matin, je suis entré dans l'hôpital vétérinaire, rempli d'appréhension. Imaginez ma surprise lorsque j'ai été accueilli par un technicien qui souriait de toutes ses dents, et qui délirait presque de joie, alors qu'il m'annonçait: « Puff n'est pas seulement en vie, il agit comme s'il était prêt à retourner chez lui ! Il mange, il boit, il urine et il miaule sans arrêt. »

Lorsque j'ai vu Puff, je ne pouvais pas en croire mes yeux. Se pouvait-il que ce fût le même chat que j'avais quitté tard la nuit dernière, si malade qu'il allait en mourir? Incroyablement, lorsque j'ai fait une prise de sang, les résultats du laboratoire ont révélé que les reins fonctionnaient de nouveau. Les yeux de Puff dansaient d'espoir. J'ai traduit son miaulement: « Ramène-moi à la maison chez maman! »

Je me suis précipité sur le téléphone pour annoncer la bonne nouvelle à Ruth. « Puff va s'en tirer, ai-je lâché aussitôt qu'elle a répondu. Pendant la nuit, les médicaments et les prières l'ont guéri. Je vais faire ma seconde visite à domicile en vous le ramenant, dès que j'aurai terminé mes traitements du matin. »

Ruth a ajouté quelques mots, qui ont été étouffés par le flot de larmes.

Lorsque je suis arrivé chez elle, la porte s'est ouverte et Ruth a accouru aussi vite que ses vieilles jambes croches pouvaient la porter. Elle a pris Puff de mes bras et l'a embrassé partout dans la face. Puff lui a rendu ses baisers.

Elle m'a invité à entrer pour une tasse de café afin de célébrer le retour à la maison de Puff. Pendant que je m'assoyais sur une chaise à la table de la cuisine, je regardais Ruth qui se dirigeait vers la corne d'abondance de gâteries étendues sur le comptoir et qui demandait à Puff laquelle il voulait. Il semble qu'il ait répondu, car Ruth a ajouté: « J'ai bien pensé que tu voudrais celui-là, Puff. »

Ruth m'a remercié avec profusion d'avoir sauvé Puff. En moi-même, je la remerciais. Assurément, je savais, en tant que vétérinaire débutant à qui l'on confiait le soin de précieux membres de la famille à quatre pattes, que j'avais découvert pour ma pratique un puissant nouvel outil de traitement. Un outil qu'on ne m'avait pas enseigné à l'école vétérinaire, mais qu'on pouvait utiliser n'importe quand, par quiconque, en dose illimitée, gratuitement, et qui n'occasionnait pas d'effets secondaires — le pouvoir de la prière.

Marty Becker, D.M.V.

Ling Ling

Nous voyagions depuis quatre mois avec nos sacs à dos. Il nous restait encore un mois d'aventures à mon mari, Tyler, et à moi. Nous étions en Thaïlande, et nous passions une semaine à Prachuap Kiri Khan, une ville d'environ trente mille habitants, à 400 kilomètres au sud de Bangkok. Prachuap n'est pas une destination touristique occidentale et c'est en partie ce qui nous a attirés. De plus, cette ville comptait des douzaines de temples élaborés, ce qui la plaçait en tête de liste des lieux de vacances des touristes thaïlandais.

L'un des premiers endroits que nous avons visités était le temple le plus important de la ville, construit sur le haut d'une colline qui dominait la ville pittoresque et l'étincelant golfe de la Thaïlande. Un escalier tournant menait à la structure très ornée, et comportait en tout peut-être quatre ou cinq cents marches. Au pied de l'escalier, des hordes de singes faisaient éclabousser l'eau d'une fontaine, qui avait la forme d'un singe géant qui souriait. Un par un, les singes grimpaient jusqu'au haut de la statue et sautaient dans l'eau plus bas, criant et se disputant, l'eau froide était un soulagement évident par cette journée torride.

Cependant, un des singes ne se mêlait pas au brouhaha de ses comparses. En y regardant de plus près, mon mari et moi avons vu qu'il berçait un chat blanc avec des taches tigrées orange. Le chaton ne devait pas avoir plus de huit semaines. Le singe faisait la toilette du chat avec douceur et dévouement, en tapotant sa petite tête orange. Nous n'étions pas les seuls passants à nous arrêter et à observer cette marque d'affection inhabituelle entre espèces. Certains touristes thaïlandais regardaient et s'exclamaient, et un homme a déposé une banane dans les mains du singe, qui a tenu avec douceur le petit chaton entre ses jambes pendant qu'il pelait le fruit.

Les autres singes n'étaient pas aussi doux. Certains étaient même très féroces. Pendant que des singes agressifs lui faisaient des avances, comme pour voler l'animal, nous avons observé celui avec le chaton, qui l'a vivement pris par la peau du cou pour le mettre à l'abri.

« Est-ce que cela semble normal ? » ai-je demandé à mon mari.

Nous craignions que le chaton se fasse blesser, ou pire. Il semblait en santé, mais vivre avec une troupe de singes belligérants n'était certainement pas un environnement idéal. Nous avons observé les Thaïlandais autour de nous pour déceler des signes de préoccupation, mais ils ne semblaient pas perturbés par le singe qui transportait le chat. Puisque nous étions des invités dans leur pays, nous avons cru qu'il valait mieux suivre l'exemple de nos hôtes. Il était évident que le singe aimait le chaton.

Le jour précédent notre départ de Prachuap, nous avons décidé de retourner visiter le temple sur la colline. Nous nous disions que nous voulions prendre plus de photos, mais nous savions bien que la vraie raison était d'aller vérifier que le petit chat allait bien. À la fontaine, au pied de l'escalier, il n'y avait aucun signe du chaton, mais à mi-chemin, nous l'avons trouvé dans un état lamentable. Un singe mâle dominant tenait la boule molle de fourrure blanche et orange par une patte arrière. Au début, nous pensions qu'il était mort. Mais lorsque le singe a déposé le chat par terre pour crier après un autre singe qui essayait de lui ravir le chat par derrière, nous avons vu que le chaton essayait de se lever.

« Tyler, ai-je dit à mon mari, je veux ce chat. »

Mon héros a passé à l'action. Avec la force d'un homme bionique, Tyler a arraché une branche feuillue d'un peu plus d'un mètre d'un arbre près de nous, et il l'a tenue devant lui comme si c'était un bouclier. Armé et déterminé, il a attendu le bon moment. Le singe savait qu'on le surveillait. Le chaton était devenu un jouet dans un dangereux match de « garde tes distances », et le singe savait que Tyler voulait jouer à ce jeu. Un public de singes s'est rassemblé pour assister à la bagarre humain/singe. Puis, il y a eu un répit.

Un groupe de touristes thaïlandais montait la colline avec des bananes. La bande de singes a immédiatement oublié le spectacle et s'est rabattue autour des Thaïlandais, criant et attrapant les fruits. Cependant, le mâle avec le chaton est resté à l'écart avec son trophée. Tyler a fait semblant de regarder ailleurs, se tenant nonchalamment là avec son gros bâton. Le singe a regardé Tyler, puis les touristes et leurs bananes, puis Tyler de nouveau Le singe n'a pas pu résister. Il a laissé le chaton pour se diriger vers les bananes.

À la vitesse de l'éclair, mon mari a saisi le petit chat. Le singe s'est retourné immédiatement et a rugi de fureur, en montrant ses crocs luisants jaunes. Il s'est précipité vers Tyler, qui l'a repoussé avec son bâton. En tournant les talons, Tyler a réussi à dévaler l'escalier, le chaton dans une main et son arme de défense dans l'autre. Je suis partie le retrouver et il m'a semblé que tous les singes dans la colline étaient à sa poursuite. Si vous n'avez jamais été attaqués par une bande de primates qui crient, imaginez Dorothy dans le film *Le magicien d'Oz*, lorsque les singes ailés la poursuivent. Les singes thaïlandais se balançaient dans les arbres comme des déments, jusqu'au bas de l'escalier; on ne voyait que des crocs méchants et on n'entendait que des cris aigus.

Arrivés au bas de l'escalier, nous avons couru de l'autre côté de la rue, regardant à peine les voitures qui circulaient, et, sans savoir au juste pourquoi, les singes ont abandonné la chasse. Il semble qu'il y ait une espèce de ligne de démarcation au-delà de laquelle les singes ne s'aventurent pas; les primates demeurent sur la colline boisée alors que la ville appartient aux humains. Nous nous sommes assis sur le gazon à l'ombre d'un arbre devant un magasin, et nous avons examiné le chaton, qui était trop faible pour avoir peur. Je suis allée lui chercher du lait qu'il a bu dans la paume de ma main. J'ai frémi en me demandant quand il avait bu ou mangé la dernière fois; il y avait six jours que nous avions vu le chat avec sa bonne gardienne guenon. Lorsqu'il a été rassasié, il s'est couché sur le gazon et a dormi. Tyler et moi observions le rythme de sa petite poitrine, certains à chaque respiration que ce serait sa dernière.

Une heure ou deux plus tard, même si le chaton dormait toujours, nous nous sommes dirigés vers notre hôtel. Nous l'avons caché dans mon chemisier et l'avons fait entrer subrepticement dans notre chambre. Nous n'étions pas certains des règlements de l'hôtel concernant les animaux, et nous n'allions pas nous arrêter pour le demander. Nous avons ouvert une boîte de nourriture pour chats que nous avions achetée et, à notre grande joie, le chaton a mangé. Il a bu encore du lait, a utilisé notre litière de fortune et s'est endormi dans un panier que nous avions doublé avec mon sarong. Nous étions étonnés de sa résilience; de toute évidence, ce petit chat était un survivant.

Mais qu'allions-nous faire de lui maintenant? Bien que nous le voulions de toutes nos forces, il n'y avait aucun moyen d'emmener avec nous le chat que nous avions appelé Ling, ce qui veut dire *singe* en thaïlandais. Voyager en Thaïlande avec un chaton ne serait pas faisable — ou à tout le moins, ce ne serait pas confortable pour lui. Il aurait aussi été très compliqué de le faire voyager à l'étranger. Non, il fallait trouver un endroit sûr et un foyer aimant pour Ling, ici même dans son pays natal.

Nous avions mangé quelques fois dans un restaurant en ville et nous y avions vu un chat au poil lustré qui semblait en santé. Nous avons appris que le chat appartenait à la gentille famille thaïlandaise propriétaire du restaurant. Nous pourrions peut-être convaincre ces gens d'adopter Ling.

Nous avons acheté un beau panier et nous l'avons rempli de boîtes de nourriture pour chats, de lait et même d'argent du pays. Puis, nous y avons déposé Ling au milieu, et nous sommes entrés dans le restaurant.

Par une combinaison de gestes et de dessins, nous avons pu raconter l'histoire de Ling à la famille, pendant que leur petite fille de cinq ans chantait: « Ling, Ling », ravie, et qu'elle flattait la tête du chaton orange. En retour, Ling ronronnait, tout aussi ravi.

Ils ont fini par comprendre que nous leur demandions d'adopter Ling, et ils ont accepté. En quittant pour la gare, j'ai regardé Ling une dernière fois et j'ai ressenti un regret doux-amer — sachant que nous avions agi pour le mieux, même si c'était difficile de le laisser derrière nous.

Lorsque nous sommes revenus chez nous, au Colorado, nous avons décidé qu'il était temps d'avoir notre propre chat. Avant longtemps, deux beaux chatons abandonnés sont venus à nous. Nous avons appelé le frère Sanook, qui veut dire *drôle* en thaïlandais, et la sœur Suay, qui veut dire *jolie*. Ils sont les cousins en esprit de Ling, nos propres chats « thaïlandais » ici, en Amérique.

Theresa Dwyre Young

La grandeur d'une nation et son avancement moral peuvent se manifester par la façon dont ses animaux sont traités.

Mahatma Gandhi

Le chat de l'ashram

Au sud de l'Inde, situé dans les collines onduleuses et les champs à l'extérieur de la ville de Bangalore, se trouve un ashram. Partie traditionnelle de la culture indienne, un ashram est un centre spirituel où vont les gens pour méditer et s'asseoir en présence de leur maître spirituel, ou guru. Le guru de cet ashram particulier est un homme qui s'appelle Sri Sri Ravi Shankar. Connu de ses adeptes comme Guruji, Sri Sri est un jeune homme — encore dans la quarantaine — qui irradie l'amour, la joie et la douceur. Comme Mère Teresa et le Dalaï Lama, Sri Sri est totalement dévoué à aider l'humanité. On organise à partir de l'ashram des projets de service, des programmes d'enseignement et des cours de méditation à l'échelle mondiale, ce qui en fait aussitôt un havre de sérénité et un centre fort animé pour un changement positif dans le monde.

Sri Sri est souvent absent, voyageant dans presque tous les pays de la terre, enseignant, donnant des conférences et rencontrant des chefs de gouvernement, des gens d'affaires et des religieux dans le cours de son travail humanitaire. Lorsqu'il est à la maison dans l'ashram, il est au centre des activités qui s'y déroulent. Comme il parle à des groupes et à des individus qui viennent le voir et l'entendre, il se lève tôt et se couche tard.

L'espace personnel d'un guru dans un ashram s'appelle *kutir*. Le *kutir* de Sri Sri est une maisonnette simple bâtie en retrait de la propriété et entourée d'arbres et d'un beau jardin. Des oiseaux aux couleurs vives chantent dans les branches des arbres, et des fleurs odorantes longent le bord de la pelouse. Lorsque Sri Sri est à la maison dans l'ashram, il s'assoit souvent le soir sur la véranda de son *kutir* et profite de son jardin. Certains soirs, des groupes de personnes s'assoient avec lui, l'écoutent parler de divers sujets ou lui posent des questions auxquelles il répond. On désigne cette attention personnelle du maître « recevoir le *darshan* », et elle est précieuse, car considérée extrêmement bénéfique pour la croissance personnelle des étudiants. Parfois, personne ne parle pendant de longues périodes, et tous goûtent ce silence; la présence du maître à elle seule est un merveilleux cadeau de *darshan*. Lorsqu'il est temps de dormir, Sri Sri se lève de son siège sur la véranda et entre dans son *kutir*. Le *darshan* est terminé. Calmement, ses invités s'en vont.

* * *

Tard un soir, juste après la fin d'une séance dans le jardin, Sri Sri a entendu un bruit à l'extérieur. Pensant que quelqu'un voulait lui parler, il a ouvert la porte mais n'a vu personne. Puis, il a regardé vers le sol et a aperçu un petit chat gris.

En Inde — surtout en campagne — les animaux tels les chats et les chiens ne vivent pas habituellement dans les maisons comme animaux de compagnie, à l'instar de l'Europe et de l'Amérique. Dans la partie rurale de l'Inde, la plupart des chiens et des chats sont sauvages et vivent comme des charognards dans les petits villages.

Le chat gris en face de Sri Sri ne s'est pas enfui comme le font les chats sauvages, mais il s'est assis calmement et l'a regardé. Sri Sri a pris le lait chaud qu'il s'apprêtait à boire et l'a déposé devant le chat. L'animal a senti le lait avec délicatesse et l'a lapé. Lorsqu'il a cessé de boire, il est allé jusqu'au bord de la véranda, s'est assis et a commencé à faire sa toilette.

Sri Sri s'est assis sur sa chaise. Le chat a terminé sa toilette, a replié ses pattes avant sous lui, a roulé sa queue autour de son corps et a fermé les yeux. L'air de la nuit était chaud et doux. Tout était silencieux, sauf le bruissement des feuilles et le ronronnement régulier du chat.

L'homme et le chat se sont assis ensemble, profitant de la paix du soir pendant un temps. Puis, le chat s'est étiré, s'est levé et a bondi sur le dessus de la muraille du jardin. Avec un petit miaulement, il a sauté de l'autre côté de la muraille et est parti.

Cela est devenu une routine régulière. Tard le soir, après que chacun eut quitté, le petit chat — une femelle — apparaissait sur la véranda de Sri Sri pour du lait et le *darshan*. Sri Sri accueillait toujours le chat avec un doux *Bonjour, mon amie* et un sourire.

Le chat ne se présentait jamais lorsqu'il y avait des gens dans le jardin. Il semblait aussi savoir quand Sri Sri était à la maison et quand il était à l'étranger. Sri Sri a demandé à d'autres personnes de donner du lait au chat quand il était absent, mais lorsqu'un autre attendait dans la nuit pour offrir le lait, le chat ne venait jamais. De toute évidence, il voulait plus que du lait.

Un soir, alors que Sri Sri et le chat gris étaient assis sur la véranda, le chat s'est approché de la chaise de Sri Sri, s'est assis et l'a regardé gravement. Sri Sri l'a observé pendant un moment, puis il a dit: « Je crois que tu as besoin d'avoir un nom. »

Après être resté assis calmement pendant encore quelques minutes, Sri Sri a repris: « Je t'appelle déjà *Mon amie*, ce sera donc ton nom. »

Mon amie a lentement cligné des yeux à quelques reprises, puis elle est retournée au bord de la véranda et s'est allongée. Une autre tradition indienne importante — le maître donne un nom spirituel — venait d'être accomplie.

* * *

Presque tous les soirs, Mon amie continue de venir s'asseoir avec Sri Sri sur la véranda, mais seulement lorsqu'il est seul, et la chatte et lui s'assoient ensemble sans être dérangés. Plusieurs personnes envient le *darshan* privé de Mon amie avec Sri Sri, mais la chatte exige très peu en retour de son privilège, et elle ajoute sa propre présence méditative à leurs réunions du soir. Avec le temps, Mon amie, la chatte de l'ashram, est devenue partie intégrante de la paix qui règne dans le jardin du *kutir*.

Shirley Harmison

« Je ne peux pas te parler maintenant — je travaille. »

Ariel et Pongo

Ma chatte Ariel a deux bons yeux, quatre pattes solides, et elle ne s'est jamais jetée devant un serpent à sonnette pour me sauver la vie. En fait, elle n'a rien d'extraordinaire. Du moins, c'est ce que je croyais.

Dans une maisonnée de dix animaux de compagnie, elle ne s'est distinguée que par sa relation avec mon perroquet ara bleu et or, Pongo. Je suis toujours surprise que mes chats, qui chassent régulièrement les oiseaux à l'extérieur, aient toujours gardé leurs distances de Pongo. C'est peut-être parce que les aras sont tellement gros et intimidants, mais j'aime croire que les chats savent qu'on ne touche pas à « l'oiseau de maman ».

Par contre, Ariel a une fascination particulière pour Pongo. Elle s'assoit au-dessous de sa cage et le regarde comme s'il était un dieu. D'une certaine manière, il en est un. La nourriture tombe de son perchoir dans la bouche ouverte d'Ariel — fromage, poulet, tout ce que je lui donne. Je ne sais pas si les oiseaux mangent généralement aussi salement ou si c'est parce que Pongo veut partager ses repas. Parfois, Ariel se tient même sur ses pattes de derrière et rejoint la cage avec ses pattes avant. Bien que Pongo crie si un autre des chats fait cela, il l'accepte venant d'Ariel.

Un jour, alors que je partais en vacances, j'ai pris des dispositions pour que Pongo passe deux semaines à *First Flight*, une boutique locale d'oiseaux qui accepte des pensionnaires. Pour le transporter à l'extérieur de la maison, j'ai toujours utilisé une grande cage de transport pour chat. Il a réussi à la mâchonner et y faire de gros trous, mais elle conserve toujours son utilité. J'ai placé la cage sur le comptoir de la cuisine et je suis allée dans le salon pour prendre Pongo. Il s'est empressé d'entrer dans la cage (le seul tour qu'il connaît), j'ai fermé la porte et je l'ai transporté dans la voiture, sur le siège avant du passager.

Pendant le trajet d'une demi-heure vers First Flight, Pongo a regardé autour, a mâchouillé un peu de plastique et s'est accroché à mon doigt avec ses griffes. Pas de cris ni de plaintes.

Nous sommes entrés dans la boutique d'animaux, et j'ai déposé la cage sur le comptoir. Lorsque je l'ai ouverte, Pongo est sorti — un peu plus rapidement que d'habitude, m'a-t-il semblé.

Nous l'avons installé dans la cage de la boutique et j'ai pris la mienne pour partir. Elle était encore lourde. *Comment était-ce possible ?*

J'ai regardé à l'intérieur et j'ai aperçu Ariel qui me scrutait du regard. Elle avait dû grimper dans la cage avant que nous quittions la maison, et elle a voyagé pendant vingt kilomètres dans la cage avec Pongo. Aucun des deux n'a fait de bruit pendant toute la durée du parcours. Serrés l'un contre l'autre, aucun n'a mordu ou griffé — pas une seule plume ni une seule goutte de sang n'ont été répandues. *Qui l'aurait cru ?* En tout cas, personne dans la boutique d'oiseaux.

Dans un monde rempli de nations en guerre, ces ennemis naturels ont forgé une relation qui défie les probabilités. Si les oiseaux et les chats peuvent s'entendre, il y a peut-être de l'espoir pour le reste du monde.

P.-S.: Lorsque je suis allée chercher Pongo deux semaines plus tard, il s'est arrêté et a regardé dans la cage avant d'y entrer. C'est peut-être un oiseau, mais il n'a pas une cervelle d'oiseau.

Kerri Glynn

Peux-tu me voir?

Lorsqu'elle était petite, ma sœur avait l'habitude de glisser ses doigts sous la porte de la salle de bains et de les agiter.

« Peux-tu me voir? » demandait-elle.

« Va-t'en », répondait quiconque était à l'intérieur.

Elle avançait davantage la main sous la porte.

« Et là? Peux-tu me voir maintenant? »

« Oui, maintenant je te vois. Peux-tu déguerpir pendant quelques minutes? »

La main disparaissait, et il y avait un léger bruit sourd alors qu'elle appuyait son petit corps contre la porte.

« Quand vas-tu sortir? »

Nous étions tous très heureux lorsque cette phase s'est terminée, et j'ai pensé qu'il était fini le temps où j'étais traquée derrière des portes fermées.

Une fois adulte, j'admets avoir pouffé de rire lorsque des amis se plaignaient de leurs enfants qui ne les laissaient jamais tranquilles, même quand ils étaient dans la salle de bains.

Je leur disais d'un ton suffisant: « Vous auriez dû avoir des chats. »

Mais ma vie de solitude dans la salle de bains a été chamboulée. Mes deux chats ont décidé récemment qu'ils ne peuvent pas tolérer qu'une porte soit fermée, qu'il s'agisse d'une penderie, d'une chambre à coucher ou — vous l'avez deviné — d'une salle de bains.

Ils m'ont fait une peur bleue la première fois. Je me suis réveillée au milieu de la nuit et je me suis dirigée à tâtons vers la salle de bains. À moitié endormie, je venais tout juste de fermer la porte lorsque soudain, *Bang!* La porte de la salle de bains s'est ouverte toute grande et une petite chatte tigrée se tenait là, illuminée dans l'embrasure de la porte. Elle m'a regardée fixement sans broncher avant de s'en aller. Le cœur me débattait. J'avais l'impression d'avoir reçu un avertissement de la mafia des chats: *Laisse la porte ouverte, sinon...*

J'ai mis mon mari en garde le lendemain matin. « Tu ferais mieux de verrouiller la porte lorsque tu es dans la salle de bains. »

« Pourquoi ? »

« À cause des chats », ai-je dit en regardant par-dessus mon épaule. « Ils n'aiment pas les portes fermées. »

« Oui, oui, a-t-il dit lentement. Et cela devrait m'inquiéter... pourquoi ? »

Mais Monsieur Oh-Si-Intelligent ne riait plus lorsque les chats ont ouvert la porte de la salle de bains en la frappant avec leur corps pendant qu'*il* était à l'intérieur. J'étais à l'étage lorsque j'ai entendu son appel à l'aide.

« Voudrais-tu faire sortir les chats d'ici ? a-t-il demandé. J'aimerais avoir un peu d'intimité. »

Nous avons donc commencé à verrouiller la porte. C'est alors que de petites pattes ont commencé à apparaître sous la porte.

Pendant un temps, c'était mignon. Une toute petite patte blanche glissait sous la porte et tapait doucement sur le sol.

Peux-tu me voir?

Mais après, il y a eu la conversation. Constatant que la porte ne bougeait pas, et incapables de nous rejoindre sous la porte, les chats s'assoyaient à l'extérieur de la porte verrouillée et ils « parlaient » à la personne à l'intérieur.

« *Miou. Rowr-rowr. Miaou ? Quand vas-tu sortir ?* »

Le plus drôle, c'était lorsque j'arrivais plus tôt à la maison et que les deux chats étaient assis à l'extérieur de la salle de bains pendant que mon mari s'était enfermé à l'intérieur. Il leur répondait.

« *Rowr ? Miaou, miaou* », disaient les chats.

« Ouais, je sais. Je déteste lorsque ça arrive », répondait-il à travers la porte fermée.

« *Purr, rowr-miaou.* »

« Vraiment ? Et qu'as-tu répondu ? »

« *Mow! Psfft! Miaou.* »

« Ah, ha-ha, a-t-il dit. Tu es tellement malin. »

« Chéri ? ai-je dit en frappant. Tout va bien ? »

Il y a eu un moment de silence. « Je ne sais pas de quoi tu parles », a-t-il répliqué.

Je n'allais pas abandonner si facilement. Je me suis accroupie sur le sol et j'ai agité des doigts sous la porte. « Peux-tu me voir?

« Va-t'en », a-t-il dit.

J'ai gratté à la porte. « Alors, quand sortiras-tu ? »

« Dès que je sors, je te fais interner, m'a-t-il averti. Va-t'en! »

Ainsi allait la vie. Nous nous étions presque résignés devant cette situation lorsque la chance nous a souri.

Un jour, je suis allée à la salle de bains et je n'ai pas fermé la porte. Aucun chat n'est apparu. Excellent. J'ai fait part de ma découverte à mon mari ce soir-là.

« J'ai violé le code! ai-je dit. Nous devons adopter une politique de portes ouvertes. Si tu ne fermes pas la porte, ils ne s'intéressent pas à ce que tu fais. »

Il ne semblait pas très enchanté. « J'aime fermer la porte. »

J'ai soupiré. « Fermer la porte et avoir un auditoire, ou profiter de la paix d'une porte ouverte. C'est ton choix. »

« Je m'ennuie de notre vie avant les chats », a-t-il ajouté.

Il avait en partie raison. C'était bien lorsque nous avions notre mot à dire concernant les portes de notre maison. Par contre, même avec tous ces embêtements, c'est bon de savoir que l'on est si important pour quelqu'un que chaque minute séparée compte.

« Miaou? »

Oui, je sors bientôt.

Dena Harris

Morris, le maire

Dans sa jeunesse, notre chat Morris, qui est maintenant âgé de seize ans, était le maire de notre voisinage. Un chat errant adopté à notre refuge local pour animaux à l'âge de un an, Morris s'est installé dans la vie plutôt facilement comme résidant d'appartement, heureux de ne plus fouiller dans les ordures pour trouver de la nourriture ou d'échapper aux chiens et aux autos, et d'avoir à la place une boîte de nourriture et un coin de tapis ensoleillé sur lequel faire sa sieste. Pourtant, aussi heureux qu'il était d'avoir un foyer, Morris n'a jamais abandonné complètement son amour de l'extérieur. Il s'assoyait pendant des heures devant la fenêtre ouverte de la chambre à coucher de notre appartement, le nez collé sur la moustiquaire, reniflant l'air et surveillant les activités dans le parc, trois étages plus bas. Au début, j'ai pensé qu'il voulait être dehors dans l'air pur et le soleil, mais j'ai vite compris que c'étaient l'agitation et la grande activité du monde extérieur qui lui manquaient.

Lorsque mon mari et moi avons emménagé dans notre première maison — une maison en rangée en brique rouge sur une rue étroite de Philadelphie — Morris s'assoyait avec nous sur le perron dans notre toute petite cour avant, il accueillait les voisins et était entouré de son tribunal. Au printemps, il s'assoyait sur le perron de notre voisine plus âgée, à quelques pas de notre propre entrée, et il surveillait ses tentatives pour planter des fleurs dans son petit carré de terre. À l'Halloween, il attendait les « petits monstres » à la porte avant, ses yeux ambre luisant à la lumière des citrouilles. Lorsque notre fille a commencé à marcher, il s'est installé sur le trottoir en face de la maison et la surveillait pendant qu'elle passait bruyamment devant lui, montant et descendant la rue, derrière ses jouets à pousser. Morris ne semblait jamais vouloir s'aventurer à plus de quelques pas de l'entrée de la maison.

Quelques années plus tard, alors que j'étais enceinte de jumeaux et que nous avions besoin de beaucoup plus d'espace, nous avons acheté une maison dans une banlieue avoisinante, sur une rue tranquille qui formait un croissant et qui commençait et se terminait au haut d'une colline. Il n'y avait d'autre circulation que la demi-douzaine de voitures qui amenaient les voisins au travail le matin et les ramenaient le soir, ainsi que le camion de la poste qui venait faire des livraisons de temps à autre.

Un matin, au milieu de l'été, quelques mois après notre déménagement, j'ai marché jusqu'au bout de notre allée de garage pour prendre le journal. Morris trottinait derrière mes talons. Alors que je me penchais, une personne m'a demandé: « Est-ce que c'est votre chat? »

Je me suis relevée. Une femme mince dans la cinquantaine qui portait des shorts de marche d'un rose éclatant et un chemisier sans manches traversait la pelouse pour se diriger vers moi. Je savais qu'elle habitait la maison à notre droite, avec son mari et un fils d'une vingtaine d'années, mais je ne l'avais pas encore rencontrée. Je n'avais pas rencontré beaucoup de voisins puisque j'avais été enfermée dans la maison de la fin du printemps au début de l'été, d'abord parce qu'on m'avait dit de me reposer au lit, puis parce que je prenais soin de mes nouveaux-nés.

« Oui, ai-je répondu alors qu'elle s'avançait dans mon allée de garage. Voici Morris, et je m'appelle Meg. Je suis heureuse de vous rencontrer enfin. »

« J'en suis ravie aussi, a-t-elle dit en me serrant la main. Je suis aussi heureuse de savoir ton nom, a-t-elle ajouté en se penchant vers Morris pour lui gratter l'oreille. Mon mari aussi sera content. Maintenant, il saura comment l'appeler. »

Mon visage a dû montrer des signes de confusion, car elle s'est mise à rire.

« Mon mari et votre chat — Morris — déjeunent ensemble sur notre patio tous les matins, a-t-elle expliqué en se relevant. Un matin, juste après votre déménagement, mon mari est sorti avec son café et son journal, et il a trouvé Morris assis sur l'une des chaises. Ils ont eu une très bonne conversation. Maintenant, Morris l'attend sur le patio chaque matin. Mon mari lui lit le journal et ils discutent des nouvelles mondiales, n'est-ce-pas, Morris ? »

Morris s'était fait apparemment plus d'amis que moi dans le voisinage depuis les quelques mois que nous demeurions ici. Chaque matin, il rencontrait notre voisin sur son patio arrière pour le café et la conversation. Puis, il passait du temps à jouer avec les caniches dans la maison de gauche, assis dans le gazon au bord de notre allée de garage, juste aux limites de leur clôture invisible, alors que les chiens couraient en jappant et en agitant la queue.

Quand l'automne est arrivé, il a commencé à marcher tous les après-midi d'un pas tranquille vers le bout de notre allée de garage pour attendre l'autobus d'écoliers qui déposait les enfants du voisinage en haut de la rue. Il accueillait chaque enfant qui descendait la colline en passant devant chez nous, et acceptait les caresses et les grattages derrière les oreilles. Le jour de l'Halloween, il prenait sa place près des citrouilles et accueillait les « petits monstres ».

Chaque année, peu avant l'Action de grâce, nos voisins de droite partaient passer l'hiver en Floride. Morris y voyait là un signe de se retirer dans la maison pour la saison froide. En avril, quand le temps se réchauffait, nos voisins revenaient et Morris reprenait ses rondes quotidiennes d'activités sociales. Mais un printemps, nos voisins ne sont pas revenus. À la place, une affiche « à vendre » est apparue devant la maison. Nos voisins avaient décidé de rester en Floride, nous a informé leur fils lorsqu'il est venu vérifier la maison, un après-midi.

« Oh, avant que j'oublie, a-t-il ajouté en entrant dans sa voiture, papa m'a chargé de dire bonjour à votre chat. Leurs conversations lui manquent vraiment. »

Je savais que Morris s'ennuyait aussi de ces conversations. Chaque matin, il attendait encore sur le patio que son ami sorte pour déjeuner.

La maison s'est vendue rapidement, à une famille coréenne qui avait deux adolescentes et une grand-maman âgée. C'étaient des voisins très amicaux. Les filles arrêtaient toujours pour parler à nos enfants lorsqu'ils jouaient à l'extérieur, et les parents nous saluaient et causaient quelques minutes chaque fois que nous ramassions notre journal ou que nous entrions dans notre voiture en même temps. Par contre, la grand-maman âgée ne disait jamais un mot, tournant la tête et regardant de l'autre côté, les quelques fois où nous l'avons vue dans la cour avant. J'ai entendu ses petites-filles lui parler en coréen et j'ai pensé qu'elle ne parlait pas notre langue.

Un matin d'été, j'arrosais les plantes sur notre véranda arrière lorsque j'ai entendu la douce voix tremblante de la vieille grand-maman sur son patio. Elle parlait rapidement et calmement, un flot régulier de mots en coréen. De temps à autre, elle s'arrêtait, comme si elle posait une question, mais je n'entendais aucune voix lui répondre. *Elle doit se parler à elle-même*, ai-je pensé. Sans faire de bruit, j'ai jeté un coup d'œil par-dessus la balustrade de la véranda. Elle était assise à une table de fer forgé avec une tasse de thé. Morris, sur la chaise à côté d'elle, écoutait avec attention pendant qu'elle lui parlait.

Le maire du voisinage avait encore réussi ! Morris avait une nouvelle compagne pour le déjeuner, et notre vieille voisine coréenne avait un nouvel ami.

M. L. Charendoff

Un chaton fouilleur de corbeille

Lorsque j'ai adopté un chaton venant d'un refuge local pour animaux, je savais que ma patience allait être mise à rude épreuve. J'avais déjà élevé deux chats, maintenant adultes, et j'étais certaine d'être prête à affronter les problèmes qu'un nouveau chaton apporterait dans ma vie — et dans mon cœur. J'ai fait tout ce qu'il fallait, comme acheter de la nourriture pour chats de première qualité et à fort prix, un gros lit douillet et tous les meilleurs jouets disponibles pour chats. Par contre, j'ai rapidement remarqué que Lucy, cette petite chatte enjouée et exigeante, avait sa propre idée de ce qui était le mieux pour elle.

Elle ne voulait que les restes de table, elle préférait dormir dans *mon* lit plutôt que dans le sien, et elle se moquait des jouets achetés spécialement pour elle, s'amusant plutôt pendant des heures à voler des boules de papier dans la corbeille de mon bureau. J'étais écrivaine et j'essayais souvent de la décourager de me déranger lorsque je travaillais dans mon bureau, mais j'avais beau tout faire, elle se faufilait, renversait la corbeille et se sauvait, la bouche pleine de vieilles notes et d'idées que j'avais rejetées. Je me mettais en colère, je la grondais, j'essayais de l'encourager à jouer avec ses « vrais » jouets, ceux qui m'avaient coûté une fortune — mais il n'y avait rien à faire pour la changer. Ma patience était à bout.

Bien décidée à faire d'elle une bonne petite chatte, j'ai mis Lucy en dehors du bureau lorsque je travaillais, pour l'apercevoir assise à l'extérieur de la porte avec de grands yeux tristes lorsque je sortais pour prendre un moment de détente. Parfois, elle se glissait entre mes pieds et se dirigeait tout droit vers la corbeille, avant même que je réalise ce qui se passait. Puis, j'élevais la voix et je lui donnais une petite tape sur le derrière, ce qui lui faisait échapper la boulette de papier de sa bouche et s'en aller honteusement dans un coin. Je n'aimais pas la gronder, mais il fallait qu'elle cesse d'agir ainsi!

Les choses allaient bientôt changer.

Peu après un incident du genre, j'ai constaté que j'avais accidentellement jeté une très bonne idée concernant une histoire très à propos, ainsi que le nom d'un rédacteur de magazine et le numéro d'un contact qui m'avaient été donnés par une amie écrivaine sympathique. J'ai cherché fébrilement dans ma corbeille à papier à moitié pleine, pour me rendre compte que je l'avais vidée — et l'idée de l'histoire avec elle — le jour précédent, à temps pour la collecte des déchets recyclables. Vaincue, je me suis creusé les méninges pour me rappeler le mieux possible l'idée que j'avais eue, et je me suis dit que je pourrais toujours téléphoner à mon amie — jusqu'à ce que je me rappelle qu'elle était en vacances en Europe pour deux semaines! Je doutais qu'elle ait apporté le nom et le numéro de téléphone du rédacteur de la revue avec elle en voyage.

Résignée au fait que j'allais perdre la première place — ou que j'allais obtenir l'information dont j'avais besoin seulement après qu'une autre personne aura probablement couvert l'histoire — j'ai pris la résolution de ne plus jamais écrire mes idées sur des bouts de papier. Je les taperais plutôt à l'ordinateur et je les conserverais immédiatement.

J'étais assise à penser à toutes les autres idées et mémos que j'avais probablement jetés prématurément ou accidentellement lorsque j'ai entendu un reniflement, un bruit de froissement, et je me suis retournée pour voir Lucy sortir une boulette de papier de ma corbeille. J'ai piqué une crise et je l'ai chassée à l'extérieur de la pièce, jusqu'au haut de l'escalier dans son petit coin intime, où j'ai remarqué une poignée d'autres boulettes de papier sur le sol. Elle s'est cachée sous une chaise et m'a regardée pendant que je ramassais les bouts de papier, en pestant et en grommelant. Puis, je me suis arrêtée net — lorsque j'ai remarqué une boulette de papier particulière qui portait mon écriture. En la dépliant, j'ai secoué la tête, incrédule ! C'était mon idée concernant l'histoire, et le nom et le numéro de téléphone du rédacteur du magazine!

J'ai attrapé Lucy de sous la chaise et je l'ai serrée très fort, en l'embrassant et en lui faisant des compliments. Elle m'a regardée, abasourdie, puis elle a fourré son petit nez de chaton sur ma poitrine. J'espérais que cela voulait dire qu'elle m'avait pardonné mon impatience et mon comportement brutal. Pendant un moment, j'ai su qu'un chaton fouilleur de corbeille était le meilleur chaton qu'un écrivain peut avoir.

Je n'essaierais plus jamais de la changer ou de la gronder d'être elle-même. J'aime Lucy — exactement telle qu'elle est.

Marie D. Jones

Bénévole de l'année

Au printemps dernier, un bénévole tout à fait inusité dans notre organisme de charité a presque perdu la vie en raison d'un conducteur imprudent. Notre relation avec ce bénévole avait débuté bien avant, par une visite impromptue. Comme la plupart des visiteurs, il est d'abord entré dans nos bureaux par la porte principale — la différence est qu'il marchait à sur quatre pattes!

Notre organisme de charité est situé dans une communauté résidentielle à une rue de la plage, dans la belle ville de White Rock, Colombie-Britannique. Nous laissons souvent les portes avant ouvertes pour faire entrer la brise de l'été qui vient de l'océan. Un après-midi, il y a onze ans, un chat tigré orange et blanc s'est pointé le nez. Il était si obèse que nous avons pensé « qu'elle » était enceinte. Il a commencé par passer la tête dans la porte pour voir ce qu'il y avait à l'intérieur. Puisque personne ne le chassait, il a passé devant le bureau de la réception, a traversé la salle d'attente vide, puis a monté l'escalier avec assurance, jusqu'aux bureaux administratifs.

Il s'est fait ami avec toutes les bonnes personnes: notre directeur exécutif, Martin, la coordonnatrice des bénévoles, Valerie, et notre secrétaire exécutive, Maureen. Valerie a parlé aux voisins et elle a découvert que notre visiteur s'appelait Tigger. Une travailleuse sociale qui habitait en face, de l'autre côté de la rue, l'avait pris avec elle lorsque sa famille a déménagé dans une autre province. Se sentant seul, il est venu dans notre édifice pour rencontrer des gens. Un ou deux thérapeutes ont pensé qu'il n'était pas très professionnel d'avoir un chat dans l'édifice, mais il avait des amis haut placés. Martin a reçu des lettres de certains des usagers qui disaient combien il était réconfortant que Tigger saute sur leurs genoux et se couche en boule en ronronnant. De plus, il rendait visite régulièrement à notre groupe de jeu pour les enfants ayant des retards de développement. Le premier mot de certains de ces enfants a été « minou ». À la lumière de ces précieux services, Valerie a officiellement ajouté le nom de Tigger à notre liste de bénévoles.

Un an plus tard, la travailleuse sociale a déménagé et Tigger est allé vivre avec un couple à la retraite qui habitait la porte voisine de notre bureau. L'homme est décédé peu après, et sa veuve, Olive, nous a confié que le fait de prendre soin du chat l'aidait à se consoler de la perte de son époux. Tigger ne nous a cependant pas oubliés. Il a poursuivi ses visites et égayait la journée de plusieurs usagers et membres du personnel, en plus de créer un lien entre Olive et plusieurs de nos employés. Valerie a offert à Olive une plaque spéciale ornée de la photo de Tigger et d'une plaquette de bronze sur laquelle était gravé « Bénévole de l'année ».

Au printemps dernier, Tigger a été frappé par une voiture. Un voisin a découvert son corps tout déformé et nous l'avons conduit en toute hâte chez le vétérinaire. Il avait de terribles blessures. Le vétérinaire gardait peu d'espoir pour la survie de Tigger, et il nous a dit que le geste le plus miséricordieux serait de le laisser partir. Olive ne pouvait pas s'imaginer le faire endormir sans avoir essayé de le sauver, et elle a dit au médecin de faire tout ce qu'il pouvait pour le guérir. Plusieurs d'entre nous sont allés le visiter pendant les semaines où il était à l'hôpital.

À l'occasion de ma première visite, la réceptionniste m'a conduite à l'arrière. L'odeur des antiseptiques, des médicaments et des animaux m'a frappée dès que je suis entrée. Le long de deux murs, il y avait plusieurs cages avec des animaux dans divers états de détresse. Tigger était couché sur une table de métal au centre de la pièce. À ses côtés, il y avait l'assistante du vétérinaire qui lui donnait une injection d'antibiotiques et de calmants. Elle m'a invitée à m'approcher.

Un tube intraveineux sortait de sa petite patte. Sa face était méconnaissable. Sa mâchoire, brisée à deux endroits, était fermée avec du fil de fer. Son bassin était fracturé et ses pattes de derrière étaient dans le plâtre. Il avait l'air si petit et si fragile. L'assistante m'a demandé si je voulais rester pour le nourrir. Avec soin, elle l'a replacé dans sa cage, l'a installé sur une couverture moelleuse. Il y avait un plat de nourriture molle dans un coin de la cage. J'ai pris une petite cuillère, je l'ai remplie d'un tout petit peu de nourriture et je l'ai tenue près de sa bouche. Il ne pouvait pas lever la tête, même en essayant. Il a sorti un peu la langue pour goûter. Il faudrait encore le nourrir par intraveineuse.

Pendant la première semaine, nous ne savions pas s'il s'en tirerait, mais chaque fois qu'il avait une visite, son moral semblait aller mieux. À la deuxième semaine, ils avaient beaucoup d'espoir. La troisième semaine, le vétérinaire a dû limiter les visites en disant: « Nous n'avons jamais eu un patient qui a reçu tant de visites. Il semble que cela ait aidé, mais il a besoin de se reposer. »

Après quelques semaines de convalescence et d'observation, Tigger a pu retourner à la maison. Nous l'avons honoré en avril, lors de notre déjeuner annuel de gratitude envers les bénévoles, et le journal local a fait un reportage sur lui, avec photos.

Bien que Tigger ne vienne plus au bureau, il aura toujours une place bien spéciale dans notre cœur. Nous sommes tellement heureux que nous, ses amis et collègues, ayons pu donner à cette petite créature la volonté de vivre en retour de la joie et des services qu'elle a apportés si généreusement au cours des ans.

Edi dePencier

Trouver un ami

Il est impossible de posséder un chat. Le mieux à faire, c'est de devenir des partenaires.

Sir Harry Swanson

Au cours de l'été 2003, l'hôtel Mustafa à Kabul, en Afghanistan, grouillait de journalistes, de travailleurs humanitaires, de personnel de l'ambassade américaine et d'hommes d'affaires. On y offrait une grande variété d'équipements — et un endroit pour se retrouver en paix après une dure journée à affronter la misère et la désolation de cette ville ravagée par la guerre.

En ma qualité de journaliste à la pige installé à Kabul pour la seconde année de suite, j'en étais réduit à un état de dépression profonde par des circonstances tant personnelles que politiques. J'avais un grand besoin de paix. Ce que je désirais le plus était un ami particulier, une espèce de messager cosmique qui apparaîtrait miraculeusement et me reconnecterait à toute la bonté et la beauté de l'univers.

J'avais eu une telle amie à Kabul l'année précédente. Même si elle était maintenant en sécurité en Amérique, j'avais secouru l'adorable petite chatte noire et blanche, Queen Soraya, des rues dévastées de Kabul, la sauvant d'un dur destin. Maintenant, j'avais besoin d'un habitant de la Terre pour qu'il me secoure à mon tour.

Je me dirigeais vers la place Pashtunistan, qui était autrefois une grande place publique devant le palais présidentiel, lorsque je l'ai vu. Juste devant moi, sur le trottoir brisé, comme s'il venait de nulle part, il y avait un minuscule et beau chaton tigré, qui surveillait calmement la scène désolante des mendiants, des enfants de la rue et de femmes voilées avec leur *burqa*. D'aspect soigné, vigilant et maître de lui-même, il était la seule chose intacte et saine dans ce panorama ravagé.

Je l'ai pris comme un homme assoiffé qui va prendre sa première gorgée d'eau, et je l'ai glissé dans mon porte-document avec les coupures de journaux et les notes. Il a accepté tout cela avec calme, comme s'il avait attendu qu'une telle chose arrive. Après l'avoir enfermé à l'intérieur, il a poussé son nez rose et noir à travers l'espace pour respirer que je lui avais laissé, son mignon petit museau sorti pendant tout le chemin du retour à l'hôtel.

Une fois dans le jardin de l'hôtel, je l'ai examiné. Le chaton arborait des stries noires complexes sur fond gris — et son ventre était couvert de taches. « Ainsi, tu n'es pas seulement un *babur*, tu es aussi un *palang !* » lui ai-je dit, en utilisant les mots en dari (un dialecte afghan) pour désigner *tigre* et *léopard*. « Tu dois avoir très faim. Je vais aller chercher un repas pour nous deux. »

Je l'ai nourri de ma propre maigre ration — un repas de l'armée américaine prêt-à-manger (MRD) — et je me suis demandé quel nom donner à ce petit mâle exceptionnel qui était entré dans ma vie alors que j'en avais le plus besoin. J'ai opté pour Dost Mohammad Khan, d'après le roi de l'Afghanistan du dix-neuvième siècle qui avait été détrôné, mais qui était retourné pour mener son peuple vers l'indépendance et la justice. *Dost* veut aussi dire « ami » et, bien sûr, j'en avais désespérément besoin d'un. Après avoir obtenu la permission de le garder avec moi — il pouvait rester dans le jardin de l'hôtel — mon chaton et moi avons commencé notre vie ensemble.

Que de plaisir Dost et moi avons eu cet été-là ! Il était le chaton le plus agile, en santé, enjoué et heureux que j'avais connu. Il apportait du soleil dans ma vie avec ses galipettes, chacun de ses mouvements se voulait une affirmation joyeuse de la vie. Par contre, aucun jardin de roses ne pouvait le retenir. Il repoussait continuellement et littéralement ses limites, courant dans les chambres d'hôtel attenantes et osant s'aventurer vers toute porte laissée ouverte pour explorer avec curiosité.

Dost est devenu le chouchou de l'hôtel, mais personne n'appréciait plus sa présence que moi. Quelle que fût l'heure du jour, il m'accueillait avec des miaulements si sincères et si purs que c'était évident qu'il me considérait comme un être aussi spécial que moi-même je le considérais de mon côté. Il s'accrochait à la jambe de mon pantalon, me suppliant de le prendre, puis il frottait avec vigueur son petit nez rose et noir contre le mien. J'ai commencé à faire entrer subrepticement Dost dans ma chambre le soir pour prolonger nos séances de jeu jusque dans la nuit. Puis, nous dormions côte à côte jusqu'à ce qu'il me réveille le lendemain en se frottant amoureusement contre mon nez, et je le ramenais au jardin pour son déjeuner MRE.

Le soleil s'est encore une fois transformé en obscurité le jour où Dost a disparu de l'hôtel.

J'ai regardé partout, j'ai demandé à tout le monde, mais personne ne l'avait vu. L'hôtel est dans une enceinte fermée et à haute sécurité, et il n'y a qu'un endroit pour entrer et sortir. Personne parmi ceux qui le connaissaient n'aurait permis au petit trésor de l'hôtel de s'échapper. Qu'avait-il pu arriver? J'étais couché dans ma chambre cette nuit-là, incapable de dormir — encore une fois seul, submergé par des sentiments de solitude et d'impuissance.

Le lendemain matin, j'ai appris que des hommes qui faisaient des rénovations — ne faisant pas partie de la famille très unie du Mustafa — étaient ennuyés par les galipettes de ce chaton et, pour l'éloigner de leur chemin, lançaient souvent Dost sur le toit du premier étage qui surplombait le jardin. La dernière fois, il a sûrement sauté dans l'allée adjacente pour poursuivre son exploration de sa ville natale. Mon cher ami était encore une fois obligé de survivre sans la main nourricière qui avait désespérément besoin de *ses* soins.

Il n'y avait qu'une chose à faire: il fallait répandre la nouvelle.

J'ai placé une annonce dans le *Kabul Weekly*, un journal bilingue avec un gros lectorat, et j'ai décrit Dost et les circonstances de sa disparition. J'ai inclus une récompense de 2500 afghanis (environ 50$) pour son retour, l'équivalent d'un mois de salaire dans une ville où sévissaient le chômage et une grande pauvreté.

« J'espère que ce n'est pas une blague », m'a dit le rédacteur d'un ton très sérieux.

« Sur ma foi, je le jure, ai-je répondu. Nous, *feringhee* (étrangers), avons beaucoup d'affection pour les chats. »

Sachant que ce ne serait pas suffisant de simplement publier une annonce que plusieurs ne liraient pas ou tourneraient en objet de dérision, j'ai décidé d'être plus agressif dans mes recherches. Tout Kabul devait être au courant de ma demande.

J'ai fait agrandir l'annonce, imprimé des centaines de photocopies et affiché la feuille partout: devant les ambassades et les bureaux des Nations Unies; de l'autre côté de la mosquée centrale Pul-i-Khisti avec son dôme bleu; près de la seule synagogue de Kabul et de ses deux temples hindous; devant les éventaires et les maisons de thé; et tout le long des boulevards commerciaux des légendaires rues Poulet et Fleurs. Les gens prenaient le temps de lire l'annonce à propos du chat perdu malgré leurs occupations urgentes. On répétait ma demande à ceux qui ne savaient pas lire — malheureusement, la majorité de la population afghane.

« Il s'appelle Dost! » ai-je entendu une femme dans une *burqa* bleu ciel raconter à un petit garçon en haillons à l'extérieur du Mustafa. « C'est le chaton d'un très puissant *feringhee* qui l'aime beaucoup et qui paiera gros pour son retour. »

L'étendue de ma puissance était certainement exagérée par la dame, et la récompense était grosse seulement en termes afghans, mais elle avait raison en ce qui concernait l'amour.

Les dizaines de milliers d'enfants sales en haillons, qui erraient constamment dans les rues à la recherche d'argent, me semblaient une bonne ressource pour tenter de ravoir mon précieux petit vagabond. Le seul problème en était un de conscience: *Était-il bien de se servir des enfants des rues de Kabul à des fins personnelles, et est-ce que je leur faisais du bien ou du mal de cette façon ?*

La plupart de ces enfants ne sont pas des orphelins, mais ils ont une famille qui dépend d'eux pour leur survie. Il y a deux écoles de pensée sur la façon de considérer les enfants de la rue. La première est que, tant que la situation en Afghanistan demeure aussi sombre, on peut compatir en leur donnant un petit quelque chose pour s'assurer qu'eux et leur famille survivront en attendant de connaître des jours meilleurs que la communauté internationale s'efforce de leur apporter. La deuxième approche, c'est que la charité individuelle leur fait plus de mal en récompensant leur choix de vivre dans les rues alors qu'ils auraient avantage à aller à l'école. Ma propre opinion a trouvé un compromis entre les deux, ce qui m'a incité à demander leur aide pour retrouver Dost.

J'ai expliqué ma mission à quelques garçons que je connaissais et je leur ai donné des feuilles à distribuer à leurs copains. J'ai répété ce geste sur le coin des rues autour de la ville. Dans l'ensemble, les enfants étaient stimulés par la tâche que je leur avais donnée, inspirés en grande partie par la perspective d'une somme d'argent qui changerait leur vie. Pour eux, jouer et s'amuser était tout aussi important — et chercher un chat perdu leur faisait oublier le travail pénible de mendier ou de vendre des marchandises, en plus d'introduire à nouveau un élément de l'enfance dans des vies dépourvues de projets si innocents. Cette pensée m'a réconforté, et j'ai éprouvé de la joie en leur procurant un nouveau sens de l'émerveillement.

Ma demande de retrouver mon ami est ainsi devenue un phénomène à la grandeur de la ville, alimentant les conversations dans les salons de thé et les marchés afghans, le sujet de préoccupation suscitant des commentaires aussi surprenants que condescendants. Malgré tout, après deux semaines de recherches héroïques, on n'avait toujours pas trouvé trace de Dost, et je commençais à croire que je ne reverrais plus jamais mon précieux chaton. Comment ma campagne, qui était devenue le sujet de conversation de Kabul, avait pu échouer au point que personne n'ait aperçu mon petit ami? Pendant que je sirotais mon thé vert avec apathie dans ma chambre au Mustafa, quelqu'un a frappé à la porte et je l'ai ouverte pour trouver l'un des garçons d'hôtel qui se tenait là avec un large sourire.

« M. Vanni, il y a une petite fille en bas qui demande à vous voir », a-t-il dit, rayonnant. Je crois qu'elle a de bonnes nouvelles pour vous. »

J'ai descendu les marches à la course jusqu'au hall d'entrée, où j'ai aperçu une image que je n'oublierai jamais et que je chérirai le reste de ma vie.

Là, dans l'entrée, baignant dans la lumière cristalline des après-midi de Kabul, se tenait une toute petite écolière qui portait l'uniforme scolaire universel des filles afghanes, pantalons noirs, veston noir et un foulard de tête blanc. Elle berçait doucement quelque chose dans un châle bleu, balançant ses bras comme une nouvelle maman. Son visage ovale brun pâle semblait parfait dans sa beauté innocente, sauf pour une cicatrice sur une joue, qui était complètement masquée par son sourire radieux. En me remettant le paquet, la tête du petit félin s'est pointée.

« Do-o-o-ost ! » a dit la petite en riant.

Il était là, magnifique et unique avec sa robe tigre-léopard, chantant encore une fois ce joyeux miaou de reconnaissance qui était devenu pour moi la musique la plus agréable au monde. Après quelques moments de frottage de nez passionnés et un regard furtif à ses marques spéciales, je n'ai plus eu aucun doute. Dost était de retour. J'avais retrouvé mon petit ami.

« Où l'as-tu trouvé ? » ai-je demandé en donnant à la petite sa récompense grandement méritée, m'imaginant que cela l'aiderait à acheter des livres d'école et à nourrir sa famille.

Elle ne parlait pas anglais, par conséquent, l'un des gardes a traduit.

« Elle l'a trouvé là où elle habite, à Khair Khana, a-t-il dit. Elle s'en allait à l'école et il était là, sur le trottoir, et regardait passer les gens. »

« Khair Khana ! » me suis-je exclamé en tenant Dost devant mon visage. « C'est tout à fait de l'autre côté, dans la partie ouest de la ville, à des kilomètres d'ici! Dost, comment as-tu pu te rendre jusque-là ? » J'ai ri, avec ce soulagement spécial qui suit un désastre évité.

Un miaou vigoureux et affirmé fut la seule description qu'il a offert de ce qui a dû être une odyssée épique de deux semaines à se faufiler entre les autos, à éviter les chiens, à marcher dans des décombres et à se procurer de la nourriture. Après avoir remercié avec effusion l'enfant qui rougissait, et après lui avoir donné quelques bonbons en signe supplémentaire de ma gratitude, j'ai monté triomphalement Dost dans ma chambre.

Il n'était plus question qu'il retourne vivre dans le jardin de roses après m'avoir causé une telle peur et un si long tourment. J'ai décidé qu'il resterait en sécurité dans ma chambre jusqu'à ce que je le ramène avec moi en Amérique. Je voulais lui donner une nouvelle vie et remplir son monde de soleil, comme il l'avait fait pour moi ici, dans cette belle mais déchirante ville appelée Kabul.

Vanni Cappelli

NOTE DE L'ÉDITEUR: *Cette histoire, qui a mérité un prix, a paru originalement sous un format différent, dans le magazine* Cat Fancy.

3

UNE ORDONNANCE À FOURRURE

Les chats sont toniques,
ils sont drôles; ce sont des amours,
ils sont adorables presque tout le temps,
et souvent superbes à regarder.

Roger Caras

Laser, le thérapeute

Dès le moment où il a passé sa petite patte à travers les barreaux de la cage à la Société protectrice des animaux, j'étais fichue. Je ne cherchais pas un autre chat — j'en avais déjà deux — mais je m'étais seulement arrêtée en passant pour donner un peu d'attention aux animaux. Lorsque le bénévole du refuge, qui savait apparemment reconnaître une personne naïve lorsqu'il en voyait une, m'a demandé si j'aimerais le tenir dans mes bras, il n'y a plus eu de doute. Il est rentré à la maison avec moi ce jour-là.

C'était un magnifique chat, un siamois blue point de cinq mois avec des yeux comme les rayons bleus d'un laser; de là son nom. Dès le début, il était évident que Laser était un chat exceptionnel. Il aimait tout le monde — les autres chats, les visiteurs dans la maison, même le chien qui s'est joint à la maisonnée plus tard.

J'ai d'abord entendu parler de la thérapie animale plusieurs mois après avoir adopté Laser. Même si on y mentionnait surtout les chiens, j'ai pensé que Laser serait parfait pour ce genre de travail. Je me suis inscrite aux cours de formation et, après avoir rempli les exigences préliminaires, Laser et moi avons passé l'examen pour devenir membres agréés de la Delta Society Pet Partners.

Bien qu'il ait toujours été un peu casanier à la maison, Laser a trouvé sa vraie vocation quand nous avons commencé à faire des visites. Que ce fût avec des petits malades à l'hôpital pour enfants, des personnes âgées souffrant d'Alzheimer, ou des adolescents hospitalisés en psychiatrie, Laser savait toujours exactement quoi faire. Il s'assoyait sur des genoux ou se couchait en boule tout près de patients alités. Il n'essayait jamais de se lever, jusqu'à ce que je l'amène vers la personne suivante. Les gens me faisaient souvent remarquer qu'ils n'avaient jamais vu un chat si calme et amical. Même les personnes qui n'aimaient pas les chats l'affectionnaient!

Un jeune homme, qui avait subi de graves brûlures dans un incendie, a souri pour la première fois depuis son accident quand Laser s'est lové sous la couverture posée sur ses jambes. Un petit garçon, épuisé et léthargique en raison d'une leucémie en phase terminale, trouvait le moyen de sourire, de faire une caresse à Laser et de lui donner un baiser sur la tête, puis d'en parler sans arrêt après les visites. Plusieurs patients en gériatrie souffrant de démence étaient agités et refusaient de communiquer avant l'arrivée de Laser, mais ils se calmaient et devenaient volubiles les uns avec les autres et avec le personnel après la visite de mon associé félin thérapeute. Cependant, de toutes nos expériences chez Pet Partner, ce sont nos visites à l'hospice qui ont été les plus stimulantes et gratifiantes.

Un jour, j'ai reçu un appel téléphonique m'informant qu'une patiente d'un centre de soins palliatifs à proximité avait demandé la visite d'un chat. À l'époque, il n'y avait qu'un chat — Laser — qui participait activement au programme local. Malgré cela, mon premier réflexe a été de trouver une excuse pour ne pas y aller. J'ai toujours eu un problème avec la mort et les mourants, et j'ai de la difficulté à en parler avec quiconque, mais j'ai rapidement compris à quel point j'étais égoïste — la pauvre femme était mourante et tout ce qu'elle demandait, c'était que j'emmène mon chat pour une visite. J'ai accepté.

Quelques jours plus tard, nous avons fait notre première visite. Mme P. avait quatre-vingt-onze ans, et même si son corps était faible, son esprit était encore très vif. Au début, c'était un peu bizarre (que dire à une parfaite étrangère qui sait qu'elle va mourir?), mais Laser a été un grand catalyseur de conversation. Il s'est glissé vers elle sur le lit et s'est pelotonné tout près de sa hanche —

exactement là où sa main pouvait reposer sur le dos du chat. Elle m'a raconté des histoires à propos du chat qu'elle et son mari ont eu plusieurs années auparavant.

« À la semaine prochaine », a-t-elle dit alors que nous nous levions pour partir.

Nous lui avons rendu visite tous les dimanches pendant les trois mois qui ont suivi, et une amitié sincère s'est développée entre nous. Mme P. s'exclamait avec enthousiasme par un « Laser! », chaque fois que nous apparaissions à sa porte, et elle disait « À la semaine prochaine! », chaque fois que nous partions. Elle devenait de plus en plus faible, mais une semaine, lorsque nous sommes arrivés pour la voir, j'ai été peinée de constater que sa condition se détériorait grandement. Malgré tout, elle a souri et a dit « Laser! » lorsque nous sommes entrés dans la chambre.

Elle s'est plainte d'avoir froid, même si la chambre était bien chauffée, et quand Laser s'est couché en boule tout près d'elle, elle a dit : « Oh, il est si chaud — cela fait tant de bien. » Nous avons eu une agréable visite, même si Mme P. n'était pas très bien. Sa main n'a jamais quitté le dos de Laser. En partant, elle a dit son habituel « À la semaine prochaine », et j'ai espéré que ce soit vrai.

Le samedi suivant, on m'a informée par téléphone que la santé de Mme P. se détériorait rapidement et qu'il ne lui restait probablement que quelques jours à vivre. J'ai demandé si nous pouvions toujours lui faire nos visites, et l'infirmière m'a répondu que ce serait merveilleux.

Lorsque nous sommes arrivés, il était clair que Mme P. était mourante. Elle perdait et reprenait conscience, mais quand elle a remarqué que Laser et moi étions à côté de son lit, elle a souri et a murmuré « Laser ».

Elle avait beaucoup de difficulté à respirer, alors je lui ai dit de ne pas essayer de parler; nous resterions simplement assis là pour lui tenir compagnie. Laser a pris sa place sur le lit, près de sa hanche, et Mme P. a laissé sa main reposer sur le dos soyeux du chat. Ni l'un ni l'autre n'a bougé pendant toute notre visite. Cette fois-là, lorsque nous nous sommes levés pour partir, Mme P. a murmuré « Merci ». Elle savait qu'il n'y aurait pas de « semaine prochaine » pour nous.

Quelques jours plus tard, j'ai reçu un appel m'informant que Mme P. était décédée. J'étais triste — nos visites hebdomadaires avaient été merveilleuses — mais j'étais contente qu'elle ne souffre plus. Je me suis souvenue que j'avais failli refuser de faire les visites au centre de soins palliatifs et j'étais si reconnaissante d'avoir accepté.

Nous en sommes à notre septième année comme équipe Pet Partner, et Laser et moi faisons encore des visites dans plusieurs établissements. Laser, le petit chat dont personne ne voulait, est aussi beau à l'intérieur qu'il l'est à l'extérieur, et il continue d'égayer la vie de tous ceux qu'il rencontre.

Nancy Kucik

Cinq cents fleurs

J'adore les chats parce que j'apprécie ma maison; et petit à petit, les chats deviennent l'âme de la maison.

Jean Cocteau

Je suis ce qu'on appelle parfois une « dame d'un certain âge ». Célibataire et sans enfants, j'ai vécu seule pendant la plus grande partie de ma vie adulte. Jusqu'à il y a six ans, je n'avais même jamais eu un animal de compagnie.

À cette époque, je vivais dans un appartement — où il n'était pas permis d'avoir des animaux de compagnie — et je faisais le trajet d'une heure aller-retour chaque jour vers l'école secondaire de Los Angeles, où j'enseigne l'anglais. Bien que j'aie toujours voulu posséder une petite maison, avec une cour et un jardin, je n'ai jamais entrepris les démarches nécessaires pour réaliser ce rêve. Les années se sont suivies et, comme cela arrive souvent, j'ai simplement continué le rythme confortable, bien que peu satisfaisant, de ma vie.

Jusqu'à « la semaine des chats ».

Nous étions fin mai, et l'année scolaire était presque terminée. Ma salle de classe, qui est en fait un petit bungalow, se trouvait isolée sur le terrain de l'école. Un mardi après-midi, j'ai entendu un miaulement pitoyable qui provenait de sous le plancher de la classe. Il m'a fallu presque quatre heures pour convaincre un petit mais bruyant chaton tigré gris de sortir de sa cachette. Le chaton avait faim et, de toute évidence, il avait besoin d'aide. Même si je savais que cela était défendu, ce même après-midi après l'école, j'ai pris le chaton, que j'avais baptisé Maximus, et je l'ai emmené dans mon appartement en cachette afin de ne pas avoir de problèmes avec le concierge. Je me suis demandé, au nom du ciel, ce que j'allais faire maintenant que j'avais un chat dans ma vie, car depuis le tout début, je savais que, quoi qu'il arrive, j'allais le garder.

Deux jours plus tard, l'une de mes élèves, sachant que j'avais sauvé un chaton, est venue me supplier de prendre son petit chaton fille. Elle l'avait ramenée à la maison, un bleu russe, mais ses parents ne voulaient pas qu'elle la garde, et elle ne savait pas quoi faire. Je me suis dit que j'avais déjà enfreint les règlements avec Maximus, alors pourquoi pas un de plus? Mon élève m'a apporté la « petite fille » — qui était en fait un chat adolescent: mon Grey Boy.

Le week-end est arrivé et s'est envolé. Tout allait bien. J'appréciais mes deux nouveaux compagnons d'appartement et, jusqu'à maintenant, personne ne s'était plaint ou m'avait dénoncée. Puis, le mardi suivant, un autre petit gris tigré — une orpheline, peut-être la sœur de Maximus — a été mis dans mes bras par un confrère enseignant. Je savais que j'exagérais en l'emmenant à la maison, mais je l'ai fait quand même. Quand j'ai apporté Pearl dans l'appartement cet après-midi-là, il ne faisait aucun doute que ma vie était sur le point de changer. J'avais maintenant une famille et il me faillait une maison pour les loger.

Mes chats ont été le catalyseur dont j'avais besoin pour enfin réaliser mon rêve. Je me suis mise sérieusement à la recherche d'une maison. En moins d'une semaine, j'en avais trouvé une et, à peine deux mois plus tard, nous avions emménagé.

Ce fut une période merveilleuse de ma vie. J'aimais ma nouvelle maison et c'était une joie indescriptible de revenir chaque jour vers mon trio de chats doux et affectueux. Ce bonheur a duré environ un an — jusqu'à ce qu'un matin, je trouve Pearl morte. Je n'étais pas certaine de ce qui l'avait tuée. Je pensais que c'était peut-être une thrombose ou un anévrisme, car il n'y avait aucune marque sur son corps.

J'ai regardé fixement son petit corps inerte et j'avais le cœur brisé, mais il *fallait* que j'aille travailler. J'ai pris Pearl et je l'ai déposée dans la cour. Je l'enterrerais lorsque je reviendrais à la maison dans l'après-midi.

Ce fut une journée misérable; j'étais éperdue et mes élèves étaient particulièrement indisciplinés. Lorsque je me suis traînée à la maison après le travail, accablée de fatigue et de chagrin, je n'étais pas certaine de pouvoir faire face à la triste tâche qui m'attendait. Pouvant à peine me contenir, j'ai demandé à mon voisin de m'aider à creuser le trou. Lorsque ce fut prêt, j'y ai déposé Pearl et je me suis effondrée. Pendant que je pleurais comme une hystérique, j'étais consciente que Grey Boy me regardait fixement avec plus d'intensité que d'habitude. Puis, je me suis laissée aller à mon chagrin et Grey Boy s'est éloigné doucement.

Finalement, je me suis calmée. Le soleil commençait à se coucher et j'étais assise à la table de pique-nique dans la cour, en fixant le sol et en ressentant simplement la vive douleur dans ma poitrine. Ma Pearl chérie était partie, et rien ne serait jamais plus pareil.

J'ai levé les yeux et j'ai vu Grey Boy qui trottinait vers moi, en tenant quelque chose dans sa gueule. Je ne pouvais pas distinguer ce que c'était. Il est venu directement vers moi et, s'arrêtant à une trentaine de centimètres, a laissé tomber à mes pieds ce qu'il tenait dans sa gueule.

C'était une seule fleur rose tirant sur le pourpre, en forme de trompette. Grey Boy a incliné la tête pour regarder vers moi et, voyant que j'avais remarqué son cadeau, il s'est retourné et est reparti.

Étonnée, j'ai inspiré profondément puis, en soupirant, j'ai murmuré: « Oh, Grey Boy ». Il n'avait jamais rien fait de semblable auparavant.

Des larmes coulaient sur mes jours alors que je me penchais pour ramasser la belle fleur. Je l'ai tenue dans ma main et j'ai pleuré encore, mais cette fois, mes larmes étaient comme un baume. Je suis restée assise là pendant une heure, en tenant le cadeau de Grey Boy et en retrouvant lentement mon équilibre.

La mort de Pearl a été pour moi une épreuve plus difficile que je me l'aurais jamais imaginé. Pendant les trois mois suivants, je me suis sentie misérable. Tout ce temps, Maximus est resté près de moi, et Grey Boy a continué de m'apporter des fleurs — environ cinq cents! Les week-ends, quand je restais à la maison toute la journée, il m'en apportait le matin, le midi et le soir, et plusieurs fois entre ces moments. Les jours de semaine, il m'apportait des fleurs avant le travail et lorsque je rentrais le soir. Il semblait que chaque fois que je me retournais, Grey Boy venait à moi pour m'offrir une autre fleur. Il ne restait pas — après avoir laissé tomber la fleur et m'avoir vue la ramasser, il repartait.

Puis, après environ trois mois, alors que je commençais à me sentir mieux, Grey Boy a soudain cessé de m'apporter des fleurs. Il ne m'en a jamais plus apporté, pas une seule fois.

Ce qui m'a émue le plus de ces quelque cinq cents fleurs, c'est que, pendant ces trois mois, Grey Boy a vécu lui aussi son deuil. Il était plus tranquille qu'à l'habitude et je le voyais souvent assis près de la tombe de Pearl, à la fixer. Mais mon Grey Boy *savait* que j'avais besoin de son aide — et il ne s'est jamais soustrait à la mission de miséricorde que lui-même s'était donnée.

Bev Nielsen

Le chat Dickens

« Je suis désolé, Gwen, je crois que c'est le cancer des ovaires et qu'il s'est répandu partout, m'a dit mon chirurgien. Allez chez vous, mettez vos affaires en ordre. Nous opérerons dès que possible. »

La chirurgie a révélé qu'en effet, j'avais une forme agressive de cancer des ovaires. Couchée sur un lit d'hôpital, je craignais pour mon avenir. Je craignais de ne pas avoir d'avenir. Je craignais de ne pas pouvoir prendre soin de moi. Et puisque je venais récemment de divorcer, je craignais d'être seule. Comment allais-je pouvoir faire face à la chimiothérapie, à mon travail d'éditrice et en même temps m'occuper de ma maison ?

« Maman, je crois que tu as besoin d'un animal de compagnie », m'a dit ma fille pendant qu'elle me faisait marcher dans les corridors de l'hôpital.

« Pourquoi aurais-je besoin d'un animal? »

« Je ne veux pas que tu restes seule. »

« Oh, Wendy, comment puis-je prendre soin d'un animal? Je ne suis même pas certaine de pouvoir prendre soin de moi. »

« Les chats ne demandent pas beaucoup de soins. »

« Je suis une personne à chiens », ai-je répondu sur un ton qui disait *et c'est final*.

Pourtant, ce soir-là, après qu'elle fut retournée à la maison, je me suis mise à réfléchir. Elle et moi étions si centrées sur mon cancer, si j'allais vivre ou mourir, que nous ne pensions presque à rien d'autre. En plus de m'offrir de la compagnie, un animal nous permettrait peut-être de porter notre attention sur autre chose. Les animaux m'ont toujours donné de la joie, et le médecin m'avait déjà dit que la meilleure thérapie serait d'avoir une attitude positive.

J'ai glissé dans le sommeil en pensant au genre d'animal que j'aimerais avoir. Au matin, lorsque Wendy est arrivée, je l'ai étonnée en lui disant: « D'accord, j'ai décidé que je voulais un chat. J'aimerais que tu ailles au refuge pour animaux et que tu me trouves un chat *tuxedo*. Comme je suis éditrice de livres, je crois que je dois avoir un chat qui a un air très intellectuel. Je l'appellerai Charles Dickens. Assure-toi qu'il ressemble à son personnage. Il doit avoir une panse blanche, de même que ses mitaines et ses chaussettes, et une moustache serait appréciée. »

Ma fille n'a pas pu se rendre au refuge ce jour-là, car après onze jours longs et épuisants sur un lit d'hôpital, on m'a soudain donné mon congé et j'ai pu retourner à la maison. Mais, l'après-midi suivant, Wendy a trouvé une « gardienne de maman » et elle est allée à la recherche de mon chat. J'avais tellement hâte qu'elle revienne à la maison. Lorsque la porte du garage s'est ouverte, Judy, ma « gardienne », est allée voir ce que Wendy avait choisi.

Judy a ramené un jeune chat aux yeux brillants jusqu'à mon lit. Il avait la panse, les mitaines et les chaussettes blanches obligatoires, et une demi-moustache blanche. Je ne pouvais pas le croire. J'ai dit à Wendy ce que je voulais, mais je n'ai jamais pensé qu'elle trouverait exactement le chat que j'avais décrit. « Bonjour, Charles Dickens », ai-je dit.

Il a répondu: « Miaou ».

Dickens avait une histoire. C'était un chat abandonné apeuré qui avait trouvé refuge sur la galerie arrière d'une maison de Colorado Springs pendant un orage. Trempé jusqu'aux os et gelé, il tremblait près de la porte vitrée. La dame de la maison en a eu pitié. Elle l'a fait entrer et l'a nourri, mais elle ne pouvait pas le garder. Le lendemain, elle pleurait en l'amenant à la fourrière. « Assurez-vous que la personne qui le prendra me téléphone. »

Ce soir-là, après que Dickens fut installé, je lui ai téléphoné. Elle m'a confié : « J'accoucherai bientôt et j'ai déjà trois chats. Je voulais le garder, mais c'était impossible. J'ai donc prié pour que Dieu lui envoie quelqu'un qui en avait besoin et qui l'aimerait vraiment. »

J'ai immédiatement compris que Dickens n'était pas ici par hasard. « Vos prières ont été exaucées », l'ai-je rassurée, puis je lui ai raconté mon histoire et j'ai ajouté en terminant : « J'ai besoin de lui et je l'aime déjà. »

Pendant toute cette journée et le lendemain, Dickens a passé « au nez fin » toute ma maison. Il a regardé dans chaque lézarde et fissure, il a tout examiné. Puis, il s'est mis à éternuer sans arrêt. Son nez coulait et ses yeux étaient éteints. Dickens était malade. Wendy l'a emmené chez le vétérinaire.

« Est-ce qu'il va mourir ? » ai-je demandé quand elle l'a ramené à la maison.

« Le vétérinaire ne le croit pas. Il lui fait prendre des antibiotiques et il pense que Dickens est assez vieux et fort pour survivre. »

Pauvre Dickens. Il était très malade. Il était étendu depuis des jours au pied de mon lit sur une bouillotte d'eau chaude. Je voulais penser à autre chose que ma maladie et la chimiothérapie que je devais subir prochainement, et j'avais vraiment réussi. Je n'avais qu'une pensée en tête : *Dickens* vivrait-il ou mourrait-il.

Après environ huit jours, Dickens a atteint un tournant. Il s'est levé de sa bouillotte d'eau chaude, les yeux brillants. « Eh bien, bonjour, monsieur le chat », ai-je dit. J'ai pu voir immédiatement que je l'avais bien baptisé. Il allait certainement être un coquin de petit diable. Il s'accroupissait dans les coins et attendait de sauter sur moi lorsque je passais. Il a attaqué mes pieds sous les couvertures. Il a joué jusqu'à ce qu'il tombe de fatigue près de moi.

Puis, j'ai commencé la chimiothérapie. Wendy est venue avec moi pendant la première série de traitements de quatre jours. Je n'ai su que plus tard à quel point elle avait eu peur. Je n'ai pas compris ce qu'il lui en coûtait émotionnellement de voir sa mère dans ce triste état. Aucune de nous ne savait quand (ou si), comme Dickens, je pourrais atteindre mon tournant.

J'ai assez bien toléré la première série de traitements et j'ai pensé que je pourrais suivre seule les vingt-quatre autres traitements. « Retourne chez toi et vis ta vie », ai-je dit à ma fille.

Il y a eu beaucoup de nuits pendant les six mois qui ont suivi où je me réveillais d'un profond sommeil avec des nausées terribles. Dickens avait pris l'habitude de dormir dans le creux de mon bras. Lorsque je me réveillais, il sautait au pied du lit et il attendait. Lorsque je revenais dans le lit, il se collait encore près de moi. Cette petite créature que Dieu m'a envoyée m'a réconfortée pendant mes longues nuits de solitude.

Certains jours, Dickens faisait la course avec moi jusqu'au haut de l'escalier. Au rythme où j'allais, on ne pouvait pas dire que c'était de la course. Il s'ébattait et jouait bruyamment et il me faisait rire à pleins poumons. Je tolérais assez bien la chimiothérapie, et je suis certaine que l'une des raisons était que Dickens me mettait de la joie au cœur, ce qui était un « bon médicament ».

Puis, la chimio a pris fin. Il ne me restait plus qu'à attendre — à attendre et à prier et à espérer que le cancer soit en phase de rémission.

En octobre, mon chirurgien a annoncé: « Nous ne pouvons trouver de trace de cancer de l'extérieur, et nous aimerions aller voir à l'intérieur. » J'ai pensé que c'était une bonne idée de recourir à la chirurgie.

Cette fois-là, mon fils Mark allait venir habiter avec moi et en même temps s'occuper de Dickens. Après seulement une heure en chirurgie, j'ai entendu la voix ravie de mon chirurgien : « Il est parti. Il ne reste plus aucune trace de cancer. »

C'était *mon* tournant! J'allais vivre! Je suis retournée à la maison pour être accueillie par un chat très heureux, et même si je ne pouvais pas prendre Dickens dans mes bras (il pesait maintenant plus de six kilos et demi et je ne pouvais pas soulever un poids de plus de quatre kilos et demi), je me suis assise et il est venu sur mes genoux. « Eh bien, chat, ai-je dit, il semble que je vais rester encore quelque temps dans les parages. Nous y sommes arrivés tous les deux. Nous sommes des survivants. » Dickens n'a pas répondu grand-chose. Il n'a fait que s'étirer un peu et ronronner longuement.

Dickens et moi avons maintenant un nouveau problème — un problème agréable. Nous vieillissons. Nous avons pris notre retraite cette année et, maintenant, je passe tout mon temps à la maison avec lui. Il y a dix ans, j'ai entendu ces mots fatidiques « cancer des ovaires ». Aujourd'hui, nous sommes deux survivants qui vivons pleinement notre vie.

Gwen Ellis

Le cadeau de Puffin

Par une journée chaude et humide du début d'août, j'ai pris la décision d'avoir un chat. Mon ombre, un beau berger belge, était mort et j'avais besoin d'un nouvel animal à aimer. Je n'avais jamais été en contact avec les chats, mais mon nouveau propriétaire ne permettait pas les chiens. Ron, mon fiancé qui est vétérinaire, m'a convaincue d'adopter un chat.

À contrecœur, j'ai quitté ma voiture climatisée et je me suis rendue à la clinique vétérinaire qui offrait un refuge temporaire aux chats abandonnés. En ouvrant la porte, une bouffée d'air chaud et âcre m'a saisie, et j'ai lutté pour ne pas retourner à la maison. Une technicienne lasse m'a menée vers les cages. « Vous avez choisi une mauvaise journée pour venir, a-t-elle dit. Notre air climatisé ne fonctionne pas depuis quelques heures, et nous n'avons que cet éventail. »

Cela n'aidait pas beaucoup les chats. Je les ai regardés dans leurs petites cages. Aucune queue ne battait ; aucune paire d'yeux anxieux tentait de faire contact avec les miens, en demandant un foyer. Certains dormaient ; d'autres, faibles et calmes, étaient paralysés par la chaleur. Incapable de décider quel chat comateux j'allais faire entrer dans ma vie, je me suis retournée pour partir, me sentant juste un peu déçue. Après tout, je préférais les chiens.

« Miaou ».

J'ai regardé la technicienne, et nous nous sommes retournées.

« Miaou ! » Une patte grise s'est étirée entre les barreaux, et des yeux couleur émeraude ont demandé mon attention.

« Je vais prendre celle-ci », ai-je dit sans hésiter, puis je me suis demandé ce que je venais de faire.

Après un court examen, on m'a remis la chatte, et nous nous sommes rendues à la clinique où Ron travaille. Il a fait un examen plus poussé pour m'assurer qu'elle était en santé. Il m'a montré comment la tenir, ce qui n'était pas facile, car elle avait traîné si longtemps dans les rues qu'elle avait aussi peur de moi que moi d'elle. Je l'ai appelée Puffin, d'après mon oiseau de mer favori dans le Maine et, avec l'approbation de Ron, je l'ai emmenée chez moi, dans mon appartement propre et coquet.

Je peux y arriver, ai-je pensé, et après avoir fermé toutes les fenêtres et les portes, j'ai soulevé le loquet de sa cage. Puffin a volé beaucoup plus rapidement que son homonyme et a filé à toute allure dans l'appartement, une ombre de poils gris. Ce fut le début d'une très longue semaine. Le nouveau poteau à gratter n'était pas satisfaisant et elle s'est attaquée à mon vieux canapé. Lorsque les deux côtés ont été mis à nu, elle s'est acharnée sur les pattes de la table antique de la salle à manger qui avait appartenu à mes parents. Quand elle ne courait pas à toute vitesse dans l'appartement ou ne griffait pas les meubles, elle était couchée, en attente du moment inévitable où j'ouvrirais la porte avant, avec l'idée de se sauver.

De longues stries d'égratignures me couvraient les bras à cause de nos batailles à la porte. Après tout, il y a dix mois, c'était une chatte d'extérieur qui avait déjà donné naissance à une portée de chatons. Ron me disait: « Donne-lui le temps », mais les seuls moments où j'étais vraiment heureuse de Puffin, c'était la nuit lorsqu'elle se couchait en boule près de moi sur mon édredon et qu'elle ronronnait à nous endormir.

Ron et moi nous sommes mariés deux années plus tard, et nous avons déménagé tous les trois dans un condo en banlieue, près de la nouvelle clinique que Ron avait achetée avec un associé. Puffin peut maintenant courir sur deux étages et elle semble moins vouloir se sauver. Par contre, lorsque nous nous sommes installés dans notre nouveau condo, elle s'est mise à réclamer effrontément son territoire. Le palier du deuxième étage est devenu son perchoir et je suis devenue sa souris. Chaque fois que j'essayais d'aller à l'étage, Puffin s'accroupissait sur le pallier, attendait que je sois à sa portée, puis se précipitait sur ma cheville en la mordant durement. J'ai rapidement investi dans une paire de Nike *high-tops*. J'aurais donné n'importe quoi pour avoir un chien gentil qui ne mordait pas, ne griffait pas ou n'attaquait pas.

Cinq mois plus tard, nous avons eu une merveilleuse nouvelle: j'étais enceinte. Cela a commencé lentement avec la fatigue habituelle et quelques nausées matinales. Tous les après-midi, je revenais à la maison après avoir enseigné, j'enfilais mes *high-tops* et je me préparais à faire face à Puffin au haut de l'escalier. Lorsque j'atteignais la deuxième marche du haut, Puffin s'élançait sur moi et me mordait pendant que je courais vers la chambre à coucher. En sécurité dans le lit, j'enlevais mes chaussures et je me faufilais sous l'édredon pour une sieste. Puffin me suivait, se couchant en boule près de mes jambes et ronronnant doucement jusqu'à ce que nous nous endormions.

À treize semaines, j'ai fait une fausse couche. Ron m'a ramenée de l'hôpital à la maison tard dans la journée, en faisant de son mieux pour garder notre moral. « J'ai juste besoin d'un peu de temps seule », lui ai-je dit en le suppliant de retourner travailler.

« Tu n'es pas seule, m'a-t-il rappelé. Puffin prendra soin de toi jusqu'à ce que je revienne. » Je l'ai regardé, incrédule, en secouant la tête. *Si seulement je rentrais à la maison vers mon chien.*

Ron est allé travailler et je suis rentrée chez moi. Notre maison semblait sombre et sans âme. Avec un profond soupir, j'ai enfilé mes *high-tops* et j'ai commencé à monter l'escalier. Le vert brillant des yeux de Puffin luisait du haut de l'escalier. Elle était là, pleine d'assurance, alerte et prête à l'attaque. Ses yeux se sont rétrécis et j'ai éprouvé du stress. « S'il te plaît, Puffin, pas aujourd'hui », ai-je supplié, les larmes me montant aux yeux. C'en était trop. Je me suis effondrée dans l'escalier et je me suis mise à pleurer.

Puffin a hésité, puis elle s'est assise. En essuyant mes joues, je me suis relevée lentement et je me suis rendue en haut, sans que ma chatte fasse de l'obstruction. Elle m'a laissée passer, se léchant une patte. Je me suis rendue dans la chambre, j'ai enlevé mes chaussures et je suis tombée sur le lit. Puffin est montée sur l'édredon en fixant mes yeux pleins de larmes. J'ai tendu les bras et, pour la première fois, elle est venue et m'a léché le visage avec sa petite langue rêche. J'ai souri et je lui ai frotté les oreilles. Elle s'est tournée et a ronronné, puis elle s'est blottie sur mon ventre, les battements de son cœur remplaçant ceux que j'avais perdus. Nous nous sommes endormies.

Douze années plus tard, Puffin dort sur notre lit dans une nouvelle maison. Son meilleur ami, un border colley que nous avons adopté, ronfle doucement sur un oreiller au pied du lit. Soudain, la porte s'ouvre en coup de vent et notre fille de cinq ans, Julianne, grimpe sur le lit, pressée de caresser son chat. Les yeux verts de Puffin se rétrécissent, Julianne rit et la chasse est partie. De petits souliers de course roses courent aussi vite qu'ils le peuvent.

Jennifer Gay Summers

Mima, l'infirmière

Lorsque j'étais une enfant, j'ai passé des mois à l'hôpital en raison de sévères maux de tête auxquels les médecins n'ont jamais pu trouver de cause. Il a finalement été déterminé que je souffrais de migraines et que je devrais probablement prendre des médicaments toute ma vie pour les contrôler.

À l'université, j'ai eu la malchance de voir un médecin qui a dit que mes maux de tête étaient imaginaires et il m'a enlevé tous mes médicaments. Les maux de tête dont je souffrais alors étaient débilitants et me clouaient au lit pendant des jours, les fenêtres fermées et l'air climatisé au plus fort. Pendant ces périodes, j'avais constamment la nausée et des étourdissements, et j'étais incapable de lire ou même de taper à l'ordinateur parce que mes mains tremblaient trop.

Après un épisode particulièrement souffrant où j'ai perdu partiellement la vue d'un œil, on m'a finalement prescrit une injection à m'administrer à titre d'essai lors de mon prochain mal de tête. Je revenais de la pharmacie après avoir pris l'ordonnance lorsque j'ai rencontré Mima pour la première fois.

J'ai entendu un doux miaou sous une voiture et je me suis accroupie pour voir qui était là. Sous le carter d'huile se trouvait une chatte calico très mal en point, qui miaulait piteusement à quiconque voulait l'entendre. Il lui manquait des touffes de poils un peu partout sur tout le corps et elle était couverte de puces, que je pouvais voir ramper sur l'arête de son nez. Au début, je pensais que ses pattes étaient cassées, car elles ressortaient de son corps en angles très aigus, mais lorsque je l'ai appelée, elle s'est relevée et s'est dirigée vers moi. J'ai vu que ses pattes semblaient ressortir ainsi parce qu'elle était tellement décharnée.

Dès qu'elle s'est aperçue que je n'avais pas de nourriture, elle est retournée sous la voiture et a continué de miauler. Craignant ce qui pourrait lui arriver si je la laissais là trop longtemps, j'ai couru dans la maison et je lui ai rapporté la seule chose que j'ai pu trouver qu'elle pourrait manger. J'ai brisé le fromage en morceaux et je les ai déposés sous la voiture, puis je suis retournée à ma propre voiture et je me suis dirigée directement à la boutique pour animaux.

Un nom, une cage de transport pour animaux et un voyage chez le vétérinaire plus tard, je l'ai emmenée chez moi pour la première fois. Apeurée et confuse, elle s'est précipitée sous mon lit et ne s'est pas montrée pendant des jours. La seule indication qu'elle allait bien, c'était la vitesse avec laquelle la nourriture pour chat disparaissait!

Pendant ces premières semaines, Mima est restée aussi loin que possible de mon mari et de moi, sortant furtivement de derrière les toilettes ou entre les cabinets lorsque nous approchions d'elle, et s'écrasant sur le sol quand elle ne pouvait pas s'enfuir assez vite. Après avoir vainement essayé pendant trois semaines de simplement lui flatter la tête, j'ai conclu qu'elle ne serait probablement jamais une chatte affectueuse, mais je me suis réconfortée en pensant qu'au moins, elle ne mourrait pas de faim dans la rue.

Une semaine plus tard, j'étais assise sur le canapé et je fabriquais une couverture au crochet à offrir en cadeau de paix à Mima lorsque, soudain, j'ai eu l'une des pires migraines de ma vie. Mes mains tremblaient tellement que j'ai dû laisser tomber la laine et le crochet sur le sol, et j'ai titubé jusqu'à la salle de bains, l'estomac en bouillie. Mima était, comme d'habitude, derrière la toilette et elle a filé comme l'éclair quand je suis entrée dans la pièce.

J'ai réussi, je ne sais comment, à retourner sur le canapé, où je me suis couchée sur le dos avec une débarbouillette d'eau froide sur le visage. Ma tête semblait vouloir exploser et j'aurais tant souhaité que mon mari soit de retour du travail. J'avais tellement mal que je ne pouvais même pas me rappeler son numéro de téléphone, j'avais de la difficulté même à penser. Je me suis retrouvée à prier simplement pour m'endormir.

Soudain, quelque chose m'a touchée timidement aux côtes. J'ai ouvert un œil et j'ai vu Mima qui posait prudemment ses pattes sur mon ventre, le visage totalement concentré. J'ai tendu la main vers elle et pendant qu'elle frottait sa tête dans la paume de ma main, la seule pensée cohérente dont je me souviens aujourd'hui était sa douceur incroyable. Avec la chaleur de Mima dans mes bras, je me suis endormie facilement — et j'ai dormi pendant plusieurs heures.

Lorsque je me suis réveillée, Mima était couchée sur ma poitrine, son menton reposait sur mon cou et elle sommeillait paisiblement sur moi. Une patte était étendue et touchait ma joue, comme si elle avait tapoté mon visage pendant que je dormais. En espérant qu'elle ne se sauve pas, j'ai passé ma main sur son dos, ravie d'entendre un petit ronronnement rouillé commencer dans sa gorge.

Elle a ouvert un œil vert et j'ai constaté que mon mal de tête avait disparu. Je me suis assise rapidement, surprise, et Mima s'est installée sur mes genoux. Elle a miaulé, ennuyée d'avoir perdu sa place, et je l'ai pelotonnée sur mes genoux. Pendant un moment, il m'a semblé qu'elle allait se sauver, mais elle a changé d'idée et a décidé de faire son nid sur mes genoux.

Depuis ce jour-là, sur le canapé, Mima sait quand j'aurai une migraine. Elle fait en sorte que j'aille m'étendre avec elle, puis elle se glisse jusqu'à ma poitrine et se couche, sa face à quelques centimètres seulement de mon visage. En un rien de temps, son ronronnement m'endort et, bientôt, la douleur disparaît.

Au cours des années, Mima s'est avérée le meilleur des médicaments que les médecins m'ont prescrits, et notre lien se resserre de plus en plus chaque jour où elle est présente dans ma vie. Je me considère très chanceuse d'avoir l'infirmière Mima pour prendre soin de moi et, en retour, je continuerai à la récompenser de la seule façon que je connais: en lui assurant une vie pleine de sécurité et de bonheur.

Natalie Suarez

La paix pour Pickles

Elle est simplement apparue un jour, avec ses yeux tristes et mélancoliques qui regardaient à travers la porte-fenêtre. Son pelage noir de jais était soyeux, ses yeux aussi grands que des soucoupes. Je l'ai regardée et je lui ai dit ce qui me passait par la tête: « Oh là là! tu sembles être dans le pétrin. » Cette belle chatte majestueuse était définitivement enceinte. Son ventre était protubérant et elle semblait prête à mettre bas incessamment.

J'étais aussi dans le pétrin. J'avais perdu mon père après en avoir pris soin pendant une longue maladie. Mon chagrin m'enveloppait comme un nuage noir. Je n'avais certainement pas l'énergie de prendre soin d'un chat. D'une chatte enceinte en plus. Pourtant, j'étais déjà en train de verser un bol de lait et de le déposer à l'extérieur. *Au matin, elle sera partie,* pensais-je. En me drapant dans ma robe de chambre, je me suis traînée à l'étage.

Le lendemain, elle est réapparue. *Qu'est-ce qui lui prend de revenir ici? Je peux à peine prendre soin de moi présentement, je peux encore moins m'occuper d'un chat dans le besoin.* Mais je n'ai pu faire semblant de l'ignorer. J'ai trouvé un vieux panier et j'ai placé une couverture douce à l'intérieur. Je suis sortie dehors et elle a reculé d'environ trois mètres, tout en m'observant avec méfiance. J'ai déposé le panier et je suis retournée dans la maison.

Le seul réconfort que j'avais à ce moment-là était le souvenir de papa, de sa douceur et de sa bonté. Il aimait les animaux, particulièrement ceux qui étaient errants. Lorsque j'étais une petite fille, notre maison était une porte tournante pour les chats et les chiens errants. Je pourrais au moins *essayer* de prendre soin d'elle. Papa serait content. Mais seulement jusqu'à ce que je sache où elle vit.

J'avais déjà vu un chat noir dans le voisinage, j'ai donc présumé que cette chatte appartenait à quelqu'un. Au cours de l'une des mes courses furtives jusqu'à la boîte aux lettres, dans ma robe de chambre usée et mes pantoufles, j'ai croisé mon voisin.

« Bonjour, comment allez-vous ? » a-t-il dit.

« Bien, ai-je répondu en passant ma main dans mes cheveux décoiffés. Est-ce que je peux vous demander quelque chose ? Une chatte noire vient rôder dans ma cour arrière. Savez-vous où elle vit ? »

« Cette chatte traîne autour depuis des années. Tout le monde la nourrit, mais pour autant que je sache, elle n'a pas de foyer. »

« Merci », et je suis rentrée à la maison d'un pas traînant avec mon courrier.

Elle a dû avoir de la difficulté à survivre par elle-même pendant toutes ces années.

« D'accord, papa, tu dois l'avoir guidée vers ma porte. J'en prendrai soin », ai-je dit à haute voix.

Je pouvais presque l'entendre demander comment j'allais l'appeler.

« Elle s'appellera Pickles. »

Je suis montée à l'étage pour me coiffer. En regardant dans le miroir, j'ai vu un visage ridé et fatigué. *J'aimerais bien que quelqu'un prenne soin de moi.* La tristesse avait dessiné des lignes au coin de mes yeux, et j'avais les épaules descendues à cause du chagrin. J'ai passé une serviette sur mon visage et la fraîcheur de l'eau m'a fait du bien. J'ai enlevé ma vieille robe de chambre pour enfiler des jeans et un sweat-shirt.

Pendant les quelques jours suivants, Pickles est venue boire le lait et manger la nourriture que je lui donnais, puis elle disparaissait. Chaque jour, je m'empressais de vérifier dans le panier pour avoir un signe des nouvelles vies que Pickles portait. Un matin, j'ai vu un tout petit chaton noir en boule à l'intérieur. Puis, j'ai entendu un bruit de freins.

« Oh non ! » ai-je crié. Pickles était dans la rue, courant juste devant la voiture. Elle transportait un chaton tout gris par la nuque. Elle a bondi dans la cour, l'a déposé dans le panier et est repartie. Elle a fait trois autres allers-retours, pour un total de cinq chatons.

Je me suis rendue sur le côté de la maison pour regarder de plus près. Je voulais tellement prendre Pickles dans mes bras et la serrer contre moi, mais toutes ces années à vivre dans la nature l'avaient rendue craintive des humains. J'ai regardé dans le panier et j'ai observé la chatte pendant qu'elle léchait et lavait chaque chaton. *Ils sont enfin là !*

Depuis le décès de papa, je n'avais plus personne à m'occuper. Maintenant, j'avais hâte de me lever le matin. Les chatons avaient besoin de moi. Je prenais ma douche, je m'habillais et je faisais même mon lit. J'ai commencé à dire bonjour aux voisins lorsque j'allais chercher mon courrier, et je portais de vrais vêtements au lieu de pyjamas et d'une robe de chambre.

Lorsque je regardais par la porte-fenêtre, je ne me sentais vraiment plus seule, avec six paires d'yeux affamés qui me fixaient. Je m'assoyais pendant des heures avec les chatons. C'était agréable de les regarder se rouler les uns sur les autres et jouer à la cachette sous les bords de la couverture. J'ai même recommencé à rire, me surprenant d'entendre ce son doux et familier. Pendant que Pickles regardait à distance, je flattais chaque petite boule de poils en lui disant d'un ton apaisant: « Ne t'inquiète pas, Pickles. Je ne leur ferai pas de mal. Ils sont si mignons avec leur pelage doux et leurs grands yeux, comme les tiens. Regarde celle-ci avec son masque blanc et noir. Elle ressemble à un bandit. Et celui-ci, un costaud tout comme toi. »

Pickles semblait comprendre que mon contact avec les chatons était nécessaire et, en effet, cela me réchauffait le cœur. Parfois, cependant, des larmes de tristesse coulaient quand je pensais à papa et à combien il me manquait. Pickles me regardait alors avec ses grands yeux qui semblaient dire : *Tout ira bien. Tu prends soin de moi et je prendrai soin de toi.*

Lorsque les chatons ont été assez vieux, j'ai trouvé des foyers pour quatre des cinq. Je les aimais tous avec leurs cabrioles, mais le gris costaud était mon préféré. Il était doux et câlin, et j'ai décidé de le garder. Quand il se redressait et étirait ses pattes contre la porte, il ressemblait à un ours, et c'est ainsi que je l'ai appelé Bear.

Je crois que Pickles avait environ neuf ans et qu'elle avait eu, à l'évidence, plusieurs portées. C'était une excellente mère, mais elle semblait épuisée après la tétée, le toilettage et les soins donnés à ses nouveaux-nés. Maintenant que les autres chatons avaient de nouveaux foyers, je savais qu'il me restait une chose de plus à faire. Pickles devait être opérée, et Bear, châtré lorsqu'il serait assez vieux. Papa me disait toujours à quel point c'était important.

J'ai cru qu'il serait facile de l'amener chez le vétérinaire, mais peu importe ce que j'essayais — et j'ai essayé tous les moyens possibles pendant des jours — elle ne voulait pas entrer dans la cage de transport en plastique. Ne sachant plus vraiment quoi faire, j'ai fait un appel silencieux à papa: *Papa, j'ai besoin de ton aide. Je veux que Pickles vive en paix. Dis-moi quoi faire.*

J'ai téléphoné au bureau du vétérinaire. Après avoir exposé mon problème, on m'a répondu que je pourrais emprunter leur cage en métal, avec une porte à ressort, servant à capturer des animaux sauvages qui avaient besoin de soins médicaux.

Je suis allée récupérer la cage et je l'ai transportée dans la cour arrière tout en parlant à Pickles, qui était assise dans un coin à m'observer. « Regarde celle-ci, Pickles. Elle est beaucoup plus grande, et tu peux voir à travers. Lorsque tu seras à l'intérieur, la porte se fermera derrière toi, mais n'aie pas peur. »

J'ai placé un morceau de poulet dans le coin de la cage, avec la porte de métal ouverte. Tout ce que Pickles avait à faire était de s'approcher de l'appât. Ce qui s'est passé par la suite tient du miracle. Bien qu'elle se soit débattue et ait résisté à mes tentatives de la faire entrer dans la cage de transport pendant des jours, maintenant, d'un pas lent et assuré, Pickles est entrée directement à l'intérieur, comme si elle était guidée par une main aimante. Son poids a déclenché le ressort et la porte s'est fermée.

Elle s'est assise à l'intérieur, un calme émanant d'elle. J'étais ravie de son acceptation et de son abandon. *Est-ce cela qu'il faut?* me suis-je demandé. *De l'acceptation? Permettre à d'autres de vous aider?* C'est peut-être ce qui m'avait manqué toute ma vie.

Je l'ai ramenée à la maison le lendemain et je l'ai laissée sortir de la cage. Elle a fait quelques pas, puis s'est tournée et m'a regardée. Nos yeux se sont fixés, et j'ai vu le début de ma propre sérénité retrouvée se refléter dans les siens.

La douce main qui a montré à Pickles le chemin vers la paix m'a montré le chemin de l'acceptation — le premier pas de mon voyage de retour du chagrin.

B. J. Taylor

Cloe, la guérisseuse

« Pourquoi est-ce que je me sens comme ça? a éclaté ma fille un jour. Il n'y a vraiment pas de problèmes sérieux dans ma vie! »

Je savais que la dépression touchait souvent les jeunes, mais c'était difficile d'accepter que cette adolescente intelligente soit si malheureuse. Corrie avait été une enfant des plus heureuses. Bébé, une partie de coucou suscitait des éclats de rire. Lorsqu'elle était un tout-petit, elle s'arrêtait pour étreindre chaque dame âgée dans le centre commercial. « Caresse? » me demandait-elle fréquemment pendant la journée, ses petits bras ouverts, prêts à recevoir. Jeune enfant, elle était extravertie et amicale, mais j'ai commencé à remarquer une tendance à l'inquiétude, puis, à l'approche de l'adolescence, elle est devenue de moins en moins joyeuse.

Mon mari, John, et moi ne nous inquiétions pas trop de notre fille. Après tout, la plupart des adolescentes se sentent moroses et désespérées à l'occasion, et nous avions confiance de pouvoir l'aider à traverser ces périodes. Pourtant, à mesure que le temps passait, la dépression de Corrie empirait. Le jour où elle m'a parlé de ses humeurs sombres, il y avait un vague soupçon de désespoir dans sa voix, ce qui m'a fait réfléchir. Ma fille dormait chaque fois qu'elle avait un moment libre dans sa journée, elle se traînait pour se rendre à l'école et revenir à la maison, et souriait rarement. De plus, elle avait des maux de tête quotidiens et mangeait peu. Dans le passé, ses notes avaient toujours été au-dessus de la moyenne, mais maintenant elles baissaient régulièrement.

Ce n'était pas quelque chose qu'un parent pouvait « régler » par la raison, ou par un baiser pour aller mieux, alors j'ai emmené ma fille au cabinet du médecin. On a découvert que Corrie souffrait d'un déséquilibre chimique, qui s'expliquait par un manque de sérotonine, un neuromédiateur psychostimulant du cerveau. Le médecin a prescrit un antidépresseur et j'ai prié.

Corrie allait bientôt avoir dix-sept ans. Cela ne la rendait pas très enthousiaste et elle ne pouvait même pas arriver à décider ce qu'elle désirait comme cadeau d'anniversaire. John et moi savions qu'elle avait toujours voulu un chat pendant des années, mais nous avions toujours dit qu'un animal dans la maison était suffisant, car nous avions déjà Toby. Toutefois, le chien de dix ans avait une bonne nature, et John et moi espérions qu'un chaton pourrait remonter le moral de Corrie, même un petit peu. À son repas d'anniversaire en avril, nous avons donné à Corrie une carte avec la photo d'un chat, et le « cadeau » qu'elle a ouvert était un jouet pour chat et un bol de nourriture en céramique décoré de dessins de chats enjoués. Je ne crois pas que Corrie était vraiment certaine de notre intention. Elle a souri faiblement et a demandé: « Vous me donnez un chat? »

Malgré tout, Corrie avait hâte de commencer sa recherche du compagnon parfait, et elle savait exactement ce qu'elle voulait. La tante de Corrie, Janet, avait une chatte d'Espagne, et Corrie avait toujours admiré les couleurs noir, crème et caramel de Mieka. Toby venait du refuge local pour animaux et, encore une fois, je voulais donner un foyer à un animal négligé, mais les chatons au refuge étaient encore trop jeunes pour quitter leurs mères. J'ai donc emmené Corrie dans une boutique pour animaux. Je ne doute absolument pas que Dieu a mis la main à la pâte lorsque nous sommes arrivées au magasin. Là, dans la fenêtre, sautant et se bataillant avec ses compagnons noirs et gris, il y avait la chatte que le cœur de Corrie désirait. La chatonne de sept semaines à fourrure tricolore tenait à peine dans la main, et pendant que Corrie tenait le petit animal doux contre son épaule et qu'elle souriait en regardant les grands yeux dorés surmontés de « sourcils » crème, j'étais certaine que la recherche serait de courte durée. Peu après, Corrie était assise dans la voiture et elle berçait une boîte en carton d'où provenaient de petits miaous interrogateurs.

En route vers la maison, Corrie a commencé à penser à donner un nom à sa chatonne, mais il a fallu deux jours avant qu'elle opte finalement pour Cloe, qu'elle a choisi dans le même livre de bébé que j'ai pris pour choisir son nom. (Corrie a choisi l'épellation la plus inhabituelle — plutôt que la norme: Chloe.) Elle a rejeté la suggestion de son père, Marbles, trouvant ce nom trop mièvre, et insistant pour que ce soit un « vrai » nom.

Cloe a ronronné en marchant pour explorer sa nouvelle maison, et nous y avons vu un signe encourageant. Nous la voyions souvent sortir de sous une nappe, les pattes écartés comme un écureuil volant, se préparant à attaquer le chien sans méfiance pendant qu'il faisait la sieste sur le plancher tout près. Tout de suite après une de ces folies, j'entendais ma fille rire avec ravissement. Quel son magnifique! Quelqu'un a dit un jour qu'il est impossible de ne pas sourire en présence d'un ou de plusieurs chatons. Cette personne avait raison. Tout ce qui touchait Cloe enchantait Corrie, de sa démarche maladroite de petite chatonne jusqu'à la façon dont elle balançait son derrière juste avant de sauter sur une « victime ». Corrie était réconfortée d'avoir Cloe tout près d'elle dans son lit. Un soir, la chatonne a sauté sur le lit et s'est mis à ronronner et à miauler jusqu'à ce que Corrie ne puisse résister à s'asseoir sur le lit pour la caresser. Avant de réaliser ce qui arrivait, Cloe avait pris possession de l'oreiller et Corrie riait aux éclats en se rendant compte que sa chatte lui avait joué un tour. Cloe était sociable et de bonne nature, elle adoptait souvent les habitudes du chien et nous suivait d'une pièce à l'autre, ou se jetait sur la porte pour accueillir la personne qui venait d'entrer.

Dieu nous a donné, à John et à moi, le miracle que nous cherchions, sous la forme d'une minuscule boule de fourrure colorée. Corrie ne se plaignait plus en disant: « Je suis tellement déprimée! » Plutôt, c'était un joyeux « Maman, j'aime tellement cette chatonne! » Ma fille dormait moins le jour, mangeait mieux, avait moins de migraines et ses notes commençaient à s'améliorer.

Plus d'une année s'est passée, et la seule mention du nom de la chatte de notre fille la fait sourire de contentement. Corrie appelle Cloe son « ange à fourrure » et la description semble appropriée. Les anges, après tout, viennent aider à guérir notre âme et Cloe a contribué de façon importante au remède dont avait besoin sa jeune maîtresse. Parfois, il n'y a pas de meilleur médicament que l'amour inconditionnel d'un animal confiant — aucun baume pour l'âme meilleur que le ronronnement satisfait et la fourrure soyeuse d'un petit chat écaille-de-tortue qui repose contre notre épaule.

Marlene Alexander

Des anges parmi nous

Le gros matou tigré a simplement déménagé sur notre véranda un jour pluvieux d'automne et il a refusé de partir. Au début, Helen, une mère célibataire occupée qui travaillait fort, a cru qu'elle ne pouvait pas s'offrir le luxe ou le temps de prendre soin d'un animal. Pour réussir au travail, elle a dû déménager souvent et Amanda, sa fille de onze ans, ne se faisait pas beaucoup d'amies. La jeune fille passait une grande partie de son temps seule jusqu'à ce que le chat apparaisse. Il a fallu discuter — Helen n'aimait pas tellement les animaux — mais lorsqu'elle a vu la joie que le gros chat apportait à sa fille, ce fut décidé. Le vieux chat miteux mangé par les puces s'est joint à la famille.

Skylar, qu'Amanda a nommé d'après l'une de ses poupées favorites, a immédiatement fait une visite chez le vétérinaire local pour des examens de routine, un bilan médical complet et pour se faire stériliser. Pendant l'examen de Skylar, le vétérinaire a remarqué des changements de couleur inhabituels dans ses yeux; par conséquent, deux jours plus tard, Skylar et sa nouvelle famille se sont présentés à mon cabinet de vétérinaire spécialisé en ophtalmologie.

Lorsque je suis entrée dans la salle d'examen, j'ai aperçu Amanda, tout sourire, qui tenait son ami chat à bras le corps. Skylar pendait dans ses bras, ses longues jambes suspendues me regardant avec une grimace féline, de toute évidence heureux de l'attention que lui prodiguait sa ravisseuse. Au cours des années, j'ai remarqué que les matous qui se retirent d'une vie à la dure dans la rue pour le confort d'une maison tranquille deviennent souvent les meilleurs patients et les meilleurs animaux de compagnie. Je ne doutais pas que Skylar était l'un de ces chats.

« Bonjour, a-t-elle dit. Voici mon meilleur ami, Skylar. »

J'ai tendu la main pour prendre le chat. « Il a certainement l'air d'un bon diable. Examinons ses yeux. »

Une fois installé sur la table d'examen, un grondement est parti du plus profond de la gorge de Skylar, pour se transformer en vibration et en ronronnement complet. Une façon certaine de se retrouver en haut de notre liste des chats favoris, c'est de ronronner pendant les rigueurs de mon examen. En regardant la face meutrie de Skylar, avec une oreille tombante et flétrie, je suis moi aussi tombée sous le charme de ce chat spécial.

Skylar n'a pas bougé pendant que j'examinais ses yeux. Il n'a pas cligné des yeux lorsque je lui ai administré des gouttes ou quand j'ai vérifié sa pression intraoculaire. Mon examen a révélé une légère inflammation appelée uvéite. Il pouvait voir malgré certaines cicatrices irréversibles. Des gouttes quotidiennes dans les yeux pouvaient contrôler son état, mais je m'inquiétais de la cause sous-jacente, qui pouvait être sérieuse.

Lorsque j'ai reçu par télécopieur le rapport des prises de sang du vétérinaire de Skylar, mon cœur s'est serré — il était positif au test de leucémie féline, la cause probable de l'uvéite. La maladie s'avérait souvent fatale quelques années après le diagnostic, et personne ne savait depuis combien de temps le chat en était infecté. J'ai annoncé la mauvaise nouvelle avec douceur.

Helen a secoué la tête et semblait ravaler sa colère pendant qu'elle observait sa fille en larmes qui serrait bien fort son nouveau meilleur ami. Une partie d'elle — son instinct protecteur — aurait dû refuser d'admettre un chat dans la famille et exposer ainsi Amanda à ce genre de douleur. Helen croyait que sa fille avait déjà payé un trop gros prix lorsque le père d'Amanda l'avait abandonnée à l'âge de trois ans. Puisque le mal était déjà fait, Helen n'a pas trouvé le courage de forcer une séparation prématurée.

Skylar rendait Amanda heureuse maintenant. Helen a décidé de laisser la situation malheureuse suivre son dénouement inévitable.

Pendant les deux années suivantes, j'ai pris plaisir aux visites de Skylar, qui est devenu l'un de mes patients préférés. Il ronronnait dès qu'il entrait dans la clinique. De plus, Helen et Amanda qui s'épanouissait sont devenues des membres de la famille étendue de notre clinique, recevant des vœux pour les fêtes et les anniversaires.

L'état de Skylar demeurait stable et, le temps aidant, Helen est devenue plus optimiste et plus affectueuse envers le gros chat. Il a transformé la vie de sa fille. Helen voyait que leur amour mutuel sortait Amanda de sa coquille et la transformait en une belle adolescente pleine de vitalité, aussi populaire que de bonne compagnie. Amanda et moi parlions souvent de son désir de devenir vétérinaire. Elle s'intéressait à la médecine, et, voyant l'amour et le respect mêlé de compassion qu'elle ressentait pour Skylar, j'avais l'impression qu'elle avait ce qu'il fallait pour réaliser ce rêve.

* * *

Maintenant, je me tenais là à regarder Skylar tout en caressant avec amour le derrière des oreilles de mon vieil ami affaibli. Helen était en face de moi, les bras serrés autour du corps, et pleurait doucement.

Le chat n'avait pas mangé depuis plusieurs jours. Trop faible pour ronronner et n'ayant que la peau sur les os, mon gentil patient était à peine conscient de ce qui lui arrivait. Nous avions livré le combat, mais le temps était maintenant venu, et nous le savions.

« Je ne sais pas si je peux... le faire endormir », a-t-elle dit, et ses yeux me suppliaient de l'aider.

Les larmes coulaient de mes propres yeux, j'ai doucement serré son bras et lutté pour éviter les sanglots dans ma voix. « Je ne peux même pas imaginer à quel point cela est difficile pour toi. » Je me suis tue un moment, puis j'ai ajouté : « Mais nous devons maintenant penser à Skylar. Pour toi et pour Amanda, il a été un grand cadeau, et maintenant, tu peux lui rendre tout son amour de cette façon. Tu peux arrêter ses souffrances et lui permettre de partir dignement. »

« Comment faire pour savoir si c'est le bon moment pour lui de partir ? » Helen a penché la tête pour coller son nez sur le chat malade.

« Helen, tu aimes Skylar et toi seule connaîtras le moment où vous serez prêts tous les deux. » Depuis des années, je donne des conseils à des gens sur cette décision, qui est l'une des plus difficiles à prendre dans la vie — terminer la souffrance d'un animal que l'on chérit pour se donner de la souffrance à soi-même.

Helen s'est redressée et une nouvelle force a séché ses larmes. Elle m'a regardée et a acquiescé. « Le moment est venu. Amanda l'aurait voulu ainsi. Il faut que je le laisse partir pour qu'il soit avec elle. Je serai rassurée de savoir qu'ils sont à nouveau ensemble. »

Voyez-vous, huit mois auparavant, un conducteur ivre a frappé et tué Amanda alors qu'elle revenait à pied de l'école.

La présence et le ronronnement de Skylar avaient aidé Helen à traverser ces mois terribles après la mort de sa fille. Le chat constituait un minuscule fragment d'Amanda sur terre, et maintenant, elle allait le perdre. Je me suis armée de courage pour l'une des tâches les plus difficiles de ma vie.

Skylar est parti paisiblement pendant que je faisais l'injection. J'ai laissé Helen le bercer doucement et je lui ai donné le temps nécessaire pour faire ses derniers adieux et se calmer. Plus tard, j'ai serré Helen dans mes bras pour la consoler et j'ai observé cette brave femme quitter notre clinique et faire face, seule, au monde.

Ce soir-là, j'ai pensé à Skylar. J'avais souvent entendu parler des petits anges à fourrure qui entraient dans la vie des gens, sans que l'on sache comment, seulement pour faire de bonnes actions: le petit chien abandonné, trouvé sur le seuil de la porte d'une veuve esseulée, qui lui donne un regain de vie, ou le chat nouvellement adopté qui alerte les jeunes parents de la détresse de leur bébé qui dort. J'étais certaine que ce miracle, incarné par Skylar, était un cadeau divin pour Amanda — et particulièrement pour Helen. J'espérais que le vieux chat tigré plein de tendresse était à nouveau heureux dans les bras d'Amanda, et qu'un autre ange apparaîtrait bientôt afin d'aider Helen à guérir de son chagrin.

Vivian Jamieson, D.M.V.

Le chat en porcelaine

J'ai inséré le petit sac de cendres à l'intérieur du petit chat en porcelaine et j'ai soigneusement collé du feutre à la base. *Comment est-ce que j'en arrive à me retrouver dans de telles situations étranges?* me suis-je demandé. Assise à la table de ma salle à manger, je regardais la bouteille de colle, les bouts de feutre, la paire de ciseaux et la figurine d'un chat en porcelaine appartenant à une dame âgée. J'ai réfléchi à la suite d'événements qui m'avaient amenée à cela.

* * *

« Dr Bryant, pouvez-vous venir ici et parler à Mme Painter de faire endormir sa chatte, Callie? » En ma qualité de vétérinaire, je reçois souvent des demandes étranges, et j'avoue que celle-ci était l'une des plus inhabituelles. L'appel provenait de Julie, une travailleuse sociale dans une maison de retraite voisine de mon lieu de travail. Callie était l'une de mes patientes et, quelques mois plus tôt, j'avais disgnostiqué chez elle une défaillance rénale. Julie a ajouté: « Callie n'a vraiment pas l'air bien. Elle ne mange pas et elle urine à l'extérieur de sa litière. Mme Painter ne peut pas s'en occuper correctement. Le personnel en a marre de nettoyer les dégâts de la chatte. S'il vous plaît, pourriez-vous venir lui parler? »

Après le travail, je me suis rendue à la maison de retraite et j'ai rencontré Julie. Pendant qu'elle me conduisait à la chambre de Mme Painter, elle m'a prévenue: « Parfois, elle a de la difficulté à comprendre, mais faites votre possible pour lui expliquer ce qu'il y a de mieux à faire. » *De mieux? De mieux pour qui?*

J'ai frappé doucement à la porte de la chambre de Mme Painter, préparant en silence ce que je lui dirais. Julie m'avait demandé de ne pas l'informer qu'on m'avait envoyée. Mme Painter a ouvert la porte.

« Bonjour, Mme Painter, je suis le Dr Bryant, de l'hôpital vétérinaire. Je passais par ici et je me demandais comment allait Callie, alors j'ai pensé arrêter et entrer. »

Mme Painter m'a reconnue. « Bonjour, chère! Quel plaisir de vous voir! »

Elle m'a fait entrer dans sa chambre. Celle-ci était petite, meublée d'un lit d'hôpital, d'une coiffeuse et d'une haute commode. La salle de bains ressemblait à celles que l'on trouve dans les hôpitaux. En regardant ses quelques possessions, je me suis demandé comment on se sent lorsqu'on réduit toute une vie de biens terrestres afin qu'ils puissent entrer dans une chambre.

Mme Painter et moi nous sommes assises l'une en face de l'autre. Callie dormait sur le lit. Elle la caressait gentiment pendant que nous parlions. « Oh, elle va très bien, c'est une compagne si agréable. »

J'essayais d'obtenir quelques renseignements — je devrais plutôt dire des « munitions » — et je me suis donc informée de l'appétit et des habitudes de boire de la chatte. Mme Painter m'a assurée que Callie urinait dans sa litière et que ses habitudes de boire étaient normales. Elle a affirmé qu'elle ne vomissait pas, et même qu'elle jouait un peu avec elle chaque après-midi. Un chat en phase terminale de déficience rénale ne jouerait pas et ne mangerait pas. Je ne savais que croire. Callie était terriblement maigre et semblait déshydratée.

Mme Painter a raconté qu'elle et son mari avaient vécu dans la section des personnes autonomes de l'établissement jusqu'au décès de son époux, il y a un an. On a alors transférée la dame en résidence assistée. Les soins infirmiers suivraient inévitablement. Alors qu'elle me disait qu'elle ne se sentait pas très bien dernièrement, je pouvais presque l'entendre penser: *Ma chatte est vieille; elle est mourante. Je suis vieille; je suis mourante.*

Mme Painter a doucement caressé sa chatte bien-aimée et elle a ajouté, de façon inattendue: « Elle est la seule amie que j'ai au monde. »

Je n'oublierai jamais cela. *Elle est la seule amie que j'ai au monde.* Assise dans cette chambre sombre par un froid après-midi d'hiver, avec une vieille dame et son vieux chat, je me suis promis en silence de ne jamais parler de faire euthanasier Callie. Pas aujourd'hui, ni jamais.

En quittant, j'ai dit à Mme Painter que si elle croyait que Callie n'allait pas bien, il était important de ne pas la laisser souffrir. Elle semblait comprendre exactement ce que je disais. Généralement, les gens âgés considèrent leur vie comme étant parallèle à celle de leur animal âgé.

Peu après, j'ai eu des nouvelles de Mme Painter. Elle a téléphoné le lendemain de Noël. Elle était très calme et a dit d'un ton neutre: « Dr Bryant, le moment est venu pour Callie. »

Encore une fois, je me suis retrouvée dans la chambre de Mme Painter. Callie avait l'air horriblement plus mal que le mois précédent. Sa peau lui collait sur les os, et ses yeux étaient enflés. Elle était à demi consciente. Je lui ai donné l'injection sans douleur et elle est partie tout doucement. Pendant que j'essuyais les larmes de mes yeux, Mme Painter était assise sur le lit et regardait, les yeux secs. Elle n'a rien dit.

Après, je me suis assise avec Mme Painter. Elle semblait ailleurs, perdue dans ses pensées. Assise au bord de son petit lit, elle caressait un petit chat calico en porcelaine. Lorsqu'elle a finalement parlé, c'était presque comme si elle se parlait à elle-même: « Mon mari m'a donné ce chat pour notre anniversaire parce qu'il ressemblait à Callie. » Elle me l'a tendu. « Je voudrais que Callie soit incinérée, Dr Bryant. J'aimerais que vous déposiez ses cendres à l'intérieur et que vous me le remettiez. Pouvez-vous faire cela? »

J'ai regardé le chat en porcelaine, qui représentait son mari, sa chatte, et une vie qui s'en allait silencieusement.

* * *

J'étais donc assise là dans ma salle à manger, en ce soir de janvier, attendant que la colle soit parfaitement sèche au-dessous du chat en porcelaine. Lorsque je suis allée porter le bibelot à Mme Painter, la solitude dans cette petite chambre sombre était difficile à supporter. J'ai demandé à Julie si nous pouvions essayer de trouver un chat qui conviendrait à Mme Painter. Elle m'a expliqué que la santé de Mme Painter déclinait et qu'elle n'avait pas la capacité de prendre soin d'un autre chat.

Quelques semaines plus tard, j'ai répété ma demande à Julie. Elle a refusé encore une fois. Les mois passaient, je pensais occasionnellement à Mme Painter, et une tristesse terrible m'envahissait. Je l'imaginais dans sa petite chambre avec ses quelques biens — sans joie et sans animal de compagnie.

Des mois plus tard, j'ai décidé de rendre visite à Mme Painter. Alors que j'étais debout dans le hall et que j'attendais l'ascenseur, une chatte est apparue et s'est assise près de moi, comme si elle attendait aussi. Lorsque la porte s'est ouverte avec un *ding* bruyant, je suis entrée, et la chatte aussi. Elle s'est assise calmement pendant que l'ascenseur montait au deuxième étage. Les portes se sont ouvertes et elle est sortie. Une infirmière s'est mise à rire en constatant mon regard étonné. « Je vois que vous avez rencontré Pumpkin », a-t-elle dit.

Pendant que nous parlions, Pumpkin s'est rendue jusqu'à la chambre de Mme Painter. La porte était légèrement entrouverte et elle est entrée. N'ayant pas de privilèges spéciaux comme la chatte, j'ai frappé. Mme Painter a ouvert la porte. « Eh bien ! Deux de mes dames favorites en une seule visite ! » s'est-elle exclamée. Je me suis émerveillée de son apparence. Elle semblait avoir rajeuni de dix ans.

Après ma visite, Julie m'a raconté l'histoire de Pumpkin. Une infirmière l'a trouvée dans le stationnement alors qu'elle n'était qu'un chaton. Peu après, elle est devenue une « résidante », elle aussi. Même si elle rendait visite à tous dans la résidence assistée, Mme Painter était sa préférée. Puis, Julie a dit quelque chose qui m'a fait très plaisir : « Dr Bryant, vous aviez raison à propos d'avoir un autre chat. Pumpkin a fait toute la différence dans la vie de Mme Painter. »

Les vétérinaires sont là pour aider les gens à avoir une vie meilleure grâce à leurs animaux chéris. Cette fois, par contre, c'est un chat qui a réussi la chose. Pumpkin a donné à Mme Painter une raison de vivre.

Mary Bryant, D.M.V.

4

Chat-égoriquement merveilleux

Dans les temps anciens, les chats
étaient vénérés comme des dieux.
Ils ne l'ont pas oublié.

Inconnu

L'homme au chat

J'aime beaucoup aller à la pêche. Il n'y a rien de plus relaxant que de se retrouver entouré de montagnes et de respirer cet air frais et pur. Mon endroit préféré pour la pêche est un lac près d'un petit village de quatre maisons et d'une station-service située dans les sommets des montagnes de la Californie, à trois heures de route de chez moi. Chaque année, dès que la neige fond, je charge mon attirail de pêche dans ma familiale et je pars une journée pour pêcher la truite.

Il y a plusieurs années, lors d'un de mes voyages, j'ai traversé le petit barrage qui avait été construit pour créer le beau lac de montagne, je me suis garé sur le côté et j'ai entrepris de décharger mes cannes à pêche. Soudain, j'ai entendu un coup de fusil siffler au-dessus de ma tête. J'étais surpris d'entendre quelqu'un tirer du fusil, puisque c'était une zone interdite. La chasse y était défendue. De plus, pendant toutes les années où j'ai pêché à cet endroit, c'était la toute première fois que je me retrouvais en contact avec *quiconque*, sauf quelques camions forestiers qui passaient par là.

Je me suis accroupi derrière ma voiture et j'ai regardé autour avec prudence, mais je n'ai vu personne.

Bang! Bang! Deux autres coups ont retenti.

Les balles sifflaient en frappant les gros rochers. Je ne voyais toujours personne.

Puis, quatre jeunes hommes ont descendu le chemin de terre. L'un d'eux a levé son fusil et a tiré. Un chat a couru à travers la route vers les buissons.

« Hé! Qu'est-ce que vous faites là, pour l'amour? me suis-je écrié alors qu'ils se rapprochaient. Ce n'est pas une zone de chasse ici. »

« Nous ne faisons que tirer sur un fichu chat », a répondu le plus grand.

Lentement, un autre des garçons a levé son fusil et a tiré une autre balle vers le chat, qui était toujours caché derrière le gros rocher.

« Allons, les gars. Pourquoi tuer sans raison ? » ai-je ajouté.

« Qu'est-ce que ça peut te faire. Que vaut ce chat pour toi ? » a répliqué un garçon.

« Que dirais-tu de dix dollars ? » ai-je dit.

Bang ! un autre coup tiré vers le chat.

« Que dirais-tu de cent dollars ? C'est ce qu'il nous faudra », a repris le plus costaud des quatre garçons, tirant encore en direction du chat.

Pendant des semaines, j'avais économisé de l'argent pour acheter un bateau usagé et un moteur afin que je n'aie plus à pêcher sur le rivage. J'avais environ 110$ dans mon porte-monnaie, et peut-être un autre 20$ dans ma poche.

J'ai dit : « D'accord, je vais vous donner cent dollars pour le chat. De grâce, ne le tuez pas. »

J'ai sorti mon porte-monnaie, j'ai pris l'argent dans mon compartiment secret et je l'ai déposé sur le capot de ma familiale brune. Les quatre garçons se sont approchés et ont regardé l'argent.

Ils ont eu un regard très sérieux. Le plus grand a tendu la main pour prendre l'argent et il l'a mis dans sa poche. Pendant que les quatre garçons disparaissaient au détour de la route, je me suis mis à la recherche du chat. Plusieurs minutes plus tard, les garçons ont passé près de moi dans une vieille camionnette, et se sont dirigés vers la montagne menant au village.

Il m'a fallu plus d'une heure pour que le chat me fasse assez confiance afin que je le prenne. Je l'ai caressé pendant environ cinq minutes, puis je l'ai installé dans ma voiture, avec mon attirail de pêche, et j'ai roulé dans la montagne jusqu'au petit magasin.

J'ai demandé au propriétaire s'il était au courant que quelqu'un de l'endroit ait perdu un chat. Il est venu jusqu'à ma voiture et a regardé l'animal. Il m'a répondu que le vieil homme qui habite la porte voisine avait perdu son chat il y avait environ une semaine. Le vieil homme était très malheureux parce que c'était le chat de sa femme, décédée il y a plusieurs mois, et le chat était tout ce qui lui restait.

Le propriétaire du petit magasin est allé vers le téléphone et a fait un appel. Lorsqu'il est revenu, il nous a versé à chacun une tasse de café chaud, et nous avons parlé pendant à peu près dix minutes. J'ai entendu la porte s'ouvrir derrière moi et je me suis retourné. Un homme aux cheveux gris, tout voûté, qui avait l'air d'avoir au moins cent ans, s'est avancé tranquillement vers nous. Il s'est assis dans une berceuse sans dire un mot.

« C'est son chat », m'a dit le propriétaire.

Le vieil homme a frappé trois fois sur le sol avec sa canne. Le propriétaire est sorti de derrière le comptoir et s'est dirigé vers lui. L'homme âgé a murmuré quelque chose au propriétaire, puis il lui a remis un bout de papier. Le propriétaire a pris le vieil homme par le bras, l'a aidé à se lever, et les deux sont sortis et se sont dirigés vers ma voiture.

Je regardais par la fenêtre alors que le vieil homme a tendu le bras pour prendre le chat et le serrer contre lui. Puis, les deux hommes se sont dirigés vers la porte de la maison mobile voisine et sont entrés.

Plusieurs minutes plus tard, le propriétaire du magasin est revenu.

« Je ferais mieux de me mettre en route », lui ai-je dit.

« Il y a une récompense pour avoir trouvé le chat », a-t-il ajouté.

« Je ne veux pas de récompense », ai-je répondu, mais l'homme m'a tendu un bout de papier et je l'ai pris. Je l'ai déplié et j'ai vu que c'était un chèque personnel libellé « au porteur » pour un montant de 2500$. Surpris, j'ai sourcillé.

« Ne t'inquiète pas, ce chèque est sans provision. Le vieil homme a perdu la tête depuis le décès de sa femme », a repris le propriétaire du magasin.

J'ai replié le chèque et je l'ai lancé sur le comptoir afin qu'il puisse le jeter. Puis, quelque chose m'a dit de garder le chèque. En le reprenant, je l'ai inséré dans la poche de ma chemise.

« Je crois que seul un idiot peut croire qu'un chat vaut tout cet argent », a-t-il dit en éclatant de rire.

« Ouais ! Seul un idiot pourrait penser comme ça », ai-je répondu en riant aussi.

Je suis sorti, j'ai pris ma voiture et je me suis dirigé vers la maison. Les garçons et leurs fusils m'avaient fait remettre à plus tard mon voyage de pêche.

Lorsque je suis arrivé à la maison, ma femme m'a remis un message d'un de mes amis. Il connaissait un homme qui me vendrait son bateau moyennant des versements mensuels. J'ai téléphoné au propriétaire. Après avoir parlé du bateau, je lui ai demandé combien il voulait.

« Deux mille cinq cent dollars. Trois mille, si je dois le financer pour toi », a-t-il répondu.

Je lui ai répondu que je le rappellerais dans environ une heure.

J'ai sorti le chèque de ma poche et j'ai téléphoné à ma banque. Je leur ai raconté mon histoire et leur ai demandé s'il y avait une façon de savoir si le chèque que m'avait donné le vieil homme était encaissable. Je leur ai donné les numéros sur le chèque et j'ai attendu qu'ils me rappellent. Dix minutes plus tard, le téléphone a sonné.

« M. Kiser, le chèque est encaissable », a annoncé la dame en riant.

« Qu'est-ce qui est si drôle ? » lui ai-je demandé.

« Voilà. Lorsque j'ai téléphoné à l'autre banque pour demander si le chèque avait une valeur, l'homme au bout du fil s'est mis à rire. Il m'a dit que le vieil homme qui vous avait donné le chèque est extrêmement riche. Presque la moitié des sociétés d'exploitation de bois de cette région de la Californie lui appartient. »

Ce ne fut pas la seule surprise.

Ce soir-là, je suis allé voir le bateau, le moteur et la remorque qui étaient à vendre. Lorsque la toile a été retirée, le bateau était comme neuf. C'était toute une aubaine et je savais que je le voulais. Cependant, lorsque j'ai vu le nom du bateau, j'ai décidé sur-le-champ qu'il m'était destiné. À l'arrière du bateau, on avait peint les mots : « L'homme au chat ».

Roger Dean Kiser

Panther et les pigeons

Panther n'était pas le genre de chat à se pelotonner sur vos genoux et à ronronner ; c'était une chatte sauvage. Elle portait bien son nom. Une belle chatte noire avec des yeux verts perçants qui vagabondait — et, à sa façon, régentait le voisinage. Fuyant les gens, elle déambulait comme si la rue lui appartenait.

Les autres chats lui cédaient le passage. Panther n'avait aucune pitié pour les oiseaux ou les souris, et elle ne craignait pas les chiens non plus. On disait d'elle qu'elle arrivait de nulle part près d'un chien sans méfiance et repartait comme un éclair noir. Tout le territoire était sous son contrôle — sauf la cour d'Artie.

Dans la cour d'Artie, il y avait un pigeonnier qui lui résistait. La fierté de Panther ne pouvait le permettre. Elle zieutait le pigeonnier de haut en bas, mais n'avait pas pu y pénétrer. Le gros obstacle était Artie. Il avait protégé le pigeonnier avec deux loquets et il était toujours aux aguets pour déjouer ses plans. Parfois, il la chassait hors de la cour, mais elle revenait toujours. Panther attendait qu'il soit parti, puis revenait pour tourner autour du pigeonnier, encore et encore. Dès qu'elle apercevait Artie, elle s'enfuyait.

Un matin, alors qu'Artie traversait la cour, Panther s'est pointée comme d'habitude à la vitesse d'un éclair noir, puis elle a disparu. Cette fois-là, par contre, il a vu qu'elle s'était élancée de *l'intérieur* du pigeonnier, en sortant par un petit trou dans la broche. Artie avait peur de regarder. Combien d'oiseaux avait-elle tués ou mutilés? En maudissant le chat, il a regardé lentement dans le pigeonnier.

Les oiseaux étaient tous là, vivants et intacts. Il n'y avait même pas trace d'excitation, comme il l'avait appréhendé; ils semblaient plus calmes qu'à l'habitude. Artie était perplexe. *Bon, je suis peut-être arrivé juste à temps — avant que Panther ait une chance d'attaquer.* Puis, il a aperçu quelque chose. À l'autre extrémité, il a trouvé trois chatons nouveau-nés. Panther avait choisi le pigeonnier comme l'endroit le plus sûr pour mettre sa portée au monde.

Artie était maintenant devant un dilemme. Devait-il déménager les chatons? La chatte n'avait pas touché à ses oiseaux, mais le ferait-elle plus tard? Il a décidé d'attendre en cachette et de voir ce que Panther ferait à son retour.

Assurément, lorsque la chatte est revenue, elle est entrée dans le pigeonnier. Il a écouté, mais n'a rien entendu. Aussi doucement que possible, il s'est glissé vers le pigeonnier. Lorsqu'il fut près, il l'a surprise. Elle ne faisait que nourrir ses chatons et elle lui a jeté un regard apeuré. Il a senti la supplication dans ses yeux.

Artie a donc conclu un marché avec elle. Elle pouvait rester là et il la nourrirait pendant qu'elle allaitait, mais en aucune circonstance elle toucherait à ses oiseaux, ni maintenant ni jamais à l'avenir. Aucun bris de contrat ne serait toléré. Il semble qu'elle ait compris l'offre et l'ait acceptée.

Les oiseaux n'étaient pas très contents au début. Ils voltigeaient un peu inquiets chaque fois que Panther entrait dans le pigeonnier. Mais avec le temps, ils se sont habitués à ce nouvel arrangement. Puis, par une journée particulièrement froide et désagréable, Artie s'est rendu au pigeonnier et a regardé à l'intérieur. Incrédule, il a cligné des yeux pour s'assurer que la scène devant lui était bien réelle. Panther n'était pas là. Plutôt, l'un des pigeons était assis sur les chatons pour les tenir au chaud.

La maternité n'a pas assagi Panther. Après avoir pris soin des chatons et qu'ils soient partis, elle a continué à terroriser le voisinage, avec une exception cependant: elle ronronnait en voyant Artie, et jamais, jamais, elle n'a touché à ses pigeons.

Barbara Vitale

La charte des droits du chat

Les chats sont des animaux
[qui] connaissent leurs droits.

Eli Khamorov

Je suis le chat, et j'ai certains droits inaliénables:

J'ai le droit de marcher sur votre visage chaque fois que je le veux, le jour ou la nuit.

J'ai le droit d'observer et d'apporter mes commentaires sur tous les comportements dans la salle de bains. De plus, j'ai le droit d'être hautement offusqué par toute porte fermée.

J'ai le droit de sentir vos chaussures afin de savoir si vous avez fraternisé, joué ou batifolé avec tout animal pour le moins suspect.

J'ai le droit d'assister à toute préparation de nourriture, à toute recette, à tout nettoyage ou repas qui peuvent avoir lieu dans la maison.

J'ai le droit de vous réveiller à trois heures du matin si je constate que mon bol de nourriture n'est pas à mon goût.

J'ai le droit de renverser tout contenant d'eau que je juge impropre à la consommation.

J'ai le droit de jurer après les écureuils et les oiseaux qui osent passer devant mes fenêtres.

J'ai le droit d'examiner tous les aliments qui entrent dans la maison. De plus, j'ai le droit d'habiter dans tout sac de papier ou boîte de carton que vous apportez à la maison, et ce, aussi longtemps que je le veux.

J'ai le droit de faire la sieste à n'importe quelle heure et partout où cela me plaît, sans que je sois interrompu pour être appelé ou déplacé simplement parce que vous voulez vous asseoir, vous laver les mains ou utiliser le clavier de votre ordinateur.

J'ai le droit de dormir sur le dessus de n'importe quel appareil qui est chaud.

J'ai le droit d'assister au changement des draps et de chasser les fantômes qui s'y cachent.

J'ai le droit de prendre un air distant quand vous me grondez d'avoir pris vos orteils pour un de ces fantômes qui se cachent sous les draps.

J'ai le droit de tuer les rouleaux de papier hygiénique qui autrement pourraient s'approcher de vous furtivement durant la nuit.

J'ai le droit d'avoir toute votre attention chaque fois que vous vous assoyez pour lire ou travailler.

Enfin, j'ai le droit d'être aimé, caressé, toiletté et diverti car, comme vous le savez, les meilleures choses dans la vie... ronronnent.

De plus, si vous deviez commettre une erreur de comportement, je vous pardonnerai de bonne grâce. Après tout, vous n'êtes que des humains, mais je vous aime quand même.

Signé
Le Chat

Michael Ruemmler

Les entrées et les sorties des chats

Les chats sont à l'intérieur, et ils veulent sortir,
Alors ils commencent à se trémousser.
Ils tapotent mon menton et ensuite ils font la moue
Parce qu'ils sont à l'intérieur, et ils veulent sortir.

Ils ronronnent et miaulent et chatouillent
Et m'embrassent aussi, et vocalisent.
Que puis-je faire, sauf émettre la théorie
Que je me fais leurrer par leurs yeux doux?

Alors ils sortent, je tiens la porte.
J'espère qu'ils savent qu'ils devront affronter
La pluie et le froid. Mais ils en sont certains;
Alors ils sortent. Je tiens la porte.

Peu après, j'entends leurs cris.
(Je présume qu'ils n'ont pas attrapé de souris!)
En voici un, puis deux, de retour à la ruse.
C'est leur dû, et je suis si gentille.

Les chats sont à l'extérieur, et ils veulent entrer.
Ils se mettent à crier, n'ont aucune discipline.
Mais, sachez-le bien, ce serait péché
Que de les tenir à l'extérieur lorsqu'ils veulent entrer.

Alors ouvrez la porte et voyez-les entrer.
Ils sont faussement timides et très sages —
  je succombe.
Je ne m'ennuie jamais, ni ne suis morose;
Je ne peux pas être pauvre avec des chats comme
  copains.

Ainsi va la vie, les chats sont à l'intérieur.
Ils veulent aller là où ils ont déjà été.
Ainsi va la vie, les chats veulent être à l'extérieur
Parce qu'ainsi sont les chats.

Betsy Stowe

Une chatte intelligente

Il n'y a pas de bouton « pause »
pour un chat qui veut son déjeuner.

Inconnu

Nicole et moi étions assises sur le futon à regarder un film à la télévision dans la maison que nous partageons avec trois autres consœurs étudiantes. La musique en crescendo, les roulements de tambour, le danger se cachant au tournant sur l'écran illuminé nous captivaient totalement. Si le monde existait à l'extérieur de la télévision, nous ne le savions pas. Puis, un bruit à l'étage a enterré momentanément le roulement des tambours. *Tomp, ting!* Je me suis demandé: *Que fait cette chatte?* J'ai décidé d'ignorer le bruit. Quel mal une chatte pouvait-elle faire en l'espace de quelques minutes?

Ting, tomp. Puis, il y a eu un grincement étrange, lent et profond au début. « Quel *est* ce bruit? » ai-je demandé à Nicole.

« Hein? C'est probablement Nermal », a-t-elle répondu, les yeux fixés sur l'écran qui clignotait. J'étais sur le point d'ignorer le bruit répété lorsqu'il a cessé et, comme répondant à un signal, la chatte est apparue. Elle se tenait sur la rampe d'escalier en fer forgé comme un adolescent s'efforçant de faire des tractions à la barre fixe — les pattes avant étirées, le corps suspendu comme une serviette mouillée. Nermal a glissé en prenant de la vitesse. Elle a atteint le bas de la rampe et s'est envolée — son voyage se terminant lorsqu'elle a atterri à quelques pas de nous. C'était une entrée spectaculaire, une performance que nous n'avions jamais vue avant, ni depuis.

Nermal nous a regardées avec ses grands yeux. Nous l'avons regardée à notre tour. La pièce était silencieuse; le bruit retentissant à la télévision s'était soudain arrêté. Le silence a été interrompu seulement lorsque j'ai commencé à rire. Nicole a ri à son tour. Nermal a léché sa patte, comme si rien n'était arrivé. Elle avait obtenu notre attention, c'est tout ce qu'elle voulait.

Nermal ne pouvait pas tolérer que l'on ne s'occupe pas d'elle. Une personne tranquille, les yeux fixés ailleurs, est une formule infaillible pour un mauvais coup. On me l'a donnée alors qu'elle tenait dans la paume de ma main, et même comme chaton, elle était d'une innocence trompeuse, avec ses grands yeux verts et ses oreilles trop grandes pour sa petite tête. Sur des photos d'elle à quatre mois, elle semble personnifier la douceur et la sérénité, avec des rayures tigrées ornant son corps de velours noir et des yeux verts, brillant comme des émeraudes. Nous étions loin de nous douter que ces yeux ne marquaient pas seulement le moment qui passe et ses plans machiavéliques, mais ils attendaient aussi l'occasion de sauter sur un visage endormi ou sur un pied qui bouge sous l'édredon.

Adulte, elle s'est avérée étonnamment inventive et persévérante pour obtenir ce qu'elle voulait. Quand je raconte ses exploits à mes amis et à ma famille, personne ne me croit.

Une nuit, récemment, j'ai découvert un autre des talents étranges de Nermal, auquel je pouvais à peine croire moi-même. J'étais blottie sous le duvet, attendant de m'endormir, et Nermal était couchée en boule à mes pieds. Elle s'est endormie avant moi et j'ai soupiré en l'entendant ronfler. Je savais qu'à quatre heures, elle miaulerait pour que je la mette dans le corridor. C'est la même routine toutes les nuits: elle se réveille à quatre heures, s'étire, saute en bas du lit et commence à gratter et à miauler d'impatience à la porte. Elle continue jusqu'à ce que, encore abrutie, je me traîne lentement les pieds à l'autre bout de la chambre et que je lui ouvre la porte. Certains matins, (surtout ceux où je me suis couchée tard), je trouve plus pratique d'ignorer son grattement et ses miaulements jusqu'à ce que sonne *mon* heure de me lever, annoncée par le beuglement de la station de musique country qui est déclenché par mon petit radio-réveil. Elle n'aime pas le retard, mais comme elle ne peut pas ouvrir la porte elle-même, elle doit attendre.

Cette nuit-là, les minutes se succédaient sans que je trouve le sommeil, et je savais que je devrais ignorer son appel matinal si je voulais obtenir assez de repos. Enfin, je me suis endormie.

Un moment, je dormais. Le suivant, la voix nasillarde de Tim McGraw m'a sortie de mes rêves. Il faisait encore noir à l'extérieur et, confuse, j'ai vérifié le cadran: 4:11. *Pourquoi l'alarme s'était-elle déclenchée? Y avait-il eu une panne d'électricité?* Un seul miaou triomphant est venu d'à côté du lit. C'était le moment de laisser sortir la chatte. Perplexe, je me suis levée et j'ai ouvert la porte. Elle a filé par la porte en jubilant, la cloche sur son collier annonçant son départ joyeux. J'ai secoué la tête en songeant: *C'est extraordinaire. Les chats ne se servent pas d'alarmes pour réveiller leurs humains.* Je ne me serais pas questionnée davantage si, le lendemain matin, la même chose ne s'était pas produite. Puis encore et encore. Jusqu'à ce qu'enfin, trois jours plus tard, je la prenne en flagrant délit.

C'était l'une de ces nuits où je pensais plus au sommeil que je le mettais en pratique. Aucune quantité d'oreillers souples, peu importe si je roulais d'un côté ou de l'autre, ou si j'ajoutais des couvertures, rien ne pouvait m'endormir. Puis, alors que je fixais le plafond ombragé, j'ai aperçu l'ombre furtive d'un félin qui a sauté du lit vers la table de chevet. Elle marchait avec légèreté, ses pattes ne faisant aucun bruit en passant du matelas doux à la table de chevet en bois. Une patte avant en premier, puis l'autre, les deux suivies par deux pattes arrière, alors qu'elle s'approchait du radio-réveil. Le doux coussin sous l'une des pattes a pressé le bouton de réveil. La musique country s'est mise à jouer: il est temps de se lever! Elle voulait sortir.

Je ne pouvais pas y croire! Nermal doit avoir fait le lien entre mon réveil et l'alarme qui se déclenchait. Je n'avais pas le courage de la gronder. J'étais plutôt fière de son intelligence. Combien de chats utilisent des réveille-matin pour réveiller leurs humains? Non pas que quatre heures soit charmant, mais n'empêche que c'est une chatte intelligente.

Nermal — pour le meilleur ou pour le pire — fait maintenant partie du mobilier dans ma vie, une présence irremplaçable qui me maintient alerte. Lorsque je rentre à la maison après une longue journée, je l'appelle au pied de l'escalier; le doux bruit de sa clochette répond toujours à mon appel. Le son se poursuit jusque dans le salon et je la retrouve perchée sur le couvercle de l'aquarium. *« Ik-ik-ik-eow !* dit-elle. *Tu es rentrée. »*

Je la prends dans mes bras et je la porte jusqu'à ma berceuse. Elle commence par s'asseoir, puis s'étire, et prend position en boule sur mes genoux. Un ronronnement s'élève de la profondeur de son corps. Je peux sentir les vibrations qui descendent jusque dans mes jambes pour me convaincre de me détendre. Sa compagnie me rassure tout comme la mienne la rassure.

Ses paupières deviennent lourdes, mais avant de s'endormir, elle me regarde, l'air d'attendre. J'imagine qu'elle me demande, à sa manière, si je vais bien. Je souris et je caresse son corps doux et chaud jusqu'à ce qu'elle soit convaincue qu'elle peut dormir sans crainte. Puis, pendant qu'elle ronfle légèrement et qu'elle plonge dans le royaume des rêves, je me trouve immensément chanceuse, malgré le fait que, avec Nermal à mes côtés, je sais que demain je me réveillerai très tôt.

Rebecca A. Eckland

Jaws, la terreur

Je n'ai jamais rencontré un autre chat comme Jaws, le chat excentrique noir et blanc de 8 kilos et demi de ma sœur Susan. Son masque de Batman et le cœur noir sur sa poitrine sont inhabituels, mais ce qui le rend vraiment différent, c'est sa personnalité étrange.

Lorsque je vais chez Susan, je dors généralement sur le canapé. Un matin, je me suis fait réveiller par Jaws qui frappait sur ma poitrine. Puis, il m'a cognée au menton.

Plus tard, au déjeuner, j'ai dit : « Susan, je crois que ton chat ne m'aime pas. Il m'a frappée au menton. »

Susan s'est mise à rire. « Oh! j'ai oublié de t'en informer! C'est sa façon de te dire qu'il a faim. Il ne fait cela que les matins où il ne s'est pas déjà servi de la nourriture directement du réfrigérateur au milieu de la nuit. Pendant des années, j'ai blâmé mon pauvre mari, a ajouté Susan en soupirant. Les œufs cuits dur disparaissaient, même avec les écailles; la nourriture était éparpillée partout. »

Susan avait découvert le vrai coupable lorsqu'elle était restée debout jusqu'à minuit un soir pour cuisiner des brownies pour une activité scolaire de sa fille. Le lendemain matin, la porte du réfrigérateur était ouverte et la lèchefrite de brownies était sur le sol, la feuille d'aluminium déchirée au centre et des brownies répandus partout. Jaws était assis comme un chien de prairie et il regardait Susan par-dessus son épaule. « Il avait tout à fait l'air du chat qui a mangé le canari », a raconté Susan en riant.

Jaws adore aussi les bulles. Si quelqu'un laisse un verre de soda sans surveillance, il y trempe sa patte pour sentir le pétillement, et le buveur est quitte pour boire un soda avec des poils. Le papier hygiénique est un autre de ses favoris. Si on le laisse faire, Jaws peut décorer toute une maison avec un rouleau de papier non déchiré.

Revenons aux bulles. Un soir, j'ai décidé de prendre un bon bain chaud moussant. Je me suis rendue dans la salle de bains et j'ai fermé la porte. Grave erreur! Une porte fermée pour Jaws signifie *Défi!* Il a glissé ses pattes sous la porte et l'a fait vibrer jusqu'à ce qu'il me rende folle et que je le laisse entrer. J'avais fini de faire couler l'eau et je suis entrée dedans pendant que Jaws laissait pendre sa patte sur le côté du bain et qu'il agitait les bulles. Mon long bain relaxant s'est transformé en partie de bras de fer entre M. Cœur Noir et moi. Il voulait faire éclater toutes les bulles. Je voulais finir de prendre mon bain sans qu'il tombe dans l'eau.

Le lendemain, j'ai cru avoir trouvé la solution au problème en prenant une douche. Même si je devais laisser entrer Jaws, il n'y aurait pas de bulles. Jaws n'en était pas heureux et il me l'a laissé entendre. J'ai mis du shampoing dans mes cheveux pendant que l'eau chaude relaxante coulait sur mon corps. *Flush!* le bruit de la chasse d'eau. Je me suis rapidement déplacée sur le côté et je me suis préparée à l'inévitable. La première chose que j'ai su, ma bonne douche chaude était devenue brûlante. *Mais qu'est-ce qui se passe avec ces enfants-là?* me suis-je demandé. *Ne peuvent-ils pas s'apercevoir qu'il y a quelqu'un ici?*

Évitant l'eau chaude, je me suis empressée d'enlever le savon dans mes yeux. Trop tard. *Flush! Flush!* et encore Flush! En colère, je suis sortie de la douche. Jaws était là, assis sur le bord de la toilette. Il me souriait presque en continuant de tirer la chasse d'eau — apparemment en guise de protestation pour l'absence de bulles. Et, en prime, il regardait, en jubilant, l'eau qui tourbillonnait en descendant.

Je n'ai pas pu m'empêcher de rire. De tous les chats que Susan a eus, Jaws sera toujours mon préféré. Après tout, qui peut résister à un chat aussi intelligent?

Carol Shenold

Le chat qui nous a procuré une bouteille de vin... de la Réserve privée des Pape

Lorsqu'il est venu vivre avec maman, c'était une boule de poils qui avait la couleur, le poids et la forme d'une orange, mais qui avait l'appétit d'un petit cheval. Peu après, nous l'avons baptisé Wolfgang. Avant longtemps, son poids avait atteint plus de douze kilos — environ le poids d'un cocker typique. Wolfie était un Maine Coon très conscient de son pouvoir et de sa présence, et qui ressemblait à Garfield, tant par sa couleur que par son tempérament.

Lorsqu'il est devenu un trop lourd fardeau pour ma mère, il a déménagé dans le sud pour vivre avec nous. Nous coupions son poil court l'été, ne laissant la pleine longueur que sur la tête et la queue, ce qui le faisait ressembler à un lion miniature. Cela lui allait parfaitement. Tout comme son congénère félin, reconnu comme le « roi de la jungle », Wolfie est rapidement devenu le « roi du voisinage ». Les chiens se tenaient à distance et les humains recherchaient son amitié.

Les chats ont peut-être neuf vies, mais malheureusement, chacune de ces vies se termine, tôt ou tard. À dix-sept ans, Wolfie avait maigri et il pesait huit kilos au moment de son décès. Nous l'avons enterré sous une rangée de balsamines au bord de notre propriété.

Environ une semaine plus tard, je regardais par hasard à la fenêtre avant d'aller me coucher. Sur le gazon, devant la tombe de Wolfie, était assise une chatte d'un blanc immaculé qui lui ressemblait étrangement, sauf pour la couleur. Par la fenêtre ouverte, je lui ai dit bonjour, mais elle a pris la fuite en sautant par-dessus la clôture. (Au cours de cette même semaine, notre voisine avait vu la chatte blanc neige et s'était demandé si elle voyait le fantôme de Wolfie.)

Pendant les trois mois qui ont suivi, une sorte de cour s'est développée avec « Nerveuse Nellie » qui s'approchait graduellement de plus en plus. Étrangement, chaque fois que Nellie apparaissait, elle venait des arbres près de la tombe de Wolfie. Parfois, nous regardions dans la nuit et nous voyions sa forme blanche qui brillait dans le noir alors qu'elle fixait notre maison.

À mesure que la température baissait depuis le début de l'automne, les réserves de Nellie fondaient aussi graduellement, jusqu'à ce que, en l'espace d'environ deux minutes, par un dimanche froid d'octobre, elle vienne sur le porche, laisse ma femme, Susan, la flatter et nous indique clairement qu'elle était maintenant prête à emménager à l'intérieur.

Quelques mois après l'arrivée de Nellie, nous avons aperçu un chat squelettique dépenaillé, gris et blanc, passer devant notre maison presque chaque jour. Il était plus gros et plus gauche que Nellie, et c'était certainement un mâle. Ses traces de pas dans la neige menaient le long du chemin vers les arbres près de la tombe de Wolfie et, encore, nous avons dit en riant que Wolfie l'avait envoyé dans cette maison afin qu'il puisse prendre part à la belle vie ici.

Comme nous l'avions fait pour Nellie, nous avons vérifié les annonces classées à la rubrique des objets perdus, et nous avons appris qu'on y avait annoncé la perte d'un chat appelé Al en décembre, mais lorsque nous avons téléphoné, les gens n'étaient plus intéressés à le ravoir. Ses pattes étaient grosses et rondes comme des gants de boxe et il avait même des pouces, alors nous l'avons appelé Albert McThumbs.

Chaque jour, lorsque Al se pointait pour sa visite quotidienne, la toute petite et sage Nellie se transformait. Elle se jetait sur la fenêtre en grattant, en crachant et en frappant sur la vitre avec ses petites pattes dégriffées pour le faire fuir. Il ne comprenait pas l'allusion, mais il était aussi évident qu'il ne pourrait pas rester dehors encore très longtemps pendant l'hiver.

Al a résolu lui-même le problème en se laissant enfermer dans notre garage la nuit où il est tombé vingt-cinq centimètres de neige et que la température est descendue sous zéro. Après cette première nuit, nous lui avions aménagé une maison dans une boîte de carton munie d'une couverture. De là, il a progressé jusqu'au sous-sol, où c'était plus chaud, puis enfin, il est monté à l'étage.

Pendant les quelques mois qui ont suivi, l'hostilité de Nellie s'est transformée en fascination et, maintenant, elle vient constamment près de lui pour se blottir ou pour lui lécher les oreilles, jusqu'à ce qu'il en ait assez et s'éloigne. Nous avons constaté que Al, tout comme Nellie, avait été dégriffé avant d'aboutir chez nous.

Nous avons commencé à parler de notre chat disparu en l'appelant saint Wolfie, le saint patron des chats sans abri, et du sauvetage d'Al comme son deuxième miracle. Dans la religion catholique, la procédure vers la sainteté exige trois miracles avant le début du processus de la canonisation. J'ai fait des blagues en disant que je téléphonerais au pape si Wolfie réussissait un autre miracle pour un chat sans abri.

Le jour de Noël, j'ai regardé par la fenêtre et j'ai vu une petite chatte noir et blanc, assise sur le toit de la voiture, qui nous fixait. Nous l'avions aperçue dans les alentours depuis l'été, mais elle se sauvait toujours quand nous l'appelions. Cette fois-ci, lorsque Susan a ouvert la porte, la chatte a fait quelques pas pour s'enfuir, puis est revenue sur le perron pour se frotter contre sa main.

Nellie et Al étaient sur leurs pattes arrière à la fenêtre, et ils observaient ce visiteur avec un intérêt silencieux. Étaient-ils prêts à accueillir un autre orphelin?

Cachée dans la fourrure longue et dense de la visiteuse il y avait une médaille. Elle s'appelait Elsie et ses humains étaient Jeanne et Nick Pape. Ironiquement, nous connaissions Nick et Jeanne depuis plusieurs années, avant qu'ils déménagent dans un coin plus retiré à la campagne. Nous avons immédiatement téléphoné aux Pape et nous leur avons annoncé leur surprise de Noël. Elsie, nous ont-ils appris, avait disparu en juillet pendant qu'ils rendaient visite à la mère de Jeanne, qui habitait à environ sept kilomètres de notre maison. Ils avaient presque abandonné tout espoir de retrouver Elsie, qui avait vécu avec eux pendant sept ans. Presque tout espoir, mais pas tout à fait: Jeanne avait décidé de suspendre le bas de Noël d'Elsie une autre fois... juste au cas.

Je me souviens de la blague que j'avais faite: « La prochaine fois que Wolfie nous envoie un chat sans abri, je vais téléphoner au pape et le recommander pour la canonisation. » Eh bien, un chat sans abri *était* apparu, et il se trouve que *j'ai* téléphoné, non pas *au* pape, mais aux Pape, pour les informer de ce miracle!

Ce soir-là de Noël, Elsie a dormi pelotonnée à côté de la mère de Jeanne sur son lit. Le lendemain, Nick et Jeanne sont venus pour la ramener à la maison. En chemin, ils ont arrêté pour nous offrir un cadeau. Susan et moi étions tous les deux malades souffrant d'une gastroentérite, et nous n'étions pas en état de l'ouvrir.

Le lendemain, nous avons ouvert la boîte, et — oserai-je dire que c'était le quatrième miracle de Wolfie? — il y avait une bouteille de vin portant l'étiquette: « De la Réserve privée de Nick et Jeanne Pape. »

Et *cela* est l'histoire vraie de la façon dont saint Wolfie a sauvé trois chats sans abri et nous a procuré une bouteille de vin de la Réserve privée des Pape.

Michael McGaulley

Une balade en vol

J'étais installée sur mon siège pendant le vol vers San Francisco et, comme le reste des quelques passagers éparpillés sur cet avion de ligne, je m'apprêtais à vivre quelques heures de torpeur. J'avais ma liste de choses à faire pendant ce voyage, un bon livre et ma chatte bengal, Callie Mooner, bien installée dans son sac de transport sous le siège devant moi. C'était un vol matinal et tout laissait présager un voyage tranquille et sans incident vers la région de la Baie de San Francisco.

Callie avait épuisé presque toute son énergie vocale en protestations pendant le court trajet en taxi vers l'aéroport; maintenant, elle se reposait en vue d'un nouvel assaut au comptoir des voitures de location à notre arrivée à San Francisco. J'ai pensé qu'après le décollage, elle s'installerait et dormirait, comme elle le faisait habituellement lorsque je l'emmenais en avion. Elle dormirait paisiblement pendant presque toute la durée du voyage, et se plaindrait par un miaulement râpe lorsqu'elle serait réveillée après l'atterrissage. Callie ne vient pas de son plein gré dans ces excursions de vol, et elle choisit généralement des moments opportuns pour me le rappeler.

Environ une heure après le décollage, j'ai levé les yeux de mon livre, étonnée de voir une agente de bord avec un regard très inquiet.

« Je crois que votre chat se trouve dans la cabine avant », a-t-elle dit sur un ton confidentiel.

Oh! oh!

J'ai jeté un coup d'œil à mes pieds pour apercevoir un sac absolument immobile, et une fermeture éclair ouverte de manière suspecte. De toute évidence, une évasion féline avait eu lieu, et ce félin semblait être le mien.

J'ai foncé dans l'allée. Callie avait réussi à ouvrir la fermeture juste assez pour lui permettre de sortir et d'explorer l'un des Boeing dernier cri. Apparemment, elle se serait dirigée tout droit vers la première classe, installée sur un siège côté fenêtre et aurait demandé un Bloody Mary et des écouteurs de plus petit format. Malheureusement, pour se rendre au siège près de la fenêtre, il lui fallait grimper sur le passager du côté de l'allée, et aussi sur son portable ouvert. L'écran de l'ordinateur du monsieur était rempli de toutes sortes de signes, de lettres et de lignes vierges qui n'avaient aucun sens, une preuve des faibles talents de Callie pour la dactylographie et de son inaptitude en grammaire. On venait tout juste de servir aux passagers de première classe un cocktail de crevettes matinal, et Callie s'était approprié une partie de celui de son nouveau compagnon de siège, comme le témoignait une queue de crevette qui dépassait de ses petites mâchoires serrées.

En effet, c'est ainsi que je l'ai trouvée. Dès qu'elle m'a vue, sa face m'a dit qu'elle savait que la fête était terminée.

« Callie chérie, ai-je dit de ma plus belle voix de maman de félin, nous n'avons pas assez de milles de récompense pour nous surclasser en première! » Après avoir dit cela, je me suis penchée au-dessus de l'ordinateur portable qui venait d'être profané et j'ai attrapé ma chatte. Je me suis confondue en excuses auprès du monsieur interloqué, que la rencontre avec ma chatte a sûrement égayé. En sortant la crevette de la gueule de Callie, j'ai offert au monsieur de la lui rendre comme preuve de ma bonne volonté. Il a refusé gracieusement. J'ai réinséré la crevette dans la gueule de Callie, et, puisqu'elle était maintenant « captive », elle a pensé qu'elle allait simplement grogner tout au long du retour vers notre siège.

Ce fut une marche terriblement longue et silencieuse — sauf pour les grognements — vers le siège 34E, alors que tous les autres passagers regardaient notre procession — un visage humain rouge de honte qui transportait une chatte avec une queue de crevette qui sortait de sa gueule — de retour vers le siège qui nous avait été assigné.

Pour éviter la répétition d'un tel « événement », j'ai équipé le sac de transport de la chatte de plusieurs bandes Velcro pour sécuriser la fermeture éclair. Cependant, pour encore plus de sécurité, je voyage maintenant avec ma propre provision de crevettes.

Lisa-Maria Padilla

Théâtre de comédie animale

Imaginez une production théâtrale mettant en vedette des chats. Cela semble fou? Laissez-moi vous raconter.

Je suis né dans ce qu'on appelle aujourd'hui la Russie, la quatrième génération d'une famille de gens de cirque. Mes parents étaient entraîneurs de chiens. Même si j'aimais les animaux et que j'avais appris de mes parents comment les entraîner, je voulais être jongleur. J'ai entrepris ma formation comme jongleur à six ans, je me suis entraîné pendant les six années suivantes, puis j'ai commencé à donner des spectacles dans un cirque à l'âge de douze ans. À seize ans, on m'a demandé de me joindre au cirque de Moscou — la réalisation d'un rêve pour tout artiste de cirque — et j'ai fait une tournée avec eux pendant quatre ans, ayant même voyagé en Amérique. Après avoir remporté de nombreux prix pour mes performances, dont celui du Meilleur Jongleur au monde, j'avais l'impression qu'il ne me restait plus rien à apprendre comme jongleur; j'ai donc décidé d'étudier le métier de clown. Peu après, je suis retourné en Amérique et j'ai été engagé par les Ringling Brothers, jouant finalement dans un spectacle à Las Vegas.

J'avais fait venir ma femme et ma fille en Amérique. Nous voulions compléter notre famille avec un animal de compagnie, alors je suis allé dans une animalerie pour acheter un chat. J'ai été étonné du prix qu'on demandait pour cet animal. Je ne pouvais pas me le permettre. Puis, un ami m'a conseillé d'aller adopter un chat au refuge pour animaux. Adopter un chat? Qu'est-ce que cela voulait dire? Et qu'est-ce que c'était un *refuge* pour animaux? En Russie, j'ignorais s'il y avait des refuges pour animaux. Cela m'apparaissait comme un concept purement américain: avoir des boutiques d'animaux où les gens achètent des chats et des chiens, en même temps que des refuges pour les animaux lorsque les mêmes personnes ne les veulent plus. Pourtant, j'y suis allé et j'ai trouvé une belle chatonne blanche à poil long à adopter. Nous l'avons appelée Sugar.

Comme tous les chatons, Sugar nous divertissait sans cesse. Elle sautait sur tout et semblait aimer particulièrement courir après sa propre queue. Son comportement nous faisait rire sans arrêt. Je suppose que c'est ce qui m'a donné l'idée de l'inclure dans mon propre numéro de clown.

En tant que clown novice, je n'étais pas aussi confiant que lorsque je jonglais. Je me disais que je devrais avoir une blague en réserve au cas où une partie de mon numéro de clown serait un fiasco. Après avoir observé Sugar, j'ai eu l'idée de préparer un numéro en réserve. Je prendrais un sac sur la scène et lorsque je l'ouvrirais, Sugar sauterait à l'extérieur. Je me gratterais la tête en essayant de comprendre comment j'avais fait l'erreur d'ouvrir le mauvais sac pendant que Sugar divertirait les gens avec ses mignonnes bouffonneries félines!

Lorsque j'ai essayé le numéro, cela a fonctionné! En fait, ce fut un succès monstre — la foule aimait voir Sugar sur la scène. Et Sugar semblait totalement à l'aise dans son rôle de coureur de queue. Les spectateurs et l'éclairage de la scène ne semblaient pas l'affecter.

Ainsi était né mon théâtre de comédie animale. Je me suis rendu compte que la foule était très heureuse de voir des chats en spectacle. Même si les chiens sont plus souvent entraînés, je savais que les chats pouvaient aussi être formés; il fallait seulement utiliser une approche différente.

Pour commencer, j'ai trouvé ce que les chats aimaient faire naturellement, puis j'ai incorporé quelques éléments de spectacle à cette activité. Par exemple, certains chats aiment grimper, d'autres préfèrent sauter et d'autres encore courir après des choses. Avec le soutien et la mise en scène appropriés, le comportement naturel du chat a pris une tournure fascinante. L'autre secret consistait à avoir beaucoup de chats sur la scène, car les chats n'aiment pas tous être à chaque fois en spectacle. Sur scène, si je marchais vers un chat en le regardant dans les yeux et qu'il ne se faisait pas de connection, je savais qu'il me fallait aller vers un autre chat. Lorsque j'obtenais cette connection, la magie et le plaisir se donnaient rendez-vous. Je pouvais savoir si les chats étaient prêts à faire les choses particulières qu'ils adorent faire, de toute façon.

Ma renommée s'est étendue et j'ai commencé à recevoir des téléphones d'autres endroits me demandant de donner des spectacles. Un homme m'a téléphoné de Los Angeles et m'a offert un gros cachet. Il m'a demandé des détails sur mon numéro avec les chiens — j'avais, à ce moment-là, déjà ajouté quelques chiens entraînés au théâtre de comédie animale — puis il m'a demandé si je faisais aussi des numéros avec des chats. J'ai répondu par l'affirmative. Il a répliqué: « Formidable! Combien? » J'ai dit six, et il m'a envoyé un contrat à signer.

Le jour précédant mon départ pour L.A., le même homme m'a téléphoné pour s'enquérir de mes moyens de transport: *comment allais-je transporter les félins à L.A.?* Je lui ai répondu que je conduirais ma Ford Escort avec les chats à l'arrière dans leurs cages.

Il y a eu un moment de silence perplexe, puis il a dit: « Comment allez-vous faire entrer six gros chats dans une Ford Escort? »

C'est alors que j'ai compris. Il pensait que c'était un gros numéro de « chats de la jungle ». « Ce sont des chats domestiques », lui ai-je répondu.

Au début, il est sorti de ses gonds! Il avait annoncé un numéro de cirque avec des chiens entraînés, un numéro de jonglerie, un clown et de gros chats. Nous avons alors décidé que, bien sûr, le spectacle devait continuer et nous nous servirions des attentes des spectateurs à notre avantage pour en faire une blague.

Lorsque le numéro avec les chats a été annoncé, nous avons fait tout un plat quant à la façon dont la scène avait été installée comme jamais auparavant: aucun filet, aucune cage, aucune protection de la foule. Nous avons vraiment créé un momentum et lorsque les « chats » sont apparus sur la scène, la foule était en délire. Ce fut un immense succès — au grand soulagement de tous.

Depuis, plusieurs nouveaux animaux artistes se sont joints à mon Théâtre de comédie animale. En Amérique, tous les numéros avec animaux doivent être approuvés par la société locale de protection des animaux, afin de s'assurer qu'il n'y a pas de cruauté, d'abus ou de négligence. Les représentants locaux de la Société protectrice des animaux sont devenus de bons amis, non seulement parce que je traite mes chats, mes chiens, mes oiseaux et mes rats comme les animaux de compagnie de la famille qu'ils sont, mais parce que j'adopte toujours des animaux du refuge pour ajouter à mon spectacle! J'aime même faire de la publicité dans tous mes spectacles pour promouvoir l'adoption dans les refuges.

Aujourd'hui, nous partageons notre temps entre Las Vegas, Branson au Missouri, et des tournées. Chacun de mes animaux artistes est chéri. Nous voyageons ensemble, nous donnons des spectacles ensemble, et nous mangeons, buvons et nous reposons ensemble. C'est un vrai « cirque de famille »!

Gregory Popovich

Ringo, le chat héros

Nous avons adopté Ringo, notre tigré roux Manx, d'une portée de chatons trouvée dans un hangar à l'extérieur de la maison de retraite où ma mère habite. La maman de Ringo, qui avait une moitié de queue, était sauvage. Nous avons eu le coup de foudre pour Ringo alors qu'il n'avait que dix jours. Il avait un pelage brillant roux, un tout petit bout de queue, des yeux bleu clair et un petit miaulement aigu. Comment pouvions-nous résister? Nous avions déjà trois chats à l'époque et nous avions décidé de ne pas en avoir d'autres.

Si nous avions tenu notre promesse, nous ne serions pas en vie aujourd'hui.

Ringo a été un chat particulier dès le départ. Il avait une merveilleuse personnalité et il aimait presque tout le monde qui venait en visite. Un chat expressif, il pouvait déplacer son petit bout de queue de lapin dans n'importe quelle direction, suivant son humeur. La queue rousse en forme de pompon pouvait exprimer mille mots. Il était un bonheur avec lequel vivre — et, comme nous allions le découvrir bientôt, il serait aussi un héros.

Pendant toute la fin du printemps et tout l'été de 1995, mon mari, Ray, et moi avons éprouvé des symptômes troublants, dont des étourdissements, des maux de tête, de la haute pression sanguine et des envies de dormir incontrôlables. Ray se rétablissait d'une chirurgie cardiaque et j'étais au lit avec un plâtre à la jambe. Nous pensions bien évidemment que ces symptômes étaient reliés à notre maladie. Nous avions tort.

Par un chaud après-midi d'août, la climatisation fonctionnait à plein régime et les portes et fenêtres étaient fermées hermétiquement. Ringo, qui était à l'intérieur avec nous, a commencé à frapper son corps contre la porte avant de notre maison et ne voulait pas arrêter. De plus, il miaulait fortement, encore et encore. Je ne l'avais jamais vu agir ainsi auparavant. Enfin, je me suis levée en clopinant et je l'ai laissé sortir.

Une fois à l'extérieur, il a continué ses miaulements sonores, et se comportait comme s'il voulait rentrer. Encore une fois, jamais il n'avait agi de la sorte. Par son comportement inhabituel, il m'invitait à le suivre. Je pensais qu'il allait me conduire à l'un de ses endroits favoris, mais il m'a plutôt guidée vers le côté sud de notre maison, un endroit de la propriété où nous n'allions pas souvent. Il n'y a là que le climatiseur et les compteurs de gaz et d'eau, cachés derrière de gros buissons. Ringo a commencé à creuser entre les roches irrégulières en pierre de lave de l'aménagement paysager, à environ un mètre devant le compteur de gaz. Un chat ne creuserait pas normalement entre ces pierres pointues, car les bords pourraient facilement blesser ses pattes. Il a ensuite levé la tête, ouvert la bouche et s'est plissé le nez pour me dire que quelque chose sentait très mauvais. Lorsque je me suis penchée près de Ringo, l'odeur du gaz naturel a failli me renverser.

J'ai téléphoné immédiatement à la société du gaz. On a envoyé une équipe d'urgence qui nous a dit qu'il y avait des dangers élevés d'explosion autour de notre fondation. Une veilleuse ou une étincelle à l'extérieur aurait suffi à nous anéantir. De plus, le gaz avait pénétré dans les murs de notre maison et s'était propagé jusque dans notre chambre à coucher. Notre médecin nous a dit que si nous avions pu échapper à une explosion mortelle, nous aurions quand même succombé à un empoisonnement au méthane.

Quand les plombiers sont arrivés, ils ont trouvé la fuite à environ un mètre devant le compteur de gaz — exactement là où Ringo avait creusé. Un vieux coupleur en acier s'était fendu, et la fissure s'agrandissait à cause de la rouille et de la corrosion. Ringo avait senti la fuite de gaz à plus d'un mètre sous la terre. Il nous a dirigés vers la fuite de gaz que nous ne pouvions pas sentir et que le compteur ne détectait pas. Quel nez pour prévenir des problèmes!

Après avoir aéré la maison, notre santé s'est rapidement améliorée. À cause de ce geste héroïque extraordinaire, Ringo a reçu le prix Stillman de l'American Humane Association. Seuls dix chats en presque cent ans ont reçu cet honneur. Alors que de nombreux animaux de compagnie ont sauvé leur famille en insistant pour qu'elle s'éloigne d'une situation dangereuse — et en se sauvant la vie par le fait même — il est tout à fait inhabituel pour tout animal de guider sa famille à l'extérieur pour les prévenir jusqu'à la source d'un problème mortel. Ringo, notre ange gardien, n'est plus avec nous, mais nous n'oublierons jamais son amour et son geste héroïque extraordinaire.

Carol Steiner

5

CES CHATS QUI ENSEIGNENT

Il n'y a, en effet, aucune des qualités
du chat que l'homme ne pourrait
imiter à son avantage.

Carl Van Vechten

Ma totale ignorance des chats

En 1997, je travaillais depuis un an au refuge local sans euthanasie d'animaux. Plus particulièrement, je faisais marcher les chiens et je nettoyais les enclos. Ce n'était pas un travail très prestigieux, mais il m'apportait de la satisfaction. Je me réjouissais lorsqu'un chien du refuge trouvait un foyer aimant, et je consolais par des caresses et des gâteries les cabots qui n'avaient pas été choisis. Je ne m'occupais pas des chats — étant définitivement une « personne à chien », et je concentrais mes énergies sur les aspects canins du travail de sauvetage.

À peu près à cette même époque, le refuge avait entrepris d'enregistrer une émission locale télévisée par câble sur l'adoption d'animaux de compagnie. Pour la première émission, en tant que chef des bénévoles pour la section canine, j'avais choisi quelques chiens à présenter. Mon amie Diane, bénévole pour les chats, avait aussi choisi deux ou trois chats. Au début de l'émission, Diane et moi étions ensemble devant la caméra et nous parlions du refuge. Puis, nous avions des aides qui nous donnaient les laisses des chiens qui étaient hors-champ, et nous présentions chaque chien, mâle ou femelle, en vantant ses qualités particulières. Lorsqu'on en avait terminé avec les chiens et qu'ils étaient amenés plus loin, les aides ouvraient les cages des chats et nous les apportaient.

Je n'étais pas habituée à tenir des chats et j'ai été émerveillée de leur chaleur, de leur masse compacte, de leurs beaux yeux qui nous hypnotisaient et de leur pelage fin et doux. Lorsque le chat que je tenais a commencé à ronronner dans mes bras, j'ai cru fondre au plaisir de la sensation. Je venais de me rendre compte que les chats étaient merveilleux.

Malheureusement, malgré mon nouvel amour pour les chats, j'étais destinée à « les aimer de loin », puisque j'étais (et je suis toujours) mariée et heureuse avec un homme merveilleux qui est très allergique aux chats. Je me suis résignée à prendre mes « doses félines » au refuge et à faire ma part pour trouver à ces chats orphelins des foyers aimants et permanents grâce à l'émission sur l'adoption diffusée sur le câble.

Bientôt, ce fut le moment d'enregistrer la deuxième émission. Tout allait bien. La partie avec les chiens était terminée et nous arrivions au moment d'amener les chats. Diane m'a donné un gros chat tigré orange appelé Julius, puis, comme nous n'avions pas assez d'aides ce jour-là, elle est sortie hors-champ pour prendre le chat suivant.

Je tenais Julius fermement en lui caressant le dos pendant que je parlais à la caméra — et à nos téléspectateurs — des bienfaits d'adopter un animal du refuge. Julius a commencé à se tortiller ; je l'ai tenu plus fermement afin de m'assurer qu'il ne s'enfuirait pas pour gâcher l'émission. Ses oreilles se sont inclinées vers l'arrière et il a commencé à faire un bruit profond étrange, un bruit entre un gémissement et un hurlement. Du coin de l'œil, j'ai remarqué que sa queue bougeait de droite à gauche. *Hé,* ai-je pensé, *je ne savais pas que les chats remuaient leur queue.* J'ai vite redirigé mon attention sur la caméra et je me suis concentrée à garder le cap sur mon joyeux baratin. Soudain, Julius a lancé un long cri sonore et avant même que je puisse ouvrir la bouche pour demander ce qui n'allait pas, il s'est retourné et m'a mordu la joue. J'ai crié et j'ai laissé tomber le chat.

Diane est venue en courant. Elle a trouvé Julius assis calmement sur le sol, et moi qui me tenais la joue d'un air stupéfait. Je saignais un peu, mais j'étais surtout surprise.

Nous avons arrêté l'enregistrement — heureusement, ce n'était pas une émission en direct ! J'avais eu récemment mes injections contre le tétanos et il n'y avait pas vraiment eu de mal, mais quel embarras! Quiconque connaissait le moindrement le comportement des chats aurait pu facilement éviter toute cette situation. Julius disait clairement : « Lâche-moi, idiote », si seulement j'avais compris. Ce jour-là a marqué le début de mon « éducation féline ». Je m'y suis appliquée avec diligence, et j'ai saisi toutes les occasions d'en apprendre plus sur la gent féline.

Une année plus tard, alors que j'étais en tournée pour promouvoir le livre *Bouillon de poulet pour l'âme de l'ami des bêtes*, j'ai eu l'occasion de me souvenir de la leçon de Julius lorsque j'ai été interviewée à une émission de nouvelles du matin. Le présentateur s'était organisé avec la Société protectrice des animaux pour qu'elle apporte un chat que je tiendrais pendant l'interview. La chatte, une véritable beauté délicate au pelage blanc et court, était assise, juchée bien droite sur mes genoux, et elle regardait autour d'un air nerveux. Je la tenais avec précaution, juste assez fermement pour qu'elle ne s'enfuie pas.

Pendant l'interview, je l'ai sentie qui commençait à gronder très légèrement. J'ai attendu un moment pour savoir ce qu'elle ferait ensuite. Bien sûr, elle s'est agitée davantage et sa queue a commencé à bouger d'un côté à l'autre. Il m'a fallu une nanoseconde pour la tenir autrement afin qu'elle puisse changer de position. Elle s'est installée gentiment en repliant ses pattes sous son corps et, quelques instants plus tard, elle a même commencé à ronronner.

J'ai soupiré discrètement de soulagement. Mon expérience avec Julius m'avait presque évité à coup sûr de faire une folle de moi à une émission télévisée en direct. Encore plus important, cependant, j'ai senti que j'avais officiellement reçu mon diplôme, mettant fin à cette étape initiale douloureuse et de totale-ignorance-des-chats par laquelle doit passer toute personne qui aime les chats.

Le présentateur a dit jovialement: « Ce chat semble vraiment heureux. Vous savez certainement comment vous y prendre avec les chats! »

En souriant avec modestie, j'ai dit un merci silencieux à Julius.

Carol Kline

Pierres chaudes et dures leçons

« J'ai étudié beaucoup de philosophes et de chats. La sagesse des chats est infiniment supérieure. »

Hippolyte Taine

J'avais remarqué depuis des semaines le petit matou gris au corps maigre et nerveux, avec les oreilles fendues et l'esprit combatif d'un tigre, qui rôdait dans notre cour. Comme nous vivions à la campagne, loin de tout voisinage, je me demandais comment il avait trouvé son chemin vers notre maison. Bien sûr, nous avons brisé la règle ne-jamais-nourrir-un-animal-errant lorsque nous avons vu qu'il était affamé.

« Nous devrions peut-être le porter au refuge pour animaux? » a suggéré mon mari. C'était une bonne idée, mais le chat était malin et il déjouait toutes nos meilleures tentatives pour l'attraper.

Un jour, j'ai trouvé le matou en haut dans une boîte dans la remise. Cette fois-là, il ne s'est pas sauvé lorsque je me suis approchée. J'ai grimpé et j'ai aperçu quatre chatons qui tétaient voracement, en pétrissant le ventre de leur mère avec leurs petites pattes. Notre « matou » était une « matoune »!

« Il semble que nous ayons un nouveau chat, ai-je annoncé à la famille. Tout ce que nous avons à faire maintenant est de lui trouver un nom féminin. »

Nos deux adolescents ont sauté sur l'occasion. « Louella » ont-ils proposé, et le nom est resté.

Lou était une bonne mère. J'ai déménagé ses chatons dans une boîte plus confortable dans notre garage. Quand elle voulait un peu de temps libre loin de sa famille, elle me questionnait sérieusement sur mes aptitudes à garder des chatons, tout en ne lâchant pas des yeux ses petits. Après l'avoir assurée que j'en prendrais soin, elle partait seule pendant environ une heure, et elle revenait l'air frais et dispos.

Les enfants m'ont suppliée de garder les chatons. Ils en ont baptisé un, un gris rayé comme sa mère, Reuben Caine, d'après une ballade de Joan Baez. La sœur de Reuben, qui ne ressemblait pas aux autres membres de sa famille — une beauté aux yeux bleus qui aurait pu être confondue avec une siamoise pure — a reçu le nom de Lotus. Je me suis laissée fléchir pour garder ces deux-là, mais j'ai catégoriquement refusé que l'on garde le troisième et le quatrième chaton. Ils ont été placés dans les bras d'une douce mère et de ses enfants qui avaient lu notre annonce dans le journal.

Les chatons ont grandi vite et, bientôt, nous les avons fait stériliser. Lotus aimait partir seule dans les prés et les terres qui entouraient notre domaine, mais Reuben savourait le fait d'être le fils unique, s'accrochant à sa mère et manifestant une dépendance sans pudeur. Il avait beaucoup grandi, dépassant de beaucoup sa petite maman, et il avait pris l'habitude de s'allonger sur le capot de notre voiture et de laisser à Lou le soin de le laver de la tête aux pieds.

Nos enfants aussi grandissaient, disant à qui voulait les entendre qu'ils s'apprêtaient à vivre leur propre vie, réfléchissant à diverses écoles et différents emplois. Je me tenais en retrait, posant de vagues questions sur des appartements convenables, les installations de blanchisserie, la sécurité et toutes ces choses dont s'inquiètent les mères. En vérité, j'avais une peur bleue à l'idée de les voir voler de leurs propres ailes. *Comment feront-ils pour gérer leur réveil et se lever à temps pour l'école ou pour le travail alors que je dois leur crier de se lever au moins quatre fois chaque matin? Qui fermera leur radio à trois heures du matin, quand ils s'endorment enfin?*

Un jour, à la fin de l'été, je regardais Lou qui faisait la toilette de son héritier, devenu une immense créature dont le corps pendait sur le devant de la voiture. Reuben Caine était dans sa pose d'extase habituelle, les yeux fermés de pur bonheur, les pattes étirées afin que maman puisse nettoyer à fond chaque parcelle de son corps. *Quel spectacle ridicule,* ai-je pensé.

Et comme si elle m'avait entendue, Lou a cessé son léchage vigoureux et a regardé Reuben. Avait-elle une révélation? Son Seul et Unique a ouvert les yeux d'étonnement. Qu'est-ce qui avait interrompu les ablutions? Puis, la bonne petite maman chat a fait une chose étonnante. D'un coup de patte, elle a poussé son énorme fils en bas de la voiture. Il est tombé avec un bruit sourd. Hébété, il a regardé Louella. Nous pouvions lire ses pensées: *ce doit être une erreur.* Cependant, l'expression d'adoration qu'il y avait habituellement sur la face de sa mère était remplacée par un regard féroce. Reuben est parti honteux et s'est caché. Par la suite, Louella a traité son fils comme elle l'aurait fait pour n'importe quel félin adulte. Elle était polie, sauf s'il essayait d'envahir son espace. J'en ai pris bonne note.

L'automne venu, j'ai regardé mes enfants faire leurs bagages. Mon fils s'est plaint: « Je n'arrive pas à trouver ma cassette des Rolling Stones. »

« Ma valise n'entrera pas dans ma voiture », a dit ma fille avec juste le bon ton de pathétisme dans la voix. « Crois-tu que papa pourrait me bricoler un support ou quelque chose du genre? »

« Sais pas », ai-je dit légèrement, en me dirigeant en bas et en ressortant mon chevalet de la pièce de rangement. Il me restait quelques jours avant que mes devoirs d'enseignante me rappellent au travail. J'ai frotté une allumette, j'ai chauffé le bouchon des tubes de peinture à l'huile qui avaient été rangés depuis des années. Rose garance, jaune ocre, terre de sienne brûlée, rouge titien. Le nom des couleurs me charmait, et l'odeur de l'huile de lin et de la térébenthine me ramenait à ces cours au collège, quand j'ai finalement appris à tout ignorer, sauf les pinceaux, la peinture et le canevas vierge devant moi. J'ai cessé de porter attention aux bruits de la maison, j'ai cessé de penser qu'ils changeraient beaucoup dans peu de temps, quand les enfants seraient partis. J'ai plutôt tenté d'écouter les bruits au loin. Une corneille a crié, sa voix accentuée dans le silence. En trempant mon pinceau dans la peinture, j'ai contemplé le paysage à l'extérieur de ma fenêtre et j'ai commencé à peindre. Je ne sais pas comment la chatte s'est glissée dans mon tableau, mais voilà que Lou était là, assise dans l'herbe dorée de l'automne, le portrait de la grâce et de la sérénité d'un félin. Je n'ai pu m'empêcher de me demander si elle était reconnaissante que nous ayons, avec l'aide de notre vétérinaire, pris des dispositions pour que ses jours de maternité soient terminés.

* * *

Nos enfants ont quitté la maison, ont fait quelques erreurs, ont téléphoné à la maison et n'ont pas téléphoné à la maison.

Et ce ne fut pas la fin du monde.

Louella, libérée de ses devoirs de mère, trouvait le temps de se prélasser sur les pierres chauffées par le soleil devant notre maison. Elle avait aussi l'habitude de se promener seule chaque soir et d'aller s'asseoir sur un coteau à l'ouest de notre domaine, jusqu'à la noirceur. « Lou regarde encore le coucher de soleil », me disait mon mari en revenant du travail. Quant à moi, ayant besoin d'une pause dans la correction d'une pile de devoirs, je m'arrêtais un moment, je me frottais les yeux et je rejoignais Lou pour regarder le paysage qui perdait ses couleurs et qui se transformait en une étude sereine du crépuscule — deux mères profitant de la paix qui arrive lorsqu'une phase de la vie se termine et qu'une nouvelle commence.

Joan Shaddox Isom

Un chaton donne tout son sens
à l'expression « rentrer à la maison ».

Pam Brown

Un autre recommencement

Un recommencement, c'est comme se préparer pour un voyage excitant dans un endroit où nous ne sommes jamais allés auparavant. Ou c'est comme « tomber » en amour sans parachute. Il y a toujours la promesse d'aventure et aucune garantie de sécurité quant au résultat.

Lorsque mon chat de douze ans a fait une crise cardiaque et en est mort, mes enfants adultes m'ont suggéré de me procurer un chaton. Je n'étais pas certaine d'être prête pour ce recommencement. Peu importe à quel point l'aventure peut être tentante, pour la première fois de toutes ces années où j'ai aimé les animaux, je n'étais pas certaine si je devais continuer d'accueillir des animaux dans ma vie. Même si j'avais encore mon chien de cinq ans, un autre chat de douze ans et un perroquet, j'avais l'impression que je devenais peut-être égoïste à mon âge en accueillant un autre animal chez moi. Lorsque, dans la trentaine, j'avais adopté un animal, j'avais bon espoir de lui survivre. Aujourd'hui, ayant plus que doublé cet âge, je n'avais plus cette certitude. L'animal pourrait bien me survivre. Et puis après? Je n'avais jamais pensé au futur dans ces termes auparavant, et je n'étais pas à l'aise en pensant ainsi maintenant.

Il y avait d'autres raisons de ne pas avoir de nouvel animal dans la maison. Je me disais : *Sois raisonnable. Sois pratique. Il y a des avantages. Moins de travail pour nettoyer la litière. Moins d'argent dépensé pour la nourriture. Moins de visites chez le vétérinaire. Lorsque le seul chat qui reste sera parti, ce sera terminé tout ça. Plus de chats. Éventuellement, plus d'animaux. Et j'aurai plus de liberté.*

Mais il y avait maintenant dans la maison des ombres que je n'avais jamais remarquées auparavant, et il y régnait un calme qui semblait inquiétant. J'avais toujours eu deux — parfois trois ou quatre — chats d'intérieur. Maintenant, le seul qui restait, et qui avait toujours fait la toilette des autres quotidiennement, dormait avec les pattes repliées autour d'un animal en peluche. Quelque chose manquait à sa vie et il le savait. Le chien, qui avait été un compagnon affectueux pour son ami chat décédé, semblait apathique. Il s'ennuyait. Il dormait davantage, et moi aussi.

Oui, c'était maintenant plus facile. Trop facile. Un jour, j'étais couchée et j'essayais de me persuader de rester au lit encore une heure, puis une autre. En réalité, lorsque j'ai fait le décompte de toutes les histoires tristes auxquelles je pouvais penser et à tous les animaux à qui j'avais dû dire adieu, j'ai cru qu'il serait plutôt facile de rester au lit pour la journée entière. Après tout, qu'avait à offrir le monde extérieur? Des problèmes, voilà. Si je ne sortais pas, pourquoi même me donner la peine de m'habiller? Qui le saurait de toute façon, puisque je portais mon long manteau pour promener le chien?

« Tu as besoin d'un chaton », m'a dit un jour ma fille alors qu'elle me regardait en fronçant les sourcils, devinant mon état d'esprit. « Cet endroit a besoin d'un peu de piquant. »

C'est ainsi que Sunny est venu vivre avec moi. Une petite chose rescapée des bois, il est arrivé dans les bras de ma fille, rééduqué, lavé, débarrassé des puces et vacciné. « Il est parfait pour toi », a-t-elle annoncé. Je n'en étais pas encore arrivée à cette conclusion. Pas plus que Sunny.

Il ne lui a fallu qu'une seconde pour se retrouver sur le tapis du salon, mais, à cet instant, le silence a quitté ma maison — sortant par la porte avant — et le chaos est entré sans prévenir. Le chien a couru après le chat. Le chat plus vieux a sifflé et craché. Les deux se sont ligués contre le petit nouveau. *Quelle ingratitude,* ai-je pensé. Et moi qui m'étais inquiétée en croyant qu'ils se sentaient seuls, en profonde dépression, voilà qu'ils rejetaient ma solution.

« Suis-je trop vieille pour tout cela ? » ai-je dit à un certain moment au cours de cette première soirée, alors que j'essayais d'attraper le chaton qui s'était caché au sous-sol.

« Je suis trop vieille pour tout cela », ai-je répété après quatre excursions au sous-sol, deux genoux raides après m'être agenouillée sur le plancher de la cuisine, deux tentatives de me faufiler sous le lit pour attraper un Sunny, qui, terrorisé, s'était caché du chien qui montait la garde.

Épuisée et certaine d'avoir fait une erreur, j'ai supplié: « Reprends-le, je suis trop vieille pour tout cela », dès que ma fille est venue le lendemain. À ce moment-là, j'étais sérieuse; j'y *croyais*.

Je me tenais dans la cuisine, les larmes aux yeux. Je ne pleurais pas seulement pour le chat, qui était déjà parti dans ma tête, mais pour cette partie de moi qui avait aussi disparu. Mon enthousiasme à essayer des choses nouvelles. La foi en mes capacités. L'énergie de le faire.

Je voulais que tous ceux qui m'avaient dit que *j'étais* assez jeune soient ici, courant après ce chaton. Je voulais qu'ils soient avec moi à cinq heures du matin quand Sunny se levait et décidait de m'attaquer les pieds sous la couverture, puis quand il réveillait tous les autres animaux dans la maison. Je voulais qu'ils soient là quand il explorait l'abat-jour jusqu'à ce qu'il renverse la lampe, ou quand il décidait de tout réorganiser sur la table de la cuisine, déplaçant toutes les serviettes, les cuillères, les verres remplis d'eau et, bien sûr, toute nourriture appétissante dans les assiettes qui ne demandait pas mieux que d'être partagée. Je savais cependant que je ne pouvais pas blâmer Sunny pour tout. C'était tout simplement trop difficile de recommencer. D'aimer de nouveau. De prendre encore la responsabilité. J'avais peur, car je ne savais pas si j'en étais encore capable. Et je ne voulais pas trouver la réponse.

Pendant que je me tourmentais à propos de son avenir, Sunny s'était installé dans un panier et faisait une sieste. Le soleil se reflétait sur sa fourrure beige. Le vieux chat avait abandonné son animal en peluche pour s'asseoir près du panier, soudain intéressé au nouveau membre de notre famille. Le chien, épuisé par ses devoirs de gardien du chaton, s'était installé pour partager le même endroit ensoleillé. C'était comme s'ils comprenaient que les choses étaient différentes. Rien ne serait plus jamais pareil. Quelque chose était parti, et quelque chose d'autre était entré. Ils devraient maintenant s'ajuster. Je comprenais le message dans leurs yeux. Nous pourrions le faire ensemble, accepter le changement, et peut-être même prendre plaisir au défi d'un recommencement — mais seulement si je le veux bien.

Le lendemain, Sunny a fait l'inspection de la cuisine avec un nouvel intérêt. Quelque chose avait changé, et il l'avait remarqué immédiatement; il pleuvait pour la première fois depuis qu'il était venu vivre à la maison. Les gouttes d'eau frappaient sur la toiture et faisaient des bruits fascinants. Il regardait vers le haut tout en explorant chaque pièce, comme s'il s'attendait à ce que le bruit qu'il entendait finisse par descendre et se présenter. Ce n'étaient que des gouttes de pluie, mais le bruit était nouveau pour lui. Soudain, à travers ses yeux, la pluie qui tombait est devenue agréablement merveilleuse pour moi aussi.

Je me suis précipitée pour m'habiller. Sunny commençait ses aventures tôt, et je ne voulais pas en manquer une.

Harriet May Savitz

Le sourire de Solomon

D'accord, je l'admets. J'avoue que j'étais toujours en train de polir les poignées de porte. Vous connaissez le genre. Chaque boîte de conserve dans le placard était alignée au millimètre près, l'étiquette en avant. Aucune boîte à l'envers, pas de bosselure sur la boîte (le risque de botulisme, vous comprenez!), et l'étiquette en parfait état, jamais déchirée ni décollée. La classification était aussi importante que l'apparence. Les légumes étaient rangés avec les légumes, les fruits avec les fruits. Par contre, les pois n'étaient pas à côté du maïs. J'avais de bonnes raisons. De toute évidence, la couleur: les pois sont verts et le maïs est jaune. De plus, on sait tous que les pois sont des légumes. Ainsi, les pois et le maïs ne pouvaient pas être placés de façon à se mélanger sans discernement sur une même tablette.

Ailleurs dans la maison, un tableau qui n'était pas droit me faisait sourciller. Un tiroir ouvert où dépassait de quelques centimètres une chaussette, et je partais à la recherche de la bouteille d'antidépresseurs la plus proche. Je n'ai pas besoin d'ajouter qu'une poussière n'avait aucune chance dans ma maison. Non seulement vous pouviez manger sur le sol, mais vous pouviez aussi y pratiquer une opération à cœur ouvert.

Jusqu'à ce que j'aie un chat.

Comme vous l'avez probablement remarqué, les chats demeurent notoirement indifférents aux désirs des autres. Ce n'est pas qu'ils sont dédaigneux, mais étant plutôt élégants et aristocrates, ils peuvent se réclamer sincèrement de descendance royale et manifester dans leur comportement la quintessence même d'une attitude majestueuse. Leur regard inébranlable n'est rien de moins que royal. Observez leur incroyable talent de gymnaste et leur facilité à se catapulter dans des endroits que nous aurions cru inaccessibles, et vous comprenez l'étendue de leur manque total de respect.

Il y a plus — ils ont de la fourrure.

La fourrure qui tombe partout, la fourrure qui couvre les coussins des canapés et les tapis, la fourrure qui se retrouve dans votre dentifrice et sur votre petite robe cocktail noire. De la fourrure qui se dépose même dans un coin obscur du fauteuil — ressemblant à une version repoussante d'une friandise collante en forme de Tootsie-Roll — comme une boule de poils.

Vous pouvez vous imaginer quelle difficulté j'ai eue à relâcher mon emprise. La flexibilité n'est pas mon fort. Cela ne l'a jamais été. Je crois que c'est génétique.

Enfant, on m'a imposé tout un lot de créatures au sang froid achetées pour remplacer des animaux de compagnie câlins qui nécessitaient beaucoup de soins. Pas de chiots ni de chatons pour moi! Mes parents, qui travaillaient tous les deux à l'extérieur, m'ont persuadée qu'un poisson rouge ou une tortue pouvaient être aussi satisfaisants qu'un animal chaud et poilu. Un pot-de-vin sous forme de tablette de chocolat Caravan (vous vous en souvenez?) et une bouteille de soda Jersey Cream étaient toujours une alternative à quelque chose de « chaud et poilu » et semblait toujours plus attrayant. Je crois que j'aurais accepté une pomme de terre au four au fond d'un aquarium si on l'avait préparée avec assez de sucre.

En tout cas, après avoir été privée d'un animal de compagnie pendant plus de cinquante ans, je me suis enfin décidée d'avoir l'animal que j'aurais toujours rêvé de posséder lorsque j'étais enfant. Grâce à un appel désespéré de son propriétaire dans la section des animaux à donner, bien cachée dans les annonces classées, un chat Ragdoll (un siamois croisé avec un persan) est venu vivre avec moi. Solomon, mon gentil et craintif chat-Bouddha au sourire de Mona Lisa, s'est aussi révélé être l'instrument d'une transformation étonnante qui change une vie.

Premièrement, j'ai cessé de porter du noir. J'ai même rangé la charmante petite robe cocktail noire. Il faut dire que j'aime *vraiment* le noir. C'est dramatique. En fait, j'ai cessé de porter tout vêtement foncé. Je n'en avais simplement pas envie. C'était trop embêtant. Par contre, c'était plus compliqué pour les meubles et le tapis. Combien d'heures par jour voulais-je réellement consacrer à passer l'aspirateur? J'ai décidé que je n'en avais pas envie.

J'ai aussi choisi d'ignorer les longs poils blancs de la consistance d'un fil de pêche. Quand j'arrosais mes plantes de maison, je les regardais en plissant les yeux, de façon myope; le chandail de duvet blanc de chat qui enveloppait les feuilles les rendait plus pleines. J'ignorais les traces de pattes poussiéreuses qui parsemaient mes dessus de comptoir, les appareils électroménagers et les portes vitrées de mon vaisselier. On pouvait les faire disparaître facilement en utilisant la manche de mon chemisier. Est-ce que je voulais vraiment suivre mon chat partout dans la maison de façon obsessive avec un chiffon et une bouteille de Windex? Non, merci; je n'en avais pas envie.

Je ne pouvais pas le croire! Est-ce que j'avais vraiment dit: *Je n'en ai pas envie*?

Je ne suis pas certaine du moment où j'ai eu la révélation, mais la lumière m'a frappée de plein fouet comme un semi-remorque rempli de denrées périssables en retard pour une livraison. J'ai vraiment lâché prise, j'ai décompressé. Je me suis retrouvée sur le chemin du changement, en disant adieu à ma fixation sur la propreté. Sans même m'en rendre compte, j'avais fait un choix qui transforme une vie. J'avais opté pour une vie pleine de fourrure, une ambiance duveteuse en permanence, un monde plus doux avec un peu moins de lustre.

Ne vous méprenez pas. Je ne dis pas que je suis devenue Oscar Madison. Je n'essuie pas encore mes mains tachées de confiture sur les rideaux. Ce que j'ai fait, c'est de me donner, à moi et à ceux qui vivent dans la même maison, beaucoup de corde. Les pois et le maïs cohabitent amicalement ensemble sur la même tablette dans le garde-manger, il peut passer des jours avant que je remarque un tableau qui n'est pas droit, et les chaussettes peuvent bien pendre jusqu'au prochain lavage. J'économise une fortune sur les ordonnances.

En vérité, je suis assez fière de moi. Lorsque des amis s'étonnent de ce qui m'est arrivé (dans le bon sens), je sais ce qu'ils veulent dire. Je me reconnais à peine moi-même. Je ne m'inquiète plus des choses insignifiantes qui n'importent pas — laissez-moi vous confier: je me sens merveilleusement bien!

Sharon Melnicer

La science de Willa

« Willa Cather a encore passé la matinée assise sous l'arbre », a fait remarquer Alan.

Je n'avais pas besoin de demander ce que Willa faisait sous le pin de plus de trente mètres qui surplombait notre cour arrière. Elle s'accroupissait sous les branches jour après jour, en espérant qu'un oiseau tombe de son nid.

Willa, qui ressemblait à un pingouin trop gras, était la moins athlétique de nos quatre chats. Lorsqu'elle était jeune, elle n'a jamais chassé comme ses frères et sœurs. Elle préférait de la nourriture en boîte, servie deux fois par jour. Maintenant qu'elle était vieille et lourde, Willa s'intéressait encore moins à la chasse. Elle s'accroupissait sous l'arbre, la tête inclinée vers le haut, les yeux fixes. Willa savait que les oiseaux avaient des nids. Elle doit avoir pensé qu'éventuellement elle aurait de la chance.

Le lendemain, notre obèse Willa a repris sa place habituelle, les moustaches frémissantes.

« Cela ne marchera pas, lui ai-je dit. Les oiseaux ne tombent presque jamais des arbres. Sois réaliste. »

Willa n'a pas tenu compte de mon conseil et s'est assise sous l'arbre pendant tout le printemps.

Un jour, Willa ne s'est pas installée à sa place habituelle.

Enfin, elle a compris. J'avais tort. Willa avait apparemment compris que son plan était irréalisable et, au début de l'été, elle a peaufiné son plan.

Un soir de juin, j'ai demandé: « Qui a apporté la souris? »

« Je m'en occupe, a répondu Alan. Ce doit être Thackeray ou Dickens. »

Je n'ai rien ajouté, mais j'avais des raisons de croire que ce n'était ni l'un ni l'autre des garçons. Thackeray avait dormi tout l'après-midi, et Dickens ne chassait jamais les souris. Il restait Charlotte Brontë, ou... non, c'est impossible.

Des souris mortes continuaient d'apparaître. Notre curiosité s'est transformée en étonnement lorsque nous avons conclu que Willa, et Willa seule, pouvait attraper les souris. Tout de même, nous ne pouvions pas y croire tout à fait.

« Comment s'y *prend*-elle? Elle est trop grosse et trop vieille pour chasser. »

Le lendemain, je l'ai suivie. « Elle ne va pas loin, ai-je dit. Il y a de nombreuses souris sous le tas de bois. »

Vers la fin de l'été, j'ai suivi Willa dans la cour arrière. J'ai apporté une chaise et une grosse tasse de café, prête à une longue attente. La chasse aux souris avec Willa n'est pas un sport qui convient aux impatientes. J'ai attendu et j'ai observé.

Willa avait un plan ingénieux. Elle grimpait sur le tas de bois et s'accroupissait au-dessus du trou. Elle restait perchée là, sans bouger, jusqu'à ce que sa proie baisse la garde. Lorsqu'une souris s'aventurait à l'extérieur, la patte noire de Willa l'assommait.

Cet été-là, Willa a exterminé toute la bande de rongeurs. L'un après l'autre, ils ont été victimes de sa patte patiente.

* * *

Willa s'étire sur mes genoux. Elle vient d'avoir seize ans, et demain nous avons rendez-vous chez son vétérinaire. Elle a le cancer. Il n'y a rien d'autre à faire.

Je caresse le pelage de Willa et je me rends compte à quel point je suis chanceuse de l'avoir connue. Une chatte intelligente. Elle m'a enseigné un avantage de vieillir : savoir où vous positionner afin qu'ainsi ce que vous cherchez vienne à vous.

Willa me regarde.

Je pourrais jurer qu'elle sourit.

Kate Reynolds

Apprendre de Roscoe

Roscoe est un petit chat mâle intelligent. Autrefois sauvage, il a été assez futé pour se précipiter dans notre maison il y a trois ans, en passant devant mon mari, Roy, qui tenait la porte ouverte pendant qu'il ramassait le bol vide de nourriture.

Plusieurs semaines auparavant, Roscoe avait peut-être jeté un coup d'œil à l'intérieur et il avait vu April (qui avait aussi été sauvage) couchée en rond paisiblement sur son lit douillet. Ou peut-être aimait-il les douces caresses que Roy avait osé lui prodiguer deux jours plus tôt, à l'heure de la bouffe. Roy suivait un plan pour s'approcher davantage de Roscoe chaque jour, et il jure qu'il a vu une ampoule s'allumer sur la tête de Roscoe le jour où il a commencé à le caresser. *Depuis combien de temps cela dure-t-il ?* a pensé Roscoe. Roy est assez futé pour connaître à peu près toutes les pensées du chat. (L'inverse est aussi vrai, dit Roy: « Roscoe lit dans mes pensées. »)

C'est un Roy rempli de joie qui lui a donné le nom de Roscoe. Roy n'avait pas eu de chat mâle depuis avant notre mariage. Il y avait chez Roscoe quelque chose de vif, d'exubérant, de curieux et une soif d'apprendre pour lesquels le nom *Roscoe* semblait approprié pour Roy. Nous allions bientôt apprendre à quel point Roscoe est intelligent. Il est aussi très beau — presque tout noir, avec des pattes blanches, une bavette blanche, des moustaches blanches et un adorable sourcil blanc (du côté droit).

Revenons à son intelligence. Il a appris à se servir de la litière en une journée. Il n'y avait rien de particulier à cela. Nos autres chats sauvages l'ont appris aussi vite. Il a appris immédiatement que la nourriture provient de la cuisine. Encore là, c'est normal. Il ne quête jamais à la table, il ne s'immisce jamais dans la préparation de la nourriture. Cela ne veut pas dire qu'il sait rester loin du comptoir. Il a, par contre, appris très tôt à ne pas y grimper *quand nous sommes autour*. Nous avons appris à enlever toute nourriture lorsqu'*il* est dans les parages. Comme les autres chats sauvages avec qui nous avons vécu, il n'est plus intéressé à sortir. « Il l'a *déjà* fait », affirme Roy.

Il est aussi curieux au-delà de tout ce que nous avons vu chez un chat. Lorsque le réparateur était étendu sur le sol pour fixer des parties internes du lave-vaisselle, Roscoe est presque entré dans la machine avec lui. Quand l'homme qui nettoie la fournaise était debout avec nous dans la cuisine pour nous expliquer les complexités de sa visite, Roscoe a grimpé sur le dossier de la chaise la plus proche pour faire partie de la conversation. Notre vétérinaire, qui observait Roscoe pendant que ce dernier examinait la salle d'examen, a proclamé Roscoe le chat le plus sûr de soi qu'il n'avait jamais vu.

Le soir, cet astucieux petit chat avait appris que se coucher brièvement sur la poitrine de Roy était un pur plaisir — pour les deux. Roscoe repose sa tête à quelques centimètres seulement du visage de Roy, il replie ses pattes et fait un grand soupir qui suscite chez Roy le même soupir de contentement. Avec moi la nuit, il niche sa tête sous mon bras pour mordiller quelque peu ma chemise de nuit. Il n'a jamais mis tout son corps sur ma poitrine. Jusqu'à tout récemment, un jour mémorable.

Jusque-là, je considérais Roscoe surtout comme un petit garçon à qui l'on devait enseigner les règles pour gérer son nouvel environnement et ses compagnons. Je pensais aussi qu'il était surtout le petit compagnon de Roy. J'ai cependant appris ce jour-là qu'il est aussi mon bon ami, capable de beaucoup de réconfort et d'amour. Nous venions de recevoir un appel téléphonique de ma chère cousine Joan, l'une de mes vraies amies depuis de nombreuses années. Son message était court: cancer des poumons. Métastases au cerveau. Pronostic sombre. Roy et moi nous sommes étreints un long moment après l'appel, nous échangeant des mots tendres. Je suis allée à l'étage pour m'étendre, incapable de faire quoi que ce soit, sauf frissonner devant la nouvelle et fixer le plafond. Soudain, Roscoe est venu me rejoindre et — miracle des miracles — il a grimpé doucement sur ma poitrine. Qu'avait-il compris? Nous sommes restés étendus là pendant une heure ou plus, chacun écoutant la respiration de l'autre. Il soupirait occasionnellement, et je faisais de même en pensant à la tristesse de la vie. Mais je pensais aussi à la beauté de la vie — à sa magnificence, à sa richesse — pendant que je remerciais pour la présence de cette créature spéciale venue me tenir compagnie.

April, qui devenait de plus en plus faible, était endormie dans le rayon de soleil qui éclairait la fenêtre du salon — indifférente à la détresse dans notre maison. Ces jours-ci, nos activités ne l'intéressent pas souvent.

Ce n'était pas le cas avec Roscoe. Il est resté avec moi jusqu'à ce que je me relève et, pendant que j'étais douloureusement consciente du départ imminent de Joan, j'étais aussi indéniablement consciente de la présence continuelle de Roscoe. C'est dans le plaisir — mieux, dans l'émerveillement — que me procurait cette créature particulière, au cours de l'heure que nous avons passée ensemble, que j'ai senti une impression de calme m'envahir. J'ai compris que toute la douleur concernant la mort prématurée de Joan s'apaiserait avec le temps, et les rappels de notre amitié précieuse seraient adoucis par la gratitude. La vie est parfois difficile, et c'était l'une de ces journées. Mais la vie peut également être belle, et c'était certainement l'une de ces journées, aussi.

En démontrant un autre de ses curieux comportements, Roscoe ne m'a plus jamais revendiquée comme son territoire de cette façon. A-t-il lu dans mes pensées, au cours de cette triste journée, alors que j'étais trop éperdue pour même me rendre compte que quelque chose était écrit là? Il se peut que je ne sache jamais pourquoi mon petit chat mâle est venu me réconforter, mais je peux encore mettre à profit la leçon enseignée par son comportement: les chats savent délicieusement comment bien vivre le moment présent — et, si nous sommes très chanceux, ils peuvent nous enseigner comment réclamer pour nous-mêmes une place au soleil.

Ellen Perry Berkeley

« Il faut que j'y aille, Helen.
Mon groupe de soutien est arrivé. »

Du temps avec Marky

Les chats regardent au-delà des apparences
— au-delà des espèces aussi, semble-t-il —
pour aller directement au cœur.

Barbara L. Diamond

Lorsque j'ai eu six ans, papa a entassé ma famille dans la familiale et il nous a conduits sur une ferme à la campagne. Au moment où nous avons finalement passé avec fracas sur la route de terre qui menait à la grange, deux heures de chemins cahoteux et tortueux avaient réduit mon estomac en bouillie. Chaque fois que la voiture me bousculait d'un côté ou de l'autre, j'avais des haut-le-cœur et des vagues de nausée m'envahissaient.

La familiale a franchi la dernière colline et s'est immobilisée doucement. Ma sœur et mon frère, Susan et Austin, se disputant la portière, sont descendus en se bousculant et se sont précipités sur le bord d'un enclos bordé d'une vieille clôture couverte d'écailles de peinture grise délavée. M. White, le propriétaire, était déjà appuyé contre la clôture. Nous avons alors entendu un vacarme de cris et de jappements, ponctué parfois par un glapissement, qui a retenu notre attention comme l'explosion inattendue d'un feu d'artifice dans un ciel noir. J'ai suivi lentement derrière, souffrant toujours de mon estomac dérangé.

La vue de plusieurs chiots qui gambadaient dans le gazon m'a réconfortée. Austin et Susan sautaient de joie, en pointant tour à tour chaque chiot.

« Celui-là ! a crié Austin. Celui au pelage blanc avec des taches noires sur la queue. Je l'appellerai Spots ! »

« Noooooon, s'est lamentée Susan. J'aime le petit brun là-bas dans le coin. Il a des reflets dorés sur les oreilles. Nous pourrions l'appeler Sunny ! »

« J'ai changé d'idée, a poursuivi Austin. J'aime ce petit gris. Il a les oreilles plus longues que mes mains. Regarde combien elles sont poilues! »

J'étais là debout, immobile comme une statue, craignant que l'énergie générée par les chiens et par ma fratrie aggrave mon mal de cœur.

Puis, j'ai vu Marky. Il est apparu comme un éclair dans mon champ de vision. En l'espace d'une seconde, j'ai compris que cet éclair était un chat — *un chat!* Il avait un pelage ondulé gris et des anneaux noirs à peine visibles sur la queue et autour des yeux. Il s'est séparé du cercle de chiots et s'est élancé vers le bord de l'enclos, exactement là où nous étions. Nos yeux se sont rencontrés. Je l'ai regardé de nouveau avec un mélange de surprise et de joie. Il n'était pas le seul à me regarder. Austin et Susan ont interrompu leurs cris et ils nous ont observés.

« Celui-ci s'appelle Marky, m'a fait savoir M. White. Ce n'est pas un chien, comme vous pouvez le voir, mais personne n'a pris la peine de le lui dire. Il est l'âme du groupe, sympathique comme pas un! »

J'ai regardé Marky encore une fois. Ses yeux, expressifs et directs, posaient une question. Ma réponse a dû le satisfaire, car un moment plus tard, sa queue frétillait d'un côté et de l'autre sur le sol poussiéreux. Il agitait sa queue!

« Il doit t'aimer, a dit M. White avec un petit rire. Il n'agite pas la queue habituellement devant les étrangers. »

« Papa, ai-je chuchoté en le tirant par la manche, je crois qu'il est fait pour nous. Regarde-le. » Comme s'il comprenait ce que je disais, Marky a tourné les yeux vers papa et l'a regardé de la même façon qu'il venait de le faire avec moi.

Nous avons conclu l'affaire immédiatement avec M. White.

Marky n'était jamais allé dans une voiture auparavant. À l'arrière de la familiale, il se faisait trimballer à droite et à gauche, en manifestant son excitation devant le paysage. Il est devenu trop excité, car après avoir émis un petit miaulement, il a vomi. Il a poussé de petits cris plaintifs, puis il s'est tu. Je suis allée sur le siège arrière et j'ai pris Marky dans mes bras. Nous avons fait tout le chemin du retour à la maison ainsi, sa tête reposant sur mes genoux.

Marky n'a pas tardé à devenir ami avec à peu près tout ce qui bougeait dans sa nouvelle maison. Son tempérament extraverti lui a gagné l'affection de tout le voisinage. Joey, le chien qui demeurait à la porte voisine, sans doute dupé par les manières canines de Marky, ou ayant simplement accepté les particularités du chat, se présentait à notre porte-fenêtre tous les soirs après le repas pour jouer avec Marky. Ce dernier était trop heureux d'accepter.

Mais lorsque chacun était occupé à autre chose dans sa vie, Marky aimait s'installer dans un coin de notre véranda, sous une rangée de bancs en bois. Il s'assoyait là pendant des heures, en fixant le ciel bleu et la cour arrière vide. Dès que j'arrivais sur la véranda et que je le saluais cependant, il sortait rapidement de sous un banc et accourait vers moi. Nous passions des heures ensemble à rôder dans les bois derrière la maison. Ce que nous faisions importait peu. Marky avait toujours le temps de jouer chaque fois que je le cherchais.

Puis, un jour, Marky n'est pas rentré à la maison après une de ses balades routinières avec Joey.

Je suis allée à l'école le lendemain, en espérant qu'à mon retour à la maison, je trouverais Marky qui flânerait dans le coin de la véranda. Hélas, il n'était pas là et une brûlure lente derrière mes yeux s'est intensifiée. Dévastée, je n'ai parlé à personne à l'école de la disparition de Marky. Le troisième jour de sa disparition, une rumeur a commencé à circuler dans les corridors de l'école à l'effet qu'un chat mort était étendu près du ruisseau qui bordait le terrain de soccer de l'école. Des idées sombres m'ont tourmentée toute la journée. Dès la fin des classes, comme j'avais trop peur d'y aller seule, j'ai couru raconter la rumeur à mes parents. Papa, sérieux et calme, a tressailli devant la nouvelle et il a quitté la maison. C'est alors qu'un vide s'est emparé de mon cœur.

On a trouvé Marky près du ruisseau. Le vétérinaire nous a informés qu'il avait probablement été empoisonné. La police a dit qu'elle ne pouvait rien faire pour attraper le coupable.

Plusieurs jours après la découverte, j'étais assise seule et malheureuse dans le coin de la véranda où Marky avait l'habitude de m'attendre, en me remémorant le bonheur qu'il avait apporté dans ma vie. Toutes les larmes que j'avais gardées pour moi ont ruisselé sur mes joues, et mon corps était assailli de petits tremblements. Après quelque temps, j'ai senti une présence à mes côtés. J'ai levé les yeux et là, près de moi, regardant le ciel bleu, il y avait Joey. Je n'ai pas bougé d'un millimètre. Je n'ai pas dit un mot. Joey m'a regardée brièvement, puis il a tourné les yeux de nouveau vers le ciel. Nous nous sommes assis là, en pensant tous les deux à nos moments passés avec Marky.

J'ai gravé en moi le souvenir de Marky pendant de nombreuses années. Lorsque grand-papa est mort, j'ai passé du temps assise avec papa devant la télévision.

Lorsque ma meilleure amie a rompu avec son premier amour, j'ai passé du temps avec elle à manger de la crème glacée et à regarder des films dans sa chambre à l'université. Quand maman a été diagnostiquée d'un cancer, j'ai passé du temps avec elle à la maison pendant qu'elle était alitée et qu'elle souffrait des effets de la chimiothérapie. Il n'était pas nécessaire de parler. J'avais appris de Marky que l'un des plus grands cadeaux que vous pouvez offrir à ceux que vous aimez, c'est de simplement leur donner de votre temps.

Joanne Liu

6

ADIEU, MON AMOUR

Le chat de la famille ne se remplace pas comme un manteau usé ou des pneus. Chaque nouveau chaton devient sa propre entité féline, et aucun ne ressemble à l'autre. J'ai l'âge de quatre vies de chats; je mesure mon âge aux amis [chats] qui se sont succédé, mais qui ne se sont pas remplacés.

Irving Townsend

Ange félin

Je l'ai connue pendant moins de vingt-quatre heures, mais elle vivra toujours dans mon cœur. Je ne peux pas me rappeler son nom, je l'appellerai donc Ange félin.

J'ai rencontré Ange félin pendant une période difficile de ma vie, un mois exactement après l'euthanasie de ma bien-aimée Couscous, une chatte d'Espagne de seize ans. J'ai adopté Cousy quand j'étais étudiante en création littéraire à Boulder, au Colorado. En rentrant à pied à la maison après mes cours, un jour de printemps, j'ai pris la rue Pearl, la rue principale de Boulder qui a été convertie récemment en rue piétonnière. La rue Pearl était toujours animée et ce jour-là ne faisait pas exception. J'ai passé devant un musicien de rue qui jouait un air de Bob Dylan; devant un mime tout vêtu d'or, au visage peint de la même couleur; devant un clown qui donnait des ballons rouges; et devant une danseuse orientale charmeuse de serpents. Pourtant, aucun de ces numéros n'était aussi intéressant que le drame qui se déroulait au coin de la rue.

Un jeune garçon était devant un glacier avec une grosse boîte à ses pieds. Il tenait une affiche sur laquelle était écrit: « Chatons gratuits ». Une femme, qui devait être sa mère et qui me rappelait Cruella DeVil, se tenait près de lui et criait: « Je me fous de ce que tu feras de ces chatons. Tu ne les ramènes pas à la maison. »

Sans hésiter, je me suis frayé un chemin à travers la foule qui s'était réunie, je me suis agenouillée et j'ai pris le plus petit des chatons dans la boîte. « Je vais prendre celui-ci, ai-je dit, et je reste jusqu'à ce que nous trouvions des foyers pour chacun d'eux. » Le soulagement s'est lu sur le visage du garçon; sa mère a continué de ronchonner.

Le premier soir, après avoir partagé une boîte de thon pour le souper avec Couscous, je me suis glissée dans le lit et je l'ai installée sur la douce couverture de finette que j'avais placée à mes pieds. Dès que j'ai éteint la lumière, Cousy s'est glissée jusqu'à mon oreiller, a tourné en rond sur mes cheveux, qui m'allaient à la taille, jusqu'à ce qu'ils soient étendus à son goût, puis elle s'est lovée dessus et a appuyé sa tête sur mon épaule. Son ronronnement de bébé m'a bercée jusqu'à ce que je m'endorme, ce qui compensait largement pour le cou ankylosé dont j'ai souffert le lendemain au réveil.

Couscous a été ma compagne fidèle, de l'âge de vingt-quatre ans jusqu'à quelques mois avant mon quarantième anniversaire. Elle était là lorsque mon premier livre a été publié. Elle était là lorsque j'ai rencontré mon mari. Elle était là lorsque grand-maman est morte. À la fin de sa vie, Cousy souffrait d'une thyroïde hypertrophiée, de cancer et d'une insuffisance cardiaque congestive. Je savais que mon plus grand geste de bonté était de la faire endormir. Mais c'était quand même difficile.

Deux semaines après la mort de Cousy, je devais partir en tournée pour mon livre. J'ai embrassé mon mari et, le cœur lourd, je me suis envolée vers la Californie. La tournée fut un énorme succès. Non seulement a-t-elle contribué à me faire vendre des livres, mais elle m'a aussi distraite de ma peine, du moins pendant la journée. À la fin de ma journée de travail, seule chaque soir dans une chambre d'hôtel différente, je fermais les yeux, je voyais la face de Cousy et je pleurais jusqu'à ce que je m'endorme.

Après la tournée, ma chère amie Lili est venue me chercher à San Francisco et m'a emmenée en voiture chez elle à la campagne pour une courte visite et un repos bien mérité. Nous sommes arrivées tard dans l'après-midi. Orca, le chat noir et blanc de Lili, est accouru pour nous accueillir. En voyant Orca, un chat que je connaissais bien, je me suis sentie réconfortée et attristée à la fois.

« Est-ce que ta colocataire a un chat ? » ai-je demandé à Lili pendant que nous préparions le souper.

« Oui, elle a une gentille petite chatte calico de seize ans, a répondu Lili. Par contre, tu ne pourras pas la voir. Elle ne se montre pas lorsque ma colocataire est en dehors de la ville. C'est la chatte d'une seule personne. »

« Viens ici, minou minou. » J'ai regardé sous le canapé, dans les penderies et derrière les meubles, voulant à tout prix rencontrer la chatte qui était née la même année que Couscous. En vain, la petite calico n'était nulle part en vue.

Ce soir-là, Lili et moi avons enfilé des robes de nuit en coton et nous sommes montées dans le lit comme deux jeunes filles qui avaient une soirée pyjama. Orca s'était couché dans l'entrée et montait la garde contre des intrus potentiels. Dès que Lili a éteint la lumière, quelque chose a atterri sur le lit avec un bruit sourd.

« Bonjour, Orca, a murmuré Lili. Installe-toi et ne bouge plus. »

J'ai soupiré longuement pendant qu'une grande tristesse m'envahissait. Je n'avais pas besoin d'expliquer quoi que ce soit à Lili. Comme elle aimait les chats, elle comprenait et, sans un mot, elle m'a tendu un papier mouchoir pour essuyer mes larmes.

Un moment après, quelque chose d'autre a atterri sur le lit avec un bruit sourd, mais cette fois plus léger. « Qui est là ? » a murmuré Lili.

« Ce doit être la chatte de ta colocataire », ai-je répondu en chuchotant aussi.

« Impossible. Orca ne la laisserait jamais monter ici. Ils ne s'entendent pas. » Lili s'est assise et a allumé la lumière. Là, au pied du lit, il y avait la douce vieille chatte calico qui me fixait du regard.

Lili était étonnée. « Je ne peux pas le croire, a-t-elle dit. Je vis ici depuis plus de deux ans et Orca n'a jamais voulu une seule fois la laisser entrer dans ma chambre, encore moins monter sur le lit. Elle doit t'aimer. » Lili a ensuite regardé Orca. « Sois gentil », a-t-elle ajouté d'un air sévère. Orca a simplement ronronné. « Quel bon chat tu es, a complimenté Lily. Je suis très fière de toi. »

« Bonjour, jolie fille », ai-je dit à la petite calico qui, en réponse, a lentement cligné ses grands yeux jaunes. Je me suis recouchée et dès que Lili a éteint la lumière, la petite chatte s'est glissée jusqu'à mon oreiller, a tourné en rond sur mes cheveux, qui m'allaient à la taille, jusqu'à ce qu'ils soient étendus à son goût, puis elle s'est lovée dessus et a appuyé sa tête sur mon épaule. Son ronronnement de vieille chatte m'a bercée jusqu'à ce que je m'endorme, ce qui compensait largement pour le cou ankylosé dont j'ai souffert le lendemain au réveil.

J'ai pleuré jusqu'à m'endormir ce soir-là, comme tous les autres soirs depuis un mois, mais ces larmes étaient différentes. C'était de la joie mêlée à mon chagrin, car je comprenais que Couscous m'avait envoyé un message du Paradis des chats par cet ange félin. Couscous voulait me faire savoir qu'elle allait bien, et que j'irais bien aussi. Et même si elle n'était plus avec moi, elle n'était jamais très loin.

Ange félin était encore sur mon oreiller lorsque je me suis réveillée le lendemain matin. Elle est restée près de moi pendant que je déjeunais, que je faisais mes bagages et que je me préparais à partir. J'ai eu de la difficulté à lui dire adieu. Elle est décédée quelques mois après ma visite. Quand Lili m'a appris la nouvelle, j'ai décidé qu'il était temps que j'aie un autre chat. Mon mari et moi avons adopté Princesse Sheba Darling, un Turc de Van blanc avec des marques grises sur la tête et sur la queue, et Precious Sammy Dearest, un matou orange et blanc. J'aime penser que Couscous et Ange félin nous regardent tous les quatre d'en haut, ronronnant d'approbation.

Lesléa Newman

Un cycle complet

Les animaux sont des amis si agréables —
ils ne posent pas de questions; ils ne critiquent pas.

George Eliot

Posh était un magnifique chat blanc à poils longs, aux épaules larges et aux membres longs, avec une longue queue touffue et des moustaches blanches comme des ramures qui encadraient sa gueule. Il avait été abandonné après la mort de son gardien et laissé à lui-même pour survivre. Même s'il avait été jeté dehors, il restait près de la maison vide où il avait déjà vécu. Environ un mois plus tard, un homme, qui est éventuellement devenu *son* humain, a acheté la maison, a écouté le récit indigné des malheurs de Posh, et l'a emmené à l'intérieur, cimentant sur-le-champ leur amitié.

J'ai rencontré Posh quelques années plus tard, en 1992. Il était probablement au début de l'âge mûr et en bonne santé. Il semblait avoir totalement surmonté les effets de l'abandon qu'il avait subi précédemment. Même si j'avais à peu près le même âge humain, je n'ai pas été aussi chanceuse. À l'époque, j'étais dans un grave état émotionnel: un collègue s'était suicidé à la suite de revers en affaires, une erreur dans ma propre pratique légale avait miné ma confiance pour rendre un bon jugement en matière juridique, et une relation personnelle en déclin avait achevé de détruire le reste de mon estime de soi. Sur une période de six mois, je suis devenue extrêmement déprimée et j'ai été hospitalisée après avoir fait une dépression nerveuse. L'humain de Posh était mon ami, et il m'a offert un endroit pour me rétablir. Posh m'a aidée à entreprendre mon rétablissement.

Au début, je ne faisais que pleurer, trop déprimée pour sortir de la maison. Pendant que mon ami était au travail, j'étais assise à la cuisine et je pleurais en écrivant mon journal, ou je me couchais en boule sur son canapé. Je n'ai pas souvenir du moment où Posh a commencé à s'installer sur mes genoux. Il se balançait sur mes cuisses, s'assoyait droit en me faisant face afin que je puisse mettre mes bras autour de lui, l'embrasser et pleurer sur son épaule. Il absorbait mes larmes et mes misères lorsque j'avais envie de parler, et il m'aimait en silence lorsque, moi aussi, j'étais silencieuse. Posh ne parlait pas beaucoup.

Posh a touché mon cœur et mon esprit comme aucun humain n'a pu le faire. Lorsque j'étais figée en pleine léthargie, il était vivant et chaud. Se précipitant pour prendre l'oreiller avant moi sur le divan-lit, il me faisait rire. Il se couchait avec moi lorsque je me mettais au lit le soir, et lorsque je me réveillais, il était couché en boule près de moi. Plus tard, j'ai appris qu'il se promenait de mon lit à celui de mon ami pendant la nuit, chacun croyant que Posh n'avait dormi qu'avec un seul d'entre nous. Posh ne donnait pas de conseils, me laissant vivre mon chagrin à ma propre manière. Son corps chaud et soyeux ainsi que son doux ronronnement calmaient ma tête affolée. Le temps ne comptait pas pour lui. Il était prêt à être avec moi tout le temps nécessaire. Je l'aimais pour ses talents de guérisseur.

Après plusieurs années, l'humain de Posh et moi nous sommes mariés, en combinant nos biens matériels ainsi que d'autres chats rescapés et adoptés. Posh se tenait à l'écart des autres; c'étaient de jeunes turbulents. Dans ma nouvelle vie, je cousais à la main des courtepointes, j'écrivais des polars de fiction qui n'ont pas été publiés, je donnais de mon temps aux refuges locaux pour animaux, j'entretenais la maison pour mon mari et pour nos chats. Lorsque je me déplaçais dans la maison, je m'arrêtais souvent pour caresser Posh pendant qu'il dormait sur notre lit.

Posh était mon enfant le plus vieux au comportement impeccable, et j'aimais sentir son poids sur mes genoux lorsque je me reposais. Souvent, il se couchait en boule pour s'y reposer pendant que je caressais son corps et sa fourrure qui s'amincissaient. Il marchait toujours vers la cuisine en rôdant, comme s'il chassait dans l'herbe longue, se frayant un chemin à travers les autres chats, comme s'ils étaient invisibles. Il dormait davantage, mangeait peu et se déplaçait avec la démarche du vieil homme qu'il était. Mon mari et moi avons pensé qu'il devait avoir au moins dix-sept ou dix-huit ans. J'ai juré que, lorsque le temps de Posh serait venu, je serais avec lui à la maison, pour lui permettre de mourir chez lui à l'heure qui lui convenait.

Ce moment n'a pas tardé à arriver. Un matin de fin d'octobre, sept ans après que j'ai connu Posh, j'ai remarqué que plusieurs des chats plus jeunes tournaient en rond dans notre chambre à coucher, en manifestant leur hâte que je vienne voir ce qui n'allait pas. Posh était couché presque immobile près de ma commode, la moitié du corps en dessous et la tête près du panier à lessive. Il a légèrement soulevé sa tête du tapis et a projeté ses yeux jaunes vers ma voix. Mon cœur savait que ce serait probablement son dernier jour.

Posh a refusé la nourriture pour bébé et l'eau que je lui offrais. Il ne semblait pas souffrir, je l'ai donc pris dans mes bras pour m'asseoir dans notre berceuse. Je l'ai installé sur mes genoux, sa tête sur ma poitrine, j'ai mis une serviette fraîche autour de lui afin qu'il se sente entouré et en sécurité. Il était si léger — trois kilogrammes au plus. Les autres chats n'ont pas sauté sur la chaise pour se pelotonner aussi, comme ils le faisaient habituellement. Ils savaient que la mort était entrée dans notre maison.

Même si j'avais plusieurs autres choses à faire, je les ai mises de côté. Tout le reste de la journée, j'ai caressé le vieux corps fragile de Posh, ses os fins si évidents à travers son pelage clairsemé. Je lui ai rappelé comment nous nous étions connus, ce qu'il représentait pour moi et combien je l'aimais. En touchant et en embrassant ses moustaches soyeuses et sa face — qui avait déjà été si animée mais qui était maintenant sans expression — je l'ai surveillé pendant qu'il glissait dans le coma. J'ai continué à lui parler, ayant tant d'autres choses à lui dire, je l'ai bercé et j'ai tenu sa douce face contre la mienne. Posh a tenu bon jusqu'à ce que son humain revienne du travail pour être avec lui une dernière fois. Mon mari, déjà en deuil, a été incapable de rester pendant que nous attendions que Posh rende son dernier soupir. Cette fois-là, c'était moi la plus forte.

Le soleil se couchait à travers les stores et les heures ne comptaient plus pendant que je réconfortais Posh, à peu près de la même manière qu'il m'avait consolée un jour. Il est mort à la fin de la journée, la lumière éclairant faiblement sa fourrure et ses yeux. Il est mort comme il a vécu — silencieusement et avec douceur — me rappelant que pendant mes dernières heures avec lui, comme lors de ses premières avec moi, l'amour donné sans compter est toujours rendu au centuple.

Andrea Rolfingsmeier

Les longs adieux

La valise était bouclée; le chien était lavé; le réservoir d'essence de la voiture était rempli. J'allais passer le week-end chez mes parents, à cinq heures de chez moi, et j'étais en retard. J'avais sorti des boîtes de nourriture pour chats afin de les remettre à Helen, la dame âgée de l'autre côté de la rue qui prenait soin de mes chats, Bob et Steve, lorsque je quittais la ville. J'ai aussi sorti une cuillère, et j'ai écrit une note: « Merci encore, Helen! »

Mais quelque chose clochait. Bob n'avait pas l'air bien. Il ne mangeait pas. Son pelage était étrange. Lorsqu'on a vécu avec un animal pendant onze ans, on sait quand ça ne va pas.

« Bob, qu'est-ce qui se passe? » ai-je demandé.

Il m'a simplement regardée. Une semaine plus tôt, je l'avais emmené chez le vétérinaire, peu après qu'un chat monstrueux et diabolique est venu dans la cour et l'a battu. Ou peut-être avait-il battu le chat monstrueux; c'est difficile à dire. Mais Bob avait encore une autre blessure de morsure. Nous connaissions cette routine: vétérinaire, antibiotiques, repos. Cette fois-ci, par contre, cela ne fonctionnait pas.

J'ai téléphoné au vétérinaire. Il m'a répondu que je devrais lui ramener Bob. J'ai appelé ma mère pour lui annoncer que je serais encore plus retardée.

« Tu t'inquiètes tellement à propos de ces animaux, a-t-elle dit. C'est pourquoi je n'en ai plus. J'ai bien assez de gens pour lesquels je m'inquiète. »

« Je sais, maman. » Elle et moi avions eu cette conversation un million de fois. Elle n'est pas entichée des animaux.

Mon vétérinaire aime Bob. La plupart des gens aiment Bob aussi. La raison, c'est que Bob ne ménage pas son amour. Bob aime tout le monde. Bob aime le vétérinaire. Bob aime les chiens. Bob aime même ma mère. Bob m'a placée tout en haut de cette pyramide d'amour. Il s'extasie de plaisir juste à me voir. Il est affreusement malheureux lorsque je quitte la ville pour plus d'une journée. Il me le fait savoir à mon retour. Il gémit. Je ne parle pas de « miaulements ». Bob gémit, un gémissement bas et guttural — et ce, pendant des heures. J'ai tout essayé pour le consoler et j'ai appris que rien ne fonctionne.

Le vétérinaire avait l'air inquiet. Il m'a parlé de l'immunodéficience chez les félins — un virus nouvellement découvert dans la famille des virus qui causent une pneumonie progressive chez les moutons, de l'anémie infectieuse chez les chevaux, de l'arthrite encéphalite chez les chèvres, et le SIDA chez les humains. Ce virus est spécifique à certaines espèces. Les chats l'attrapent typiquement par des batailles de chats, et il n'y a aucun vaccin et aucun remède.

Mon vétérinaire a fait une prise de sang. Il m'a dit que si le petit point blanc devenait bleu, cela signifierait que Bob était infecté. Il a remis le chat dans ma cage de transport bleue. Il portait une chemise bleue. Il était entouré de deux techniciens avec des blouses de laboratoire bleues. Je me souviens seulement qu'il y avait du bleu partout. Jusqu'à ce que mes yeux s'emplissent de larmes, et que je ne puisse plus très bien distinguer quoi que ce soit.

Je ne vais pas pleurer. Ce n'est qu'un chat, ai-je pensé.

« J'ai bien peur d'être porteur d'une très mauvaise nouvelle », m'a annoncé le vétérinaire. Non seulement le point était-il bleu, mais le test démontrait aussi une « faiblesse positive » pour la leucémie féline, ce qui voulait dire que la piqûre de rappel que Bob avait eue récemment n'avait pas été suffisante. Son système immunitaire était détruit. Il était mourant.

Je ne vais pas pleurer. Ce n'est qu'un chat, me suis-je dit.

Puis, j'ai pensé: *C'est... Bob!* Et je me suis mise à gémir. J'ai gémi parce que je le perdais, de la même façon qu'il gémissait quand il me perdait. Seulement cette fois-ci, la perte serait permanente.

On nous a renvoyés, Bob et moi, à la maison avec une bouteille d'antibiotiques, une seringue d'alimentation et de la nourriture liquide. Si je pouvais amener Bob à commencer à manger par lui-même, il gagnerait au moins un peu de temps, m'a-t-on dit.

Je ne suis pas allée chez mes parents ce week-end-là; j'ai pris soin de Bob. Nous avons regardé des films pendant deux jours complets. Nous avons eu une discussion sur la saveur de ses antibiotiques. J'ai déposé des assiettes de vrai thon devant lui, un mets qui le faisait accourir dans la maison, même si ce n'était que pour l'odeur. Aujourd'hui, Bob n'avait pas de réaction. Il restait simplement pelotonné sur une étagère de livres, près d'un jeu de Yahtzee.

Nous nous sommes rendus au lundi. Bob était debout et se glissait entre mes chevilles. Il a dit « Yo », ou quelque chose du genre. J'ai déposé devant lui un plat de fromage cottage et il s'est jeté dessus. Il a tout avalé.

J'ai téléphoné à tous mes amis. « Bob a mangé du fromage cottage! » Je suis sortie et j'ai rempli un panier à provisions avec de la nourriture sophistiquée pour chats — Canard Savoureux dans son jus, Pâté de foie de poulet — et toutes sortes de mets fins que Bob n'avait jamais mangés auparavant. Je pourrais peut-être l'allécher à rester en vie en excitant ses papilles gustatives. Cela valait la peine d'essayer.

Trois jours plus tôt, après avoir ramené Bob à la maison de chez le vétérinaire, j'avais téléphoné à maman pour lui annoncer que je n'irais pas la voir. Elle m'avait répété: « Tu vois, c'est pourquoi je n'ai pas d'animaux. » À ce moment-là, j'ai compris son raisonnement. J'ai pensé à mes autres animaux de compagnie et je me suis imaginée leur disant adieu à eux aussi. Je me suis imaginée vivre comme ma mère: pas d'animaux. J'ai imaginé à quel point ce serait plus sécuritaire pour elle de faire encore mieux: pas d'amis, pas de famille. Pas d'amour.

On aura beau dire que les animaux de compagnie ne sont que des animaux. Moi, je dis: une perte est une perte, et un deuil est un deuil.

Et voilà que nous sommes maintenant assis, Bob et moi. Je viens de lui offrir un plat de flétan et de morue de premier choix en aspic. Il me regarde, l'air de dire: « Es-tu sérieuse? »

« Vas-y, Bob », lui dis-je, tout en entendant intérieurement une leçon à propos de la nourriture et de l'amour, ainsi que du caractère éphémère et de la nécessité des deux.

Jeanne Marie Laskas
Publié originalement dans
The Washington Post Magazine

Une promenade avec Ace

Ace, un chat noir et blanc à poils courts, a donné un nouveau sens aux mots *loyal*, *constant* et *fidèle*. Il venait lorsque nous l'appelions, s'assoyait sur les genoux de mon mari à la fin de la journée et dormait pressé contre moi la nuit. Sa nature sérieuse et placide ainsi que sa bonne conduite lui ont valu le titre de My Good Ace.

Ace était stoïque; il ne se plaignait jamais lorsque les enfants du voisinage le transportaient autour de la maison comme une poche de patates. Ceux d'entre nous qui pouvaient reconnaître son expression attendrissante et ses yeux plaintifs comprenaient sa patiente tolérance. Il accueillait les invités avec curiosité et politesse, puis il se retirait dans ses quartiers privés, ne dérogeant que très rarement aux bonnes manières pour demander une gâterie pendant le repas. (La dinde était son plat favori d'entre tous! Les crevettes suivaient de très près, que mon fils adulte lui permettait de temps à autre.)

Ace était un chat d'intérieur qui saisissait toutes les occasions de tenter de se faufiler chaque fois que quelqu'un ouvrait la porte. Je comprenais son « appel de la nature » et, parfois, je m'assoyais avec lui sur la galerie avant et je caressais son pelage réchauffé par le soleil. Le plus souvent, je le prenais dans mes bras, son dos contre ma poitrine, et je l'amenais prendre des marches dans le voisinage. Il n'a jamais osé demander d'aventures plus grandes en essayant de sauter de mes bras pour s'échapper. (Ai-je mentionné que Ace était aussi très intelligent?) Chaque fois que je regardais sa face pendant nos promenades, il clignait des yeux et ronronnait de pur contentement, et je suis absolument certaine qu'un sourire se dessinait de chaque côté de sa gueule. Il partageait son temps entre regarder les arbres, tendre le cou vers le soleil et le ciel, ou tourner sa tête pour observer autour. Les voisins disaient parfois: « Hé, comment va Ace? » et je levais toujours sa patte avant, je l'agitais et répondais: « Il va bien! »

J'aime courir et ces courtes promenades n'étaient pas mon style d'exercice préféré. Mais invariablement, après ces marches, j'en retirais, sinon une ivresse aérobique, au moins un sentiment de calme et de bien-être. Ace et moi avons suivi cette routine pendant seize ans. Je courais le matin, avalant des kilomètres, remarquant ces coureurs avec leurs chiens en laisse qui trottaient sur leurs talons avec grand sérieux. Par la suite, pendant les après-midi d'ombre dorée et les soirées d'été parfumées, c'était devenu un rituel de marcher et de sourire avec mon chat. Nous étions une équipe, et nous aimions la compagnie de l'autre à un niveau particulier pendant ces déambulations quotidiennes. J'étais certaine qu'aucun coureur avec son chien ne pouvait connaître l'intimité de la communication silencieuse qu'apportait un rythme à pas lents et mesurés. Ace et moi étions tous les deux dans le moment présent, savourant le bonheur de notre promenade. Vers la fin de chaque marche, je le pressais contre moi et je disais: « Ace, rien ne peut être plus merveilleux. »

Seize ans, c'est très long dans la vie d'un chat et, un jour, j'ai commencé à remarquer des indices révélateurs de vieillesse. Au cours de l'une de nos promenades, le corps de Ace, autrefois mince et bien musclé, a montré des signes de perte de poids. Puis, il a eu de plus en plus soif et de moins en moins faim. Il n'a pas fallu longtemps avant que le vétérinaire nous informe que Ace avait une insuffisance rénale, une maladie fréquente chez les chats de cet âge. Même s'il était encore stimulé par le dépeçage d'une dinde fraîchement cuite, il lui fallait un peu plus de temps pour se rendre à la cuisine; graduellement, il a perdu intérêt à la nourriture. Afin de stimuler son appétit, mon fils allait chez le marchand de poisson pour le tenter avec de succulentes crevettes fraîches. Lorsque Ace n'a fait qu'une tentative symbolique pour prendre la gâterie, nous avons craint le pire.

C'était un beau mois d'octobre frais, cette année-là. Le ciel était d'un bleu à couper le souffle, et les feuilles colorées des arbres s'y découpaient comme dans un film en Technicolor. Lorsque je portais Ace pour nos promenades, il semblait plus léger qu'une plume, et je pouvais sentir chaque os de son corps. Il avait besoin d'être couvert et protégé contre l'air frais d'automne, alors je l'ai enveloppé dans une vieille couverture de bébé soyeuse. Nous faisions notre marche à midi, le moment le plus chaud de la journée. Son ronronnement autrefois puissant était maintenant laborieux. Ace ne se plaignait jamais et il faisait de petits miaulements pendant qu'il levait sa face dans le vent, essayant de se réchauffer avec le soleil.

Nous n'avons pas abandonné nos promenades, pas même la journée où j'ai su que ce serait son dernier jour. Je pouvais à peine le sentir enroulé dans la couverture, sa brave petite face qui en ressortait. Je savais à quel point il souffrait et je lui ai dit, alors que nous commencions notre marche, que ce serait correct s'il voulait abandonner.

Nous avons fait le tour du pâté de maisons et il a essayé de regarder vers le ciel et vers moi, mais il ne souriait plus. Je savais que le moment était venu. En approchant de la maison après notre dernière promenade, j'ai caressé sa tête, je lui ai murmuré mon amour en lui disant adieu.

Je commence encore mes journées en courant, et je n'ai pas abandonné les promenades dans le voisinage. Pendant les journées de printemps où tout est vert pâle, pendant l'été luxuriant avec son odeur parfumée persistante, et pendant les journées d'automne aux tons multicolores, alors que je m'approche de la maison, je regarde le ciel et je dis : « Ace, rien ne peut être plus merveilleux. »

Edie Scher

Patches

Lorsque Bob s'est réveillé au milieu de la nuit, sachant que son heure était venue, Patches le savait aussi, d'une certaine manière. Alors que j'étais couchée près de l'homme avec qui j'avais vécu depuis plus de vingt ans, j'ai senti une créature chaude et poilue se frayer un chemin entre nous, centimètre par centimètre, jusqu'à ce que son nez soit écrasé sous le cou de Bob. Elle a refusé de partir, s'accrochant au t-shirt de mon époux comme si elle pouvait l'empêcher de mourir — refusant de reconnaître qu'il était déjà parti.

Cette vieille chatte calico, à l'œil toujours larmoyant, qui semblait plus humaine que chat, a passé trois journées de deuil, couchée en rond sur les vêtements sales de Bob au fond de la penderie. Elle est enfin sortie pour s'étendre dans le jardin pour l'été, à s'étirer sous le soleil et à observer les oiseaux qui volaient sous son nez.

L'hiver suivant, j'ai placé Patches dans sa cage de voyage et nous nous sommes dirigées vers le Mexique pour quelques mois sur mon voilier à Puerta Vallarta. Elle observait les pélicans et dormait au soleil. La vie continuait.

Lorsque j'ai pris l'avion pour Zihuatanejo afin de survoler la côte avec un ami, pour faciliter les choses à Patches, je l'ai laissée avec le vétérinaire du centre commercial local. Elle le connaissait et aimait s'asseoir dans la vitrine avant pour regarder le bébé pieuvre dans son aquarium, ou pour flirter avec les passants qui faisaient leurs courses jusqu'à ce qu'ils entrent pour rendre visite à la *gata bonita*. Pour une vieille fille, elle était une dévergondée éhontée.

Lorsque je suis revenue dix jours plus tard, le triste petit paquet d'os avait des croûtes sur sa face à force d'avoir pleuré.

Le vétérinaire m'a dit: « Votre mari l'a abandonnée. Elle avait peur que vous la laissiez aussi. Elle a refusé de manger. Les dames qui faisaient leurs courses sont venues chaque jour pour la caresser. Elles ont essayé de la faire manger, mais je crois qu'elle voulait se suicider. »

Lorsque j'ai pris dans mes bras la petite chose minable à l'haleine fétide, elle a enfoui sa tête sous mon bras. Je l'ai transportée sur le bateau sous mon chemisier de coton et je l'ai couchée sur le coussin au poste de pilotage. En me retournant pour prendre mon sac sur le quai, elle s'est jetée en bas des trois marches de l'escalier menant à la cabine et elle est restée étendue sur le sol, trop épuisée pour se rendre jusque dans notre lit.

Cette nuit-là, j'ai dormi avec son nez collé sous mon menton, la culpabilité flottant autour de moi dans l'air comme un oiseau blessé. Au matin, j'ai senti quelque chose tirer mes cheveux emmêlés.

C'était Patches. « Nourris-moi, nourris-moi », miaulait-elle pendant qu'elle tournait en rond sur les couvertures. « Le soleil est levé. C'est l'heure d'observer les pélicans. » J'ai éprouvé une vague de grand soulagement.

Nous nous sommes assises sur le quai, dans le soleil du matin, et nous avons observé les pélicans qui plongeaient dans la mer. Il était temps d'aller de l'avant. Patches s'est couchée en rond sur mes genoux, puis elle m'a regardée comme si elle savait.

Mes doigts ont caressé le dessous de son menton. « Ne t'inquiète pas. Je ne te quitterai plus jamais. »

Et j'ai tenu promesse.

Carolyn Harris

Le glas a sonné pour Annabelle

Ils me l'ont retourné dans une boîte blanche qui contenait un coffre étincelant avec un tout petit crochet. En le poussant de côté, je m'attendais à voir une petite urne. Plutôt, il y avait dans la cavité un sac en plastique qui contenait des cendres — les cendres d'Annabelle, les restes de son corps.

Son esprit rôde toujours partout. Je le vois à chaque tournant. Il est dans la sécheuse, se délectant de la chaleur et attendant l'occasion d'aller de l'autre côté de la porte. Il est pelotonné tranquille dans une cage de transport, ou il ronfle sur un édredon de duvet sur le plancher de la penderie. Il est sur le coin de mon lit pendant le jour et sur mon oreiller la nuit. Et il le sera toujours.

Il a passé les quatre premières années de sa vie dans des conditions épouvantables. Je l'ai emmené à la maison pour l'aider à mourir paisiblement. Plutôt, il a repris vie. Il n'a jamais été possible de changer son nom pour Alex Bell.

Dans son nouveau foyer, il suivait les rayons du soleil dans la maison, s'assoyait sur mon épaule, dormait sur ma tête, demandait gentiment de l'attention des invités, plongeait profondément son regard dans les yeux des gens, chassait les papillons dans la cour et s'étonnait lui-même en grimpant aux arbres. Peu importait combien il souffrait, il recherchait le plaisir et il en donnait.

Constamment sous surveillance médicale, lentement, le cours de ses journées s'est transformé, de plutôt mal à plutôt bon, mais il nécessitait toujours des soins. Un jour, il s'est effondré — tout son système s'est arrêté. Le nouveau médicament si prometteur n'avait plus d'effet.

Je l'ai emmené chez le vétérinaire pour un dernier examen et une prise de sang. Il nous a donné de nouveaux médicaments et nous a demandé d'attendre les résultats. Le deuxième après-midi, le chat a tout simplement abandonné. Je n'allais pas attendre que le résultat des tests me dise ce que je pouvais voir: Annabelle nous quittait. Comme son propre médecin n'était pas disponible, je l'ai enveloppé dans une serviette épaisse pour le protéger du temps froid, et je l'ai tenu serré sur mon corps pendant qu'un ami nous conduisait chez un vétérinaire qui avait promis de l'aider à partir sans douleur. Dans la voiture, il semblait fasciné par les lumières, par les voitures qui défilaient et par les décorations des fêtes.

Devinant ma réticence, le vétérinaire a dit qu'il pourrait le maintenir dans un état satisfaisant pendant une journée, jusqu'à ce que nous sachions avec certitude ce que les tests allaient révéler, même s'il était tellement malade. Bien enveloppé, il est revenu à la maison avec moi pour passer une nuit paisible.

Le médecin a téléphoné le lendemain à onze heures. Insuffisance rénale. Très grave. Des mesures agressives pouvaient être prises, mais pourquoi ne pas le laisser partir paisiblement pendant une bonne journée? Il n'y en aurait pas beaucoup d'autres, s'il y en avait. J'ai pris le dernier rendez-vous de la journée.

Tout l'après-midi, je l'ai tenu, en ayant des pensées de paix. Lorsque d'autres pensées s'immisçaient, je disais *paix et amour*, *paix et amour* et je répétais ces mots encore et encore dans ma tête. Rien de théâtral n'allait gâcher ses derniers instants. À un certain moment, il a sauté sur le comptoir où je lui administrais ses potions et ses pilules dans une gueule de plus en plus réticente, et où je nettoyais ceci et cela. Dernièrement, je forçais même sa nourriture dans sa bouche. Tout un lot d'attentions non voulues. Ses yeux me demandaient quand cela finirait. Je l'ai serré encore près de moi.

Nous sommes entrés dans la voiture pour entreprendre notre lente route chez le médecin. Comme Annabelle avait aimé le paysage la nuit précédente, je ne l'ai pas enfermé dans sa cage. Il en a profité calmement jusqu'à ce que nous soyons sur la grande route. Alors, il a sauté d'une fenêtre à l'autre pour observer l'excitation extérieure. J'ai garé la voiture et je l'ai mis dans sa cage en lui promettant de le laisser regarder la circulation lorsque nous stationnerions près du bureau du médecin.

Je n'ai pas pris le tournant pour aller chez le médecin; plutôt, je me suis rendue jusqu'à la mer, et Annabelle et moi nous sommes assis dans la voiture pour observer la fin du jour, avec les vagues qui écumaient doucement le long du rivage. Au loin, un cargo a traversé l'horizon. Des lumières provenant du foyer d'un appartement voisin se reflétaient dans la glace. Annabelle m'a regardée profondément dans les yeux pendant que je lui racontais que le Créateur de l'océan l'attendrait.

L'horloge avançait toujours. Nous nous sommes rendus chez le médecin. Annabelle s'est glissé sur mes genoux, appuyant ses pattes sur la fenêtre et a regardé la vie à l'extérieur de la voiture. Je me suis garée dans le stationnement de la clinique et j'ai attendu, afin de permettre à Annabelle de regarder la circulation et les passants. Lentement, ses yeux se sont posés sur la fenêtre du médecin où tout le monde était en plein travail. Toujours, l'horloge avançait. Le temps était venu. *Paix et amour, paix et amour.*

À l'intérieur, nous avons été conduits immédiatement dans une pièce où le médecin a examiné Annabelle. Il a dit que, même si Annabelle était confortable présentement, il était quand même extrêmement malade. Il a expliqué que le traitement agressif exigeait que le chat reste à l'hôpital pendant plusieurs jours sous perfusion. Vu ses nombreux problèmes de santé, il pourrait ne pas survivre. S'il vivait, il serait condamné à encore plus de médicaments, et encore plus de traitements. On nous a laissés seuls pour prendre la décision. Je lui ai posé la question. Il a marché dans sa cage — son signal de fatigue. Il ne voulait plus essayer. Je ne voulais plus forcer les choses.

Un étudiant vétérinaire a tenu tendrement Annabelle pendant que le médecin caressait doucement sa patte avec sa main. Je caressais l'autre patte. Il ne me regardait pas. Plutôt, ses yeux fixaient le médecin, qui lui a dit doucement qu'il avait mené une bonne lutte; maintenant, il était temps pour lui de se reposer... temps pour lui d'être en paix. Tout aussi rapidement, il est parti. Son corps étiré sur la table — sa face reflétant la douleur que mon adorateur du soleil avait cachée avec courage, ainsi qu'une curiosité insatiable.

Maintenant, il ne souffrait plus. Je l'ai placé dans le sac pour l'incinération.

Le petit coffret de cendres est maintenant placé sur mon bureau, me rappelant la vie d'Annabelle et les promesses que nous nous étions faites. J'avais promis d'aider ceux qui étaient prisonniers de la saleté, de la peur et de la maladie, et il avait promis de m'enseigner comment. Des promesses que nous tiendrons tous les deux — dans la paix et dans l'amour.

Madelyn Filipski

Les funérailles

Dans ma ville en expansion, une intersection achalandée s'est créée autour de la vieille église en pierre. Les fondations de l'église, qui se désagrègent, abritent les catacombes, accessibles tant aux rongeurs qu'aux chats sauvages qui y ont établi domicile, il y a des années. Les chats gardaient sous contrôle la population des rongeurs, mais personne ne surveillait de près celle des chats. Les paroissiens nourrissaient occasionnellement les chats, et une bonne dame avait essayé d'attraper, d'apprivoiser et d'adopter certains des nombreux chatons de la colonie.

Je passais tous les jours devant l'église en route vers le travail et au retour, et je m'étonnais toujours du nombre de chats qui ornaient les marches et les murs de pierre, ou qui étaient assis sur le dessus des pierres tombales. Ayant moi-même six chats, je ne pouvais pas en adopter plus, même si je l'aurais souhaité de tout cœur.

La colonie des chats avait sa propre hiérarchie sociale, partant du principe que seuls les plus forts survivent. Pendant un temps, un mâle tigré roux semblait être le patriarche. Avec ses oreilles déchirées et des cicatrices sur sa large face, il déambulait d'un air important dans le voisinage, sûr de son rang comme roi des chats. Quiconque défiait son autorité — que ce fussent des membres inférieurs de la colonie ou des chats domestiques d'intérieur ou d'extérieur résidant dans le voisinage — recevait un accueil féroce. Des cris stridents, des griffes acérées et des morsures vives maintenaient le tigré roux au pouvoir. Il n'était peut-être pas populaire chez les chats mâles de la localité, ou leurs propriétaires, mais ses prouesses étaient légendaires chez les chattes. De nombreux chatons roux sont nés durant son règne.

Un soir, en rentrant chez moi très tard, j'ai entendu le grincement d'un brusque coup de frein, puis un moteur qui s'emballait alors qu'une automobile démarrait en trombe quelque part devant moi. En tournant le coin où était l'église, mes phares ont illuminé une forme rousse immobile au milieu de la route. J'ai allumé mes feux de détresse et je me suis arrêtée au milieu de la rue, maintenant déserte. Avant de sortir de la voiture pour vérifier l'état du chat, un chat noir et blanc est sorti en courant des catacombes et s'est précipité vers le tigré. D'une patte maladroite, il a touché doucement le chat couché sur le ventre, le reniflant de la tête à la queue. Le tigré n'a jamais bougé; moi non plus.

Le chat noir et blanc s'est assis à côté du corps du tigré, a jeté la tête en arrière et s'est mis à hurler. En quelques secondes, des chats de toutes les tailles et de toutes les couleurs sont sortis par douzaines des fondations de l'église. Dans une procession bien ordonnée, chacun a fait le tour du corps et de son gardien noir et blanc, puis ils sont tous retournés sous l'église. Alors que le dernier chat disparaissait dans les catacombes, le chat noir et blanc a continué sa vigile pendant encore quelques minutes, en contemplant le tigré. Une fois de plus, il a tendu la patte et touché le tigré, puis il a suivi les autres.

Stupéfaite par ce dont je venais d'être témoin, que je pourrais uniquement décrire comme des funérailles de chat, je me suis assise en pleurant silencieusement, étonnée du spectacle et attristée par la mort du chat roux. Ne voulant pas le laisser là où il serait ramassé par des employés de la route qui en disposeraient de façon déshonorante, j'ai ramené le tigré à la maison et je l'ai enterré près de mes propres animaux disparus. J'aurais voulu pouvoir l'enterrer dans le cimetière de l'église, mais je suis certaine qu'il est heureux deux coins de rue plus loin, là où son esprit peut encore flotter à jamais sur son territoire familier.

Linda Mihatov

La magie de Merlyn

Pendant qu'Eric et moi entrions dans l'allée menant à notre ferme, les phares ont balayé la vaste cour sombre. Là, près d'un grand massif d'herbe aux chats qui poussait devant le sentier, j'ai aperçu un énorme chat noir et blanc. Il était peut-être ivre par l'herbe aux chats, ou simplement effronté hors de l'ordinaire, mais il n'a pas bougé quand nous nous sommes approchés. Eric a rentré les sacs d'épicerie dans la maison pendant que j'attrapais le chat. À cause de la noirceur, je n'étais pas préparée à ressentir le pelage sec et emmêlé, ni le ventre terriblement gonflé dans ma main. Le chat a répondu promptement en ronronnant fort et en se frottant à maintes reprises sur ma main pour obtenir davantage de caresses. J'ai saisi le chat et je me suis affalée sur la balançoire de la véranda.

J'appréciais tellement ce chat blotti sur mes genoux que je n'ai pas remarqué immédiatement les larmes qui coulaient sur mon visage. Ma pire crainte était de pleurer — je savais au fond de moi que si je recommençais, je pourrais bien ne plus pouvoir arrêter. En analysant rapidement la situation, j'ai constaté que je ne sanglotais pas seulement pour ce pauvre chat miteux sur mes genoux, mais aussi pour les chats que j'avais perdus (et qui me manquaient toujours) à la suite de mon divorce l'année précédente. J'ai pleuré pour les trois membres de la famille que j'avais perdus au cours d'une courte période de huit mois. J'ai pleuré parce que je m'étais lancée dans une relation avec un homme que je connaissais à peine alors que j'étais encore sous le coup d'une déception sentimentale. Même si Eric me traitait comme une reine, je savais que cela ne durerait pas. C'était toujours comme ça.

Plus je pleurais, plus le chat ronronnait fort et se dandinait sur mes genoux. Je me demandais pourquoi cette lamentable excuse du chat avait provoqué en moi une telle réaction émotive. Mes mains baladeuses ont commencé à recenser un autre désastre à l'horizon. Ce gros ventre ne pouvait signifier qu'une chose: je tenais une femelle très enceinte, qui pourrait mettre au monde une portée de chatons absolument adorables devant ma porte. Des chatons auxquels je m'attacherais. Des chatons à qui il faudrait trouver des foyers. Je pleurais encore plus fort maintenant. Épuisée émotionnellement, j'ai servi de la nourriture et de l'eau à notre mère enceinte et je suis allée me coucher, folle d'inquiétude et en larmes.

Le lendemain, le soleil éclatant du matin a révélé un chat mâle affreusement sale, mais intact! Même si la noirceur avait pu masquer toute l'étendue de sa pauvre apparence — sans mentionner son vrai sexe — elle n'a pas atténué sa personnalité amicale et exubérante, laquelle était encore surexcitée dans la lumière du jour. Le chat a ronronné, s'est frotté et a tracé des huit autour de nous, comme si c'était son travail. Eric et moi nous sommes rapidement épris de lui, et nous l'avons appelé Merlyn; par contre, nous avons convenu qu'il resterait dans le garage jusqu'à ce que nous puissions traiter son ventre ballonné contre les vers et démêler sa fourrure.

Le troisième matin après l'arrivée de Merlyn, Eric m'a demandé de venir dans le garage. « Lori, il vaudrait mieux que tu viennes ici. » Son ton était sec et sérieux.

« C'est le chat, n'est-ce pas? » ai-je demandé.

« Oui, mais je crois qu'il faut que tu voies ça », a répliqué Eric.

Craignant le pire, je me suis rendue lentement dans le garage. Je ne voyais rien.

« Appelle *minou, minou, minou* », m'a suppliée Eric.

Confuse, j'ai joué le jeu. J'ai dit timidement: « Ici, minou, minou, minou. » Toujours rien. J'ai appelé un peu plus fort. « Ici, minou, minou, minou. »

Un minuscule chaton noir est sorti de sous le tracteur pour tondre le gazon. Marchant fièrement derrière, il y avait Merlyn.

« Tu vois, a dit un Eric rayonnant, ce n'était rien de mauvais. »

Merlyn s'est assis sur ses hanches et m'a observée pendant que je prenais le chaton. « C'est une fille », ai-je dit, comme si je l'avais mise au monde pour la remettre aux nouveaux parents. Puis, la réalité m'a frappée. D'un air dubitatif, j'ai regardé Merlyn.

« Tu sais ce que cela veut dire, n'est-ce pas? » ai-je demandé à Eric. Et sans attendre la réponse, j'ai continué: « Cela signifie qu'elle vient probablement d'une portée de mâles. Tu sais ce que font les matous aux nouveau-nés de sexe masculin? »

Eric m'a regardée avec étonnement pour toute réponse. J'ai dit avec lassitude: « Les chats non castrés tuent parfois les chatons mâles parce qu'ils sont de futurs compétiteurs pour la reproduction. »

Nous avons tous les deux regardé Merlyn qui, je le jure, avait un regard plein de suffisance. Il a cligné des yeux, mais n'a jamais cessé de nous fixer. Était-il un tueur de chaton sans merci qui nous avait amené sa seule fille pour que nous l'élevions? Était-ce simplement un chaton abandonné qui s'était accroché à ce chat tuxedo miteux? Qui a jamais entendu pareille histoire d'un chat mâle qui amène dans une maison une petite chatonne à peine sevrée?

Comme nous étions follement épris de Merlyn, nous avons voulu croire qu'il nous avait amené sa précieuse fille afin que nous l'élevions, puisqu'il avait fait son enquête et avait conclu que nous serions des parents adoptifs affectueux. Nous avons appelé la petite Elke, un surnom que j'avais déjà eu, mais son comportement de prima donna lui a rapidement mérité le titre de Mademoiselle Elke.

Elke et Merlyn ont joyeusement pris possession de notre maison, de notre lit et d'Hector, notre lévrier. Castré, bien nourri, aimé et vacciné, Merlyn s'est épanoui pour devenir un magnifique chat. Ses taches noir et blanc de tuxedo luisaient au soleil pendant qu'il faisait sa toilette sur la véranda de la maison de ferme.

Elke a vite oublié ses humbles origines et, dans son esprit, elle s'est épanouie en une Bastet, la chatte vénérée de l'ancienne Égypte. Les seules fois où elle délaissait mes genoux ou ses manières royales, c'était lorsqu'elle entraînait Merlyn dans un match de lutte. Son petit corps souple ne faisait vraiment pas le poids avec la corpulence de Merlyn, mais elle se défendait avec acharnement. Merlyn l'a éduquée, comme sa mère l'aurait fait, lui enseignant à chasser comme un guerrier. Rapidement, les deux sont venus à bout de chaque souris et campagnol sur la propriété. La nuit, elle se lovait autour de ma tête comme un chapeau. Merlyn se pelotonnait au pied du lit, évitant les jambes qui bougeaient constamment et qui le frappaient toute la nuit.

Les années ont passé rapidement, comme c'est souvent le cas lorsque les horaires sont chargés et qu'il y a beaucoup d'animaux dans une maison. Les deux chats encaissaient sans effort chaque coup que nous leur portions. D'autres chats sont venus et sont partis — j'imagine que le mot s'est répandu à propos de notre hospitalité. Ni Merlyn ni Elke ne s'en souciaient. Nous nous sommes mariés dans leur cour libre de souris. Ils se sont joints à la réception avec plaisir. Nous leur avons apporté un vrai bébé vivant et qui pleure. Ils l'ont aimé autant que nous. Nous avons démarré une entreprise à l'arrière de la maison. Ils se sont assis sur mon bureau. Elke aimait être transportée dans mes bras, comme un enfant, et Merlyn ne se lassait jamais d'être caressé; en fait, il ne ratait jamais une occasion pour quémander une caresse. Peu importait qu'il fût en train de manger, de faire la sieste ou assis à côté de nous. Son affection était sans borne — ou du moins, nous le pensions.

Un matin de printemps, j'ai entendu Eric arriver en voiture dans l'allée de gravier, puis s'arrêter brusquement, les pneus glissant sur les grosses roches. Je l'ai entendu crier: « Non ! » d'une voix tendue. Pendant que je me précipitais à la porte de devant, j'ai vu Eric debout au milieu de l'allée, et Merlyn sans vie à ses pieds.

En courant vers eux, il m'a été facile de reconstituer l'histoire. Devant Merlyn, il y avait une souris écrasée. Merlyn n'avait aucune marque. Il semble qu'il se soit cassé le cou en se précipitant devant la voiture qui passait alors qu'il chassait.

Le cœur brisé et une vieille pelle à la main, Eric a commencé à creuser un trou sous le rosier de Sharon dans le jardin de fleurs à l'avant de la maison. Je me suis assise sur le gazon avec Merlyn une dernière fois, son habit tuxedo noir et blanc brillant toujours sous le soleil d'avril. Je l'ai touché, pleurant sans pouvoir m'arrêter, comprenant que, ainsi nous nous étions connus, ainsi nous nous séparions — ma vie avec Merlyn avait commencé et s'était terminée avec des larmes.

Par contre, il y avait une différence essentielle. Les souvenirs que je conservais de cette soirée sombre où j'ai tenu Merlyn sur mes genoux pour la première fois étaient pleins de chagrin et de doute de moi-même, après des années d'événements tristes, tempérés par un mince rayon d'espoir. Les souvenirs que j'avais maintenant, alors que je caressais Merlyn une dernière fois, étaient remplis d'événements heureux qu'il m'avait vue savourer, tempérés cette fois-ci par mon cœur brisé de le perdre. Un cœur qui sera enrichi à jamais de la présence aimante de Merlyn dans ma vie.

Lori Hess

Un cercle de feu

Mon amie Kathy et moi sommes thérapeutes. Au cours des dix dernières années, nous nous sommes rencontrées deux fois par mois pour nous apporter mutuellement du soutien et des conseils dans notre travail et dans nos vies. Récemment, nous avons parlé de deuil.

Un client de Kathy avait le sentiment qu'il devrait « aller davantage de l'avant » dans son processus de deuil. Son père qu'il adorait était décédé depuis deux ans et il disait qu'il avait encore peur de se perdre dans une mer de douleur s'il se laissait vraiment aller à la ressentir. Aussitôt, une image du chagrin s'est formée dans ma tête, le voyant comme un cercle de feu, terrifiant de s'en approcher et douloureux d'y pénétrer. Ainsi, pour la plupart d'entre nous, comme le client de Kathy, la tentation est forte de prendre la route du déni et de prétendre que la perte n'est pas vraiment si grande.

En travaillant avec mes propres clients, je ne fais aucune distinction entre la perte d'un être humain ou d'un compagnon animal. L'amour, c'est toujours de l'amour, quel que soit le corps dans lequel il se trouve. En fait, mes premiers guides dans l'apprentissage du chagrin ont été les animaux. J'ai éprouvé du chagrin pour des humains, mais ces relations-là sont beaucoup plus complexes, et leur finalité peut s'accompagner d'un mélange de plusieurs autres sentiments en plus de la peine. Mes sentiments pour mes animaux bien-aimés sont beaucoup moins conflictuels, c'est ainsi que j'ai vécu leur mort, beaucoup plus simplement et clairement, telle une tristesse intense.

Cinq membres de ma famille animale sont maintenant enterrés sous le grand pin blanc dans ma cour avant; quatre chats et mon tout petit caniche miniature de dix-huit ans. Le tout dernier est George, un chat orange de treize ans, avec un nez blanc cicatrisé et des oreilles en dents-de-scie. Il fut mon précieux compagnon et mon guide dans la vie, et il joue encore ces rôles depuis sa mort.

Pour faire face à mon chagrin à la suite du décès de George, j'ai eu recours au même processus que je recommande à mes clients. Tout d'abord, j'avais une photo de mon chat dans la force de l'âge, agrandie et encadrée. La photo est installée sur une table de bout, près de ma chaise favorite. Plusieurs fois par jour, j'établis, d'une certaine façon, une relation avec la photo et, par conséquent, avec le souvenir de George. Je caresse la photo du dos de ma main, de la même façon que je caressais sa joue. Je prends la photo et je la tiens. Ou bien je ne fais que lui dire: « Je t'aime » ou « Tu me manques. » Je rends visite à George et penser à lui me réjouit.

Ensuite, peut-être une ou deux fois par mois, je pénètre dans le cercle de feu et je laisse le chagrin me consumer. Je ressens totalement mon amour pour cet ami particulier — et ma perte. Puis, dans ces sentiments, nous nous rencontrons encore, de façon aussi intime que nous le faisions dans la vie. Je sens ma gorge se serrer et les larmes monter, et c'est comme si l'eau qui coulait de mes yeux était conductrice de l'énergie qui nous liait. Dans ma tristesse, George est une fois de plus vivant.

Dès que j'entre dans le cercle de feu, je peux avoir une image parfaitement claire de George: son menton sur mon oreiller et sa patte enveloppée dans ma main pendant que nous dormions. Je peux le sentir! Je peux voir les cicatrices sur son nez et les petites morsures sur ses oreilles, des souvenirs du temps où il était sur la route avant de m'accepter comme sa mission de vie. Je peux entendre son ronronnement chantant au cours de l'une de nos nombreuses conversations. Je peux voir les petites taches de fourrure noire au coin d'un œil, si rares chez un chat orange et blanc. Ces détails le ramènent à la vie, des détails dont je ne peux me souvenir — même si peu de temps après sa mort — à moins que je ne me permette d'entrer dans le chagrin.

Il y a encore plus de trésors à l'intérieur du cercle de feu. Je constate que, lorsque je laisse entrer le chagrin, non seulement je suis en contact avec mon bien-aimé, mais il devient mon guide dans son nouveau monde. Il me montre un endroit où la vie ne se termine jamais et où il n'y a aucune limite. Il me permet de savoir que la mort n'existe pas. Dans la vie, nous vivons comme des gouttes de pluie séparées. George et nos autres êtres chers qui sont partis me montrent l'océan que nous devenons.

Malheureusement, cet état de grâce ne dure pas, et je me retrouve à l'extérieur du cercle, frissonnante et seule. Le chagrin consiste surtout en de gros efforts pour traverser des espaces de solitude. Tout ce que je veux, la plupart du temps, c'est de retrouver la chaleur et le corps à fourrure de mes animaux!

Je me souviens lorsque Ivan, mon vieux chat de vingt-et-un ans, est mort. Trois jours après sa mort, je me suis retrouvée à marcher dans la maison en disant: « Bon. Ça n'a pas été trop difficile. J'ai été bonne fille. J'ai été brave. Trois jours, c'est bien suffisant. Je veux ravoir mon chat. Maintenant! »

Un jour, après la mort de Simon, un autre de mes vieux chats souffrants que j'avais trouvés, nous avons eu une « conversation » lui et moi, tard dans la nuit. Soudain, la douleur m'a envahie et j'ai dit: « Tu me manques tant. Je te veux ici. »

Et il a répondu: « Je *suis* ici. Chaque fois que tu tiens un autre chat, je suis là. »

Vous savez, j'ai remarqué depuis ce temps qu'il est vraiment là! Je peux le sentir, lui ou Ivan ou George — n'importe lequel d'entre eux que je veux tenir dans mes bras — avec leur corps chaud de chat vivant!

Pourtant, je ne connais personne qui n'a pas peur du chagrin. Il brûle — et nous avons tendance à l'éloigner. En l'ignorant, nous lui permettons de devenir un courant sous-marin dans notre vie, le poids qui nous tire vers le fond.

Le chemin de la vie n'est pas droit. Il y a des virages serrés. Nous allons subir des pertes. Puisque nous allons en faire l'expérience, et comme elles nous feront souffrir, il vaut mieux également choisir les diamants dans le charbon. Nos êtres chers peuvent nous montrer le chemin pour traverser le cercle de feu — si nous le leur permettons.

Sara Wye

Le cadeau de la foi d'un chat

C'était un chaton tigré marmelade avec des yeux saphir que j'avais adopté à la SPCA du Massachusetts. Il tenait parfaitement dans la paume de ma main, mais il s'est promptement fait un chemin jusqu'à mon pouce — et jusqu'à mon cœur. « Tu es un fougueux petit *peppercorn* (grain de poivre), n'est-ce pas? » me suis-je exclamée, et c'est ainsi qu'il a eu son nom.

Décrit par plusieurs comme un « chat extraordinaire », Peppercorn a grandi de presque nain à près d'un mètre de long — mesuré à partir de son nez à moustaches orange jusqu'au bout de sa queue couleur citrouille — ponctué par des yeux orange foncé qui pouvaient vous faire baisser le regard en vous fixant. J'ai appris qu'il était un excellent juge des personnes. Un coup d'œil rapide et il pouvait immédiatement vous renseigner d'un petit coup de queue, puis, soit il daignait s'avancer pour une caresse, soit il vous jetait un regard noir à partir du bras du canapé.

Mon appartement était son monde à lui — tout comme l'était l'endroit chaud sur mon cou, ou à côté de mon ventre où il se collait la nuit. Il avait l'étrange aptitude de sentir intuitivement mon humeur: il fouettait l'air de sa queue lorsque j'étais en colère et se lovait près de moi quand j'étais déprimée. Quand il voulait connaître mes pensées, il miaulait et me tapait doucement la main avec sa patte. Nous nous murmurions des choses tout au long de la journée, souvent au grand désarroi de mes amies qui ne sont pas entichées des chats.

Pour moi, Pep était un humain à quatre pattes. Je l'aimais comme un fils à fourrure et je crois qu'il m'aimait avec la même loyauté farouche.

Et ainsi, à l'âge de douze ans, lorsqu'il a commencé à avoir du sang dans son urine et que le médecin a diagnostiqué un cancer de la vessie, j'ai dû faire face à la terrible éventualité que mon « petit amour » de chat n'allait pas vivre éternellement — ni même atteindre l'âge de dix-sept ans et plus que j'avais espéré. Je me suis retrouvée à prier afin qu'il vive, même s'il serait plus juste de qualifier ma croyance en Dieu d'« occasionnelle » — dans le sens que Dieu pourrait ou ne pourrait pas exister, mais pourquoi prendre le risque?

Une semaine après son opération, Peppercorn semblait se rétablir petit à petit. Alors que je me préparais pour aller au travail, c'était la première journée depuis des semaines où je me sentais positive à propos de son avenir. Je me suis mise à genoux pour lui caresser la tête et il m'a suivi lentement. Il a poussé sa tête très fort sur ma main, en émettant son ronronnement unique de trois notes, un son que je n'avais jamais entendu chez d'autres chats, avant ou depuis. « Je t'aime, mon petit amour, ai-je dit en lui faisant une dernière caresse. Je te reverrai ce soir. » En sortant, je lui ai jeté un regard et j'ai vu sa silhouette dans le rayon de soleil, embrasée d'orange et d'or.

Lorsque je suis rentrée, il était étendu sur le sol. Le vétérinaire a émis l'hypothèse qu'un caillot de sang s'était détaché et que Pep était mort sur le coup. Mon cœur est mort avec lui, et toutes les larmes du monde n'aidaient en rien. Je me répandais en injures contre tout et rien pour m'avoir pris mon trésor de chat. Pendant que je déposais des fleurs sur sa tombe où était inscrit son surnom « mon petit amour », j'ai demandé pourquoi on m'avait fait cela. J'ai cru que cela démontrait que Dieu n'existait pas et j'ai mis quiconque au défi de me prouver le contraire.

Les semaines s'écoulaient, alors que je revenais dans le nid vide de ma maison en fixant la litière, les bols de nourriture et le poteau à gratter que je ne pouvais pas me résoudre à ranger.

Une nuit, après avoir pleuré si longtemps que mes yeux étaient secs, j'ai rêvé de Peppercorn — si c'était bien un rêve. Il ne ressemblait à aucun autre rêve que j'avais eu; toujours, c'étaient des bribes d'images, sans rime ni raison, et sans continuité.

Dans mon rêve, j'étais debout dans mon salon et Pep marchait vers moi, la vision d'un chat en santé, les yeux brillant de bonheur. Je l'ai pris et j'ai senti son poids dans mes bras qui avaient tant voulu le tenir à nouveau, j'ai caressé son doux pelage et j'ai senti le ronronnement de trois notes contre ma poitrine. « Pep, oh Pep! J'ai rêvé que tu étais mort », lui ai-je dit pendant que je pleurais et que je riais dans son cou. Son ronronnement est devenu plus profond et il a tapé ma joue avec sa patte, comme il le faisait toujours.

Après un certain temps, il s'est tortillé et m'a demandé de le déposer par terre. J'ai obéi à regret, et il s'est retourné pour se diriger vers la porte avant. Il m'a regardée par-dessus son épaule en me faisant signe de le suivre. Une fois à la porte, il m'a demandé de sortir. « Tu n'as pas la permission de sortir », lui ai-je rappelé, perplexe et craintive. Il m'a regardée et je savais que je devais ouvrir la porte, même si je ne le voulais pas du tout.

À l'extérieur, un beau jour d'été enguirlandait tout autour grâce aux rayons de soleil, sous un ciel d'un bleu lumineux. Peppercorn m'a regardée pendant un long moment, se frottant une autre fois autour de mes jambes. Puis, il est parti en traversant la pelouse. Je me suis mise à sangloter, tendant la main vers lui, le suppliant de revenir.

Il s'est arrêté, s'est retourné pour me regarder une fois de plus. Puis, devant mes yeux, il s'est doucement transformé, passant de sa forme familière à une boule brillante de lumière dorée. Je regardais d'un air ébahi pendant qu'il s'élevait du gazon vers le ciel, puis il a disparu dans la lumière du soleil.

Je me suis brusquement redressée sur mon lit dans la lumière du petit matin, luttant pour m'accrocher au rêve, refusant de croire à l'impitoyable réalité. Je pouvais encore ressentir son corps dans mes bras, entendre son ronronnement tant aimé. Lentement, assise là, j'ai compris que la blessure vive dans mon cœur ne me faisait pas mal de la même façon qu'au cours des mois précédents, adoucie par la dernière visite de Peppercorn.

On lui avait donné la permission de revenir et de me dire qu'il allait bien, la permission de me laisser entrevoir ce qu'il était devenu. On nous a accordé l'adieu final qui nous avait été refusé auparavant.

Par ce geste d'amour compatissant, j'ai senti la main et la grâce de Dieu — le cadeau final et le plus grand que Pep m'a fait.

Claudia Newcorn

7

Adopte-moi !

Si un chat sans abri pouvait parler,
il dirait probablement : « Donne-moi
un foyer, de la nourriture, de la compagnie
et de l'amour, et je serai à toi pour la vie! »

Susan Easterly

Jellybeans noirs

Je n'ai jamais lu d'étude officielle sur le sujet, mais j'ai remarqué que, dans les refuges pour animaux, les chats noirs sont les plus négligés. Le noir semble être la couleur la moins recherchée chez les chats, allant de toutes les combinaisons de blanc, d'orange, de gris, de mouchetures et de rayures. Les chats noirs sont encore considérés comme les chats d'Halloween, des créatures qui portent malheur, plus appropriées sur un balai de sorcière que pelotonnées sur votre oreiller. Pour empirer les choses, dans les cages, les chats noirs deviennent plus invisibles, se fondant dans les ombres noires à l'arrière d'une cage en inox.

Dès l'âge de dix ans, et pendant les onze années suivantes, j'ai fait du bénévolat dans un refuge urbain pour animaux. J'ai toujours trouvé particulièrement injuste qu'à chaque fois que j'apprenais à connaître des chats noirs affectueux et adorables, les gens qui venaient adopter passaient outre simplement à cause de la couleur des chats. J'ai présumé qu'on ne pouvait rien y faire.

Un jour, alors que je travaillais au refuge depuis plusieurs années, j'ai passé quelques minutes à flatter une gentille petite chatonne qui avait atteint la moitié de sa taille et qui avait été trouvée abandonnée, puis amenée au refuge. La chatte élancée ronronnait de bonheur à mes caresses, elle était gentiment enjouée et me tapotait la main avec une patte. Je me suis dit qu'il était triste que la chatonne soit déjà trop vieille pour être adoptée sur ses seules qualités de chatonne, et qu'elle était tellement noire que la plupart des gens ne s'arrêteraient même pas devant sa cage. J'ai remarqué qu'il n'y avait aucun nom d'écrit sur sa fiche d'information. Comme les bénévoles étaient libres de nommer les chats abandonnés qui se retrouvaient au refuge, je me suis attardée un moment à penser à un nom pour cette chatte noire. Je voulais penser à un nom qui pourrait donner à la chatonne le genre de « couleur » attirante qui inciterait une personne en quête d'adoption à regarder de plus près. Le nom Jellybean a surgi dans ma tête et je l'ai écrit sur la fiche, tout comme j'avais baptisé des milliers d'autres chats dans le passé.

J'ai été totalement surprise lorsque, plus tard dans l'après-midi, j'ai entendu une dame, qui marchait dans la salle où étaient les chats, s'exclamer : « Jellybean! Quel nom superbe! » Elle s'est arrêtée pour regarder la petite chatte de plus près, celle-ci se bataillant alors avec un morceau de papier journal dans la cage. Elle m'a demandé si elle pouvait prendre Jellybean et, au moment où j'ai ouvert la cage, j'ai dit d'un air penaud que la chatonne ne savait pas son nom, puisque je venais de la nommer quelques heures auparavant. Je l'ai soulevée et l'ai déposée dans les bras de la dame, et la petite chatte s'est serrée contre elle en la regardant dans les yeux avec un ronronnement de parfait contentement félin. Après quelques minutes, la femme m'a dit qu'elle aimerait adopter cette chatte noire et, lorsque les papiers ont été approuvés quelques jours plus tard, elle a amené Jellybean chez elle.

J'étais heureuse, bien sûr — les adoptions me réchauffaient toujours le cœur — mais j'ai mis cela sur le compte de la chance pour un chaton noir et je n'y ai plus repensé.

J'ai été de nouveau surprise quelques semaines plus tard lorsque la dame est revenue au refuge. Elle m'a trouvée alors que je remplissais des bols d'eau dans une pièce pour les chats, elle a dit : « C'est vous qui m'avez aidée à adopter cette chatte noire il y a quelques semaines, vous vous rappelez? Jellybean? Je sais que c'est vous qui lui avez donné son nom et je voulais m'arrêter pour vous remercier. C'est la petite chose la plus adorable — je l'aime de tout mon cœur. Par contre, je ne sais pas si je l'aurais remarquée si elle n'avait pas eu ce nom fantastique. Il lui va à la perfection. Elle est tellement enjouée et vivante — je sais que cela semble fou. De toute façon, je voulais vous remercier. »

Je lui ai dit que j'étais touchée qu'elle se soit arrêtée, et ravie de savoir que Jellybean allait bien dans son nouveau foyer. Puis, je lui ai expliqué ma théorie, voulant que les chats noirs soient souvent ignorés injustement, et j'ai admis que le nom avait été une tentative consciente de ma part pour que quelqu'un remarque un chat qui n'aurait probablement pas été adopté autrement. Elle a répondu: « Eh bien, cela a fonctionné! Vous devriez appeler tous les chats noirs Jellybean. »

J'ai souri poliment à la suggestion, me disant en moi-même que cette dame ne savait rien des dures réalités des refuges pour animaux. Cela ne voulait rien dire que j'aie appelé une chatonne Jellybean et qu'elle ait été adoptée — ce n'était que le fruit du hasard. Les chats noirs restaient des chats noirs, après tout, et la plupart des gens n'en voulaient pas.

La journée avançait et je ne cessais de penser au conseil de la dame: « Vous devriez appeler tous les chats noirs Jellybean. » Aussi fou que cela puisse paraître, j'ai décidé que je n'avais rien à perdre. Stylo en main, j'ai marché vers les cages et j'ai cherché un chat noir qui n'avait pas de nom. Il n'y en avait qu'un, un tout petit chaton noir seul dans une cage, qui dormait. J'ai écrit « Jellybean » sur la fiche de sa cage. Plus tard dans l'après-midi, quelqu'un s'est présenté et a dit qu'il aimerait adopter ce petit Jellybean. *Ma foi,* ai-je pensé, *ce test n'était pas vraiment juste — il était si beau et si petit.*

Quelques jours plus tard, un chat noir sans nom est arrivé, à sa pleine maturité. Je l'ai appelé Jellybean. Il a été adopté. Le même scénario s'est répété quelques jours plus tard. Adopté. Le même procédé a été utilisé assez de fois qu'après un temps, j'ai dû admettre qu'il y avait peut-être un peu de magie dans le nom. Il commençait à sembler moralement mauvais de *ne pas* appeler les chats noirs Jellybean, particulièrement ceux qui avaient de l'énergie et une étincelle de joie dans les yeux. Bien que j'évite généralement d'utiliser le même nom pour plus d'un chat, après un certain temps, mes collègues bénévoles ont cessé d'être surpris lorsqu'ils se retrouvaient une fois de plus devant un autre de mes Jellybeans.

Bien sûr, nous aurons besoin de solutions plus adéquates pour nous assurer que chaque chat ait un foyer. Cependant, pour mes Jellybeans noirs, assis devant des fenêtres ensoleillées, reniflant des coccinelles qui traversent le sol de la cuisine, pelotonnés bien au chaud dans un lit avec les humains qui les ont adoptés, un nom a fait toute la différence. « Jellybean » a permis à des humains de voir au-delà d'un pelage noir pour apercevoir un arc-en-ciel de richesses dans le cœur d'un chat.

Dorian Solot

L'amour persan

La tête blanche du persan Lindsey — une boule de neige avec d'immenses yeux dorés et un nez plat retroussé — lui donnait un air continuellement revêche. Sa queue et ses pattes touffues étaient dignes d'un chat d'exposition pure race. Par contre, tout ce qui était au milieu — son pauvre petit corps et ses jambes maigres — avait été rasé jusqu'à la peau, afin de la débarrasser d'années de poils sales et emmêlés. Malgré tout, avec le balancement de son derrière et sa tête bien haute, elle abordait tout le monde comme si elle était un mannequin de haute couture qui marchait sur la piste en exhibant le dernier cri de la mode féline.

Elle était indifférente au fait qu'à sa vue, les gens se mettaient à rire. Elle ne subissait aucune honte ni humiliation, et elle n'en pensait pas moins du bien de tout être humain — tous les humains étaient ses amis et méritaient son affection. Moi-même, je me sentais coupable: Lindsey me faisait rire, ce petit lutin courageux.

Lindsey, une chatte qui avait été secourue et dont j'avais la garde temporaire, ne comprenait pas que ma maison pour les animaux sans foyer n'était pas sa vraie maison. C'était ce qu'elle avait connu de mieux. Elle avait passé huit années dans un chariot de magasinage clôturé sur le dessus. Ses anciens maîtres, eux-mêmes des gens âgés, étaient pleins de bonnes intentions et secouraient souvent des chats abandonnés. Ils empêchaient la reproduction en mettant chaque chat dans une cage individuelle. Les chats ne quittaient jamais leur cage. Le couple avait sauvé Lindsey lorsqu'elle était une petite chatte et avait été jetée d'une automobile en mouvement. Le persan blanc avait été chanceux de recevoir un hébergement de luxe — le chariot à magasinage — mais maintenant, elle avait été secourue de ses sauveteurs. Je lui promettais chaque jour que le meilleur était à venir.

Au début, Lindsey pouvait à peine marcher. Une vie de confinement l'avait laissée mal assurée et peu solide sur ses pattes. Ses muscles protestaient. Elle tremblait et titubait. Pourtant, elle refusait d'abandonner et, avec la pratique, elle a bientôt commencé à courir et à explorer. Lindsey avait tant de bonheur à pouvoir courir.

Elle adorait les autres chats en pension et aimait se blottir contre eux. Enfin, elle pouvait toucher d'autres chats au lieu de simplement les observer à travers des barreaux. Elle n'avait jamais vu de chien auparavant, mais peu importait — c'étaient des êtres vivants. Elle s'approchait d'eux sans peur, confiante de recevoir un bon accueil.

Un jour, j'ai trouvé Lindsey à l'étage, sur le territoire des chats résidants, parmi des congénères qu'elle n'avait jamais rencontrés. Odessa et Abigail étaient assis l'un près de l'autre avec leur long nez de chats de gouttière, se demandant bien qui était *cette créature.* Ils n'avaient jamais vu un persan de leur vie, encore moins un persan chauve — et une telle effrontée qui osait pénétrer dans leur territoire et se comporter comme si elle était l'amie éternelle de chacun. Je les ai laissés se débrouiller.

Quelque temps plus tard, je suis venue voir ce qui se passait. Dès que les chats m'ont entendue entrer, deux têtes sont sorties d'un lit pour chat devant la fenêtre, joue contre joue. La tête blanche et duveteuse du persan semblait éclipsée par l'énorme tête noir de jais de mon chat antisocial, Claude, qui avait perdu une patte des années auparavant sous les mains d'un être humain cruel. Les quatre yeux, qui semblaient dire d'un regard furieux *Ça te dérange?,* ont précipité mon retrait respectueux. Claude avait trouvé un nouvel ami.

Puis, soudain, Lindsey est devenue malade. Son refus de manger et de boire l'ont conduite à l'hôpital — dans une cage de convalescence. Entre la vie et la mort pendant un temps, Lindsey a finalement retrouvé l'appétit. Elle est retournée avec joie dans sa maison d'accueil, libre à nouveau de cet internement qu'elle détestait. Des examens ont démontré des irrégularités, probablement le résultat de carences alimentaires. J'étais certaine que de nouveaux examens produiraient de meilleurs résultats puisque Lindsey avait repris son appétit. En fait, elle était redevenue elle-même. Alors que les demandes d'adoption commençaient à entrer, j'étais convaincue que le meilleur était maintenant à sa portée.

Son histoire a ému des gens et suscité davantage d'intérêt pour l'adoption, malgré l'âge avancé de Lindsey. Mon devoir, en tant que bonne maman d'accueil, exigeait une enquête soignée des foyers éventuels. Il ne faudrait pas n'importe quel foyer, seulement le bon foyer — une maison qui conviendrait parfaitement aux besoins de Lindsey.

Ce sentiment croissant d'excitation, cette intuition que *c'est le bon* m'a parcourue pendant que j'étudiais la candidature d'un couple. Laura et Mike, qui avaient déjà Fredo, l'himalayen, et Penné, la chatte persan, voulaient Lindsey pour partager leur foyer calme, paisible et aimant, où les chats étaient des membres bien-aimés de la famille. Un appel chez leur vétérinaire les a confirmés comme les meilleurs des gardiens d'animaux de compagnie. Lindsey les rencontrerait et partirait avec eux dès le lendemain!

Les arrangements n'étaient pas aussitôt terminés que mon vétérinaire m'a téléphoné pour me donner les résultats des tests que j'avais oubliés depuis longtemps. Je savais qu'il ne me téléphonait pas personnellement si tout était normal. La nouvelle m'a terrassée. Lindsey souffrait d'une insuffisance rénale et le pronostic était sombre.

« Faites en sorte que le temps qui lui reste soit de qualité », a conseillé le médecin.

Le cœur lourd, j'ai transmis la mauvaise nouvelle à Laura. « Nous aimerions quand même la rencontrer », m'a-t-elle répondu. La douleur dans ma gorge a diminué en entendant ses mots chaleureux. Rien n'aurait pu davantage me remonter le moral ou me redonner confiance dans les humains. Non seulement Laura et Mike ont-ils répondu à mon espoir de se porter volontaires pour être les gardiens du chat, mais leur altruisme a placé les besoins de Lindsey au-dessus des leurs, même en sachant que leur attachement pour elle serait de courte durée.

Même si Laura, Mike et moi étions des étrangers, nous nous sommes étreints, unis par notre but commun de faire en sorte que le temps qui restait à vivre à Lindsey soit spécial. Ils ont signé les papiers d'adoption, mais plus important à mes yeux, ce fut l'engagement verbal qu'ils ont pris — une promesse de ne pas prolonger indûment la vie de Lindsey si sa santé se détériorait. La souffrance ne faisait pas partie de l'entente.

Lindsey s'est installée confortablement dans sa nouvelle maison. Fredo l'a aimée dès qu'il l'a vue, en lui faisant sa toilette à chaque occasion. Penné a dû s'ajuster, mais a rapidement constaté que Lindsey était tout à fait disposée à partager les attentions de Fredo. Les trois sont devenus amis. Lindsey passait ses journées à explorer sa nouvelle maison et à se prélasser au soleil sous les rayons qui traversaient les fenêtres. Elle passait ses nuits à dormir confortablement lovée autour de la tête de Laura ou de celle de Mike. *C'était* le plus beau temps — exactement ce que j'avais espéré lorsque j'ai fait cette promesse à Lindsey.

Cela a duré deux mois. Lindsey devenait plus faible et lorsqu'elle n'a plus répondu au traitement et aux médicaments, Laura et Mike lui ont permis avec amour de quitter cette vie, paisiblement et avec dignité. Des larmes coulaient librement de chagrin, mais aussi de gratitude pour l'avoir connue.

Lindsey était sortie de ses longues années d'isolement et de confinement sans que, miraculeusement, son esprit en ait été affecté. L'amour et la gentillesse qu'elle irradiait ont enrichi la vie de tous ceux qu'elle a touchés. J'étais réconfortée, sachant qu'elle avait vécu une vie digne d'elle, même pour seulement une courte période. Contre toute attente, elle était parvenue au meilleur.

Daniela Wagstaff

Ma vie de sage-femme

Je menais auparavant deux vies séparées. Dans l'une, je prenais avantage de mon corps d'un mètre quatre-vingt trois et de plus de cent trente-six kilos de muscles pour bien gagner ma vie comme videur. Je séparais des batailles et, à l'occasion, je devais donner quelques coups à mon tour. Au cours des dix années où j'ai exercé ce métier, j'ai eu le nez cassé au mois six fois. Mes jointures ne seront jamais d'une grosseur normale. J'avais la réputation d'être un dur de dur.

Il y avait aussi mon autre vie — ma vie secrète, où j'étais sage-femme pour des chattes enceintes. Essayez de vous imaginer un homme énorme dans la cinquantaine qui encourage des chattes fatiguées et grincheuses à traverser les douleurs de l'accouchement. J'ai toujours cru que je faisais cela parce que je n'ai pas pu être présent à la naissance de mes beaux-enfants ni de mes petits-enfants, mais c'est un point à élucider entre mon thérapeute et moi.

Ma vie secrète a commencé alors que Bacall, ma première chatte, est devenue enceinte avant que je puisse avoir le temps de la faire stériliser. Elle attendait ses chatons autour de mon anniversaire de naissance. Je me suis organisé pour que mon amie (et ma future femme), Janet, surveille Bacall pendant que j'assistais à une conférence ce week-end-là. Comme plusieurs conférences auxquelles j'avais assisté, les conversations se prolongeaient jusqu'à tard dans la nuit et, comme résultat, je n'avais pas beaucoup dormi. Pendant le trajet de retour de huit heures après la conférence, je me sentais de plus en plus fatigué. Je ne voulais qu'une chose: rentrer à la maison et me coucher. Comme il fallait s'y attendre, environ une heure avant que j'arrive à la maison, le travail de Bacall a commencé

Je fais une pause ici pour vous expliquer mon état d'esprit du moment. J'étais épuisé, maussade, et un représentant de l'humanité absolument déplaisant. Ma première idée a été d'aller me coucher et de laisser Bacall s'occuper elle-même de la naissance. Après tout, c'était une chose des plus naturelles, et son instinct maternel se manifesterait, non? Bien sûr, c'était vrai. Mais, je ne sais trop comment, je me suis retrouvé assis sur mon lit, ma couverture préférée sous Bacall, et je lui frottais les oreilles et le dos pendant le travail. Elle a donné naissance à quatre chatons en santé, dont deux sont encore à la maison aujourd'hui. J'étais tellement content d'elle que je suis resté assis pendant la moitié de la nuit à essayer de la faire manger et boire.

C'est ainsi que ma vie de sauveteur d'animaux a débuté.

Malheureusement, des chatons continuaient de naître sans cesse, car des chattes errantes enceintes continuaient de trouver leur chemin à notre porte. Il y a eu sept futures mères dans notre maison depuis cette nuit-là, et j'ai participé à la naissance de chacun des vingt-six chatons. Je ne peux pas m'empêcher de participer à ce processus, même si, maintenant, je passe presque tout mon temps à essayer d'éviter cette situation — convaincant les gens de se montrer responsables et de faire stériliser leurs animaux avant qu'ils puissent mettre des chatons au monde!

Après la mise bas de nuit de Bacall, la portée suivante à naître dans notre maison fut celle de Baby. Baby était une chatte errante qui était venue vivre avec nous le jour de Noël 1996. Ses quatre chatons, nés en janvier 1997, ont vu le jour pendant que je dormais, mais j'ai participé à la naissance en lui cédant ma chemise habillée blanche de trente-cinq dollars pour le lit de travail. Baby a dû savoir que je n'avais porté cette chemise qu'une fois, et qu'elle était dans le panier à lavage pour que je puisse la laver et la porter de nouveau au travail.

Shan Li était une chatte calico qui est venue vers nous lorsqu'un ami de notre fils l'a trouvée errant dans les rues. Elle était sale, sous-alimentée et traumatisée, de même que dégriffée et enceinte! Cinq semaines après son arrivée, elle a donné naissance à cinq chatons que nous avons fini par appeler La Pile — quatre femelles et un mâle. Nous avons baptisé le seul mâle Watson, et nous l'avons finalement gardé, car il avait développé une infection oculaire et avait besoin de « soins particuliers ». (C'est presque toujours notre excuse lorsque ma femme et moi avons le coup de foudre pour un chaton et décidons qu'il ne peut pas partir.)

Les chattes enceintes ne cessaient d'apparaître dans notre vie. Une fois, nous avions deux chattes, Tiffany et Lenore, qui ont accouché l'une et l'autre en l'espace de douze heures! Lorsque Tiffany a définitivement rejeté sa portée, Lenore est venue à la rescousse. Lenore était une toute petite chatte qui semblait constamment surmenée. Après avoir donné naissance à ses quatre chatons, elle a pris les trois chatons abandonnés de Tiffany et a pris soin des sept, avec notre aide (et de la nourriture). Au moment où les chatons ont été sevrés, elle était épuisée. Lenore a été la seule chatte que j'ai cru *heureuse* d'être stérilisée. Nous avons pu trouver des foyers pour les sept chatons, et aussi pour la mère.

Nous étions particulièrement heureux de la maison que nous avons trouvée pour notre ex-super maman débordée. Maintenant, Lenore, dixit Lenny, profite d'une vie calme et méditative dans une maison de retraite pour des sœurs franciscaines. Les bonnes sœurs nous bénissent chaque jour dans leurs prières pour nos efforts; parfois je crois que c'est la seule raison pour laquelle nous sommes capables de continuer ce que nous faisons.

Je ne travaille plus comme videur, mais j'aide encore à la naissance des chatons. Nous avons pris sous notre aile une autre chatte il y a quelques semaines et, vous vous en doutez, elle est enceinte. D'une journée à l'autre, probablement au milieu de la nuit (bien sûr), je vais encore jouer à la sage-femme. J'aime cette expérience, mais de tout mon cœur je souhaiterais ne pas avoir à la vivre. Il devient lassant de chercher des foyers pour des chats en santé qui n'ont nulle part où aller. Ma femme et moi amenons toujours les chatons chez le vétérinaire, pour les faire stériliser et pour qu'ils reçoivent leurs premiers vaccins avant de commencer à leur chercher un foyer. Nous voulons nous assurer que nous ne perpétuons pas le problème! Cette démarche nous coûte quelques centaines de dollars chaque fois, et notre vétérinaire nous gronde toujours pour notre grande sensibilité. Pourtant, je suis certain que nous continuerons d'agir ainsi dans le futur. Aussi longtemps qu'il y aura des chattes enceintes qui auront besoin d'aide, je serai prêt à jouer à la sage-femme.

Brian Baker

Le chaton qui a sauvé sa maman

Tu deviens responsable pour toujours
de ce que tu as apprivoisé.

Antoine de Saint-Exupéry

La maman chat aurait fait n'importe quoi pour sauver ses chatons. Cette histoire raconte plutôt comment l'un de ses chatons l'a sauvée.

Un soir, Jim rentrait tard du bureau en voiture. Son « bureau » n'était pas un cubicule dans un gratte-ciel de la ville, mais une pièce dans l'un des édifices en stuc sur la propriété de *Best Friends Animal Sanctuary*, niché dans les canyons de pierre rouge, au sud de l'Utah. Best Friends offre un environnement sans cages et sans euthanasies à plus de mille huit cents animaux de compagnie sans foyer, et Jim rédigeait les publications.

Pour Jim, un bureau bien meublé signifiait beaucoup de poils de chiens et de chats, et un bureau avec vue signifiait qu'il pouvait voir les canyons et le ciel. Son trajet quotidien était aussi un peu différent. En retournant chez lui ce soir-là, à vingt-et-une heures, il n'y avait pas d'autre voiture sur la route. Alors qu'il négociait un bout de la route sombre et étroit, une chose inhabituelle a retenu son attention.

C'était une boîte en carton. *Pourquoi quelqu'un s'arrêterait-il sur une route sinueuse au milieu des canyons, déposerait-il une boîte en carton, puis poursuivrait son chemin?* Jim avait un pressentiment et il s'est arrêté. En s'approchant, il a vu six petit chatons adorables pelotonnés dans la boîte. Aucun n'était plus gros que la paume de sa main, et ils semblaient s'être fait un nid dans la boîte. Il était sur le point d'en prendre un lorsque quelque chose lui a fait détourner la tête. Il avait l'impression d'être surveillé.

Là, juste au coin de la boîte, une chatte adulte le surveillait comme une mère lionne — la maman des chatons. Lorsque leurs yeux se sont rencontrés, elle lui a lancé des miaulements d'avertissement. Il l'a assurée qu'il ne voulait faire aucun mal aux chatons. En détournant le regard, il a remarqué quelque chose concernant la boîte qu'il n'avait pas vu avant: elle était complètement scellée — fermée complètement avec du ruban — sauf le trou par lequel il pouvait voir les chatons. Ce devait être la maman chat qui avait pratiqué cette ouverture avec ses griffes. Il a constaté avec horreur que les sept chats — la mère et les six chatons — avaient été enfermés dans la boîte et abandonnés cruellement sur l'accotement de la route. La maman chat avait été fermement déterminée à s'échapper, puis elle était restée autour pour veiller sur ses bébés.

Jim a décidé qu'ils devraient tous être transportés au sanctuaire pour animaux. Cet endroit n'était pas sécuritaire. La nuit, la température baissait dramatiquement dans le désert et s'ils n'étaient pas à la chaleur du sanctuaire où la maman pourrait nourrir ses bébés sans que des prédateurs rodent autour, ils ne passeraient peut-être pas la nuit. Sachant que la maman serait plus difficile à attraper que les chatons, il l'a prise en premier, mais elle n'allait pas abandonner ses bébés! Elle s'est débattue farouchement, en gardant l'œil sur la boîte en carton. Il a fallu beaucoup d'efforts pour l'installer sur le siège arrière de la voiture; elle était bien déterminée à ne pas perdre de vue ses petits trésors. Finalement, Jim a réussi à l'installer à l'intérieur et il l'a rassurée en mettant ses bébés tout près. Il aurait bien aimé avoir une cage de transport pour chats, mais comme il n'en avait pas, il a dû faire confiance à maman sur le siège arrière.

Le sanctuaire n'était pas loin, mais quand ils sont arrivés, il était fermé pour la nuit. Il s'est frayé un chemin dans la section des oiseaux, où des gens s'occupaient encore des perroquets de compagnie abandonnés. Il a demandé s'ils avaient une cage pour transporter la maman chat. Ils lui ont donné quelque chose qui semblait faire l'affaire. Lorsque lui-même et les gens qui s'occupaient des oiseaux ont ouvert la porte arrière pour prendre maman — *vroom!* — elle s'est sauvée. Il n'y avait pas moyen de l'arrêter. Elle n'allait pas passer une seconde de plus dans la voiture de cet étranger. Elle préférait se retrouver dans la nature. Jim a couru après elle parmi les arbres, mais il n'a pas pu la convaincre de revenir. Il a regardé les chatons et a eu le cœur brisé. Leur maman. Jim avait perdu leur maman. Qui sait ce qui pouvait lui arriver là-bas, dans cette nature sauvage?

Affolé, Jim a téléphoné chez Judah, le directeur de la clinique. Judah était sous la douche, mais lorsqu'il a entendu l'histoire, il a répondu qu'il arrivait dans quelques minutes. Il a filé à toute allure, encore mouillé et, après avoir entendu de nouveau le récit trépidant du drame, il a dit à Jim qu'il s'occuperait de l'affaire à partir de maintenant. Il n'y avait rien d'autre que Jim pouvait faire; la soirée avait déjà été assez longue. Jim devait rentrer chez lui, sachant que les chatons étaient à l'abri, et que Judah ferait tout son possible pour trouver Maman Chat. Judah avait raison. À contrecœur, Jim est rentré chez lui en voiture, des rides d'inquiétude plissant son front. Il n'avait qu'une pensée, la chatte qu'il avait trouvée... puis perdue.

Pendant ce temps, Judah avait un plan. Il avait appris il y a longtemps à parler le « langage des chats ». S'il miaulait sur le bon ton, un chat répondait toujours. Il s'est donc aventuré dans les bois et a pratiqué son miaulement, heureux qu'il n'y ait pas trop de gens autour de lui pour l'entendre. Enfin, il a trouvé la bonne note et, quelque part au loin, un chat a miaulé en retour. Il savait maintenant où était la maman chat. Il a appelé de nouveau et elle a répondu. Par contre, elle refusait de venir. Une conversation longue distance lui convenait parfaitement! S'il essayait de trop se rapprocher, elle pourrait se sauver, mais Judah n'était pas encore à court d'idées. Elle n'accourrait pas vers lui, mais il était presque certain de connaître quelqu'un pour qui elle reviendrait. En fait, il connaissait *six* petites créatures pour qui elle affronterait probablement un lion ou un ours — et, certainement, des êtres comme lui. Il est allé chercher l'un d'eux, un petit tigré brun avec des marques blanches, et il a caressé le pelage du chaton pendant qu'il le tenait dans la paume de sa main. À ce moment précis, le chaton a appelé sa maman. Il disait peut-être: « Reviens, maman! » ou encore « Hé, qui est cet homme? » Quelle qu'en fût la signification, cela a fonctionné.

La maman chat a sauté sur Judah pour essayer de lui arracher le bébé des mains. Il l'a attrapée gentiment et l'a transportée près des autres chatons. « Ne t'inquiète pas, a-t-il dit. Je ne vous séparerai pas. » Puis, il les a conduits en voiture à la section du sanctuaire réservée aux chats, où ils pourraient tous passer une nuit confortable et à la chaleur.

Jim, de son côté, avait très mal dormi. Il imaginait sans cesse des coyotes qui encerclaient la maman chat — et ses bébés qui ne la reverraient jamais plus. Il a pensé à la façon dont elle l'avait repoussé près de la boîte en carton, et il aurait voulu tout recommencer et l'amener au sanctuaire en toute sécurité. Il s'est rendu au travail le matin avec des cernes noirs sous les yeux. Premier arrêt: les chatons. Il pouvait faire au moins cela pour leur maman, les surveiller pour elle. Il savait que c'était ce qu'elle aurait voulu.

Lorsqu'il est arrivé au sanctuaire à la section des chats, il a été accueilli par une merveilleuse surprise. Ils étaient là : six chatons en santé qui paressaient sous un rayon de soleil dans une grande pièce peinte en blanc — et maman qui se blotissait contre eux, ronronnant pour les endormir.

Quelqu'un a raconté à un Jim ravi les événements de la nuit dernière. Il a cru que c'était un miracle. Il avait vu de ses propres yeux à quel point la maman chat était terrifiée, chatons ou pas. Il a pensé qu'elle était perdue à jamais.

Il a essayé de croiser le regard de la maman chat, mais il n'a pas réussi. Elle ne s'intéressait pas à lui; elle goûtait pleinement le matin chaud et radieux — heureuse d'être entourée de ses précieux petits trésors alors qu'ils se reposaient après un bon repas. Il a cessé de vouloir attirer son attention et, plutôt, il a croisé le regard de l'un des petits chatons qui ressemblait à un petit pain pelotonné près du ventre de sa mère. La petite boule de fourrure rayée avait une étincelle de reconnaissance et de satisfaction dans les yeux. Jim ne pouvait pas s'empêcher de se demander si ce petit savait que c'était son miaulement qui avait sauvé sa maman.

Elizabeth Doyle

Bogie cherche son foyer définitif

Un chat ne peut être aimé
qu'à ses propres conditions.

Paul Gray

J'ai rencontré Bogie pour la première fois lors d'un cours de formation de bénévoles donné par *Animal Friends, Inc.,* de Pittsburgh, le refuge sans euthanasie de ma communauté. Pendant que le bénévole animateur parlait aux recrues réunies dans la section des félins, je n'ai pu m'empêcher de remarquer le chat gris et blanc à poils courts qui dormait dans sa cage. La fiche indiquait que la cage 12 était habitée par Bogie, un mâle de quatre ans et demi. *Pauvre petit,* ai-je pensé pendant que je me mettais à genoux devant sa cage pour mieux regarder.

« Hé, petit », ai-je murmuré, en m'attendant à un miaulement ou à un ronronnement en réponse à mon salut. Ce chat, hélas, n'était pas heureux que je l'aie réveillé. Au lieu de ronronner, Bogie a sifflé et craché en grondant et en me fixant avec des yeux qui semblaient possédés. J'étais certaine que, s'il en avait eu l'occasion, il m'aurait mordue à la figure. Je me suis empressée d'offrir mes excuses à Bogie, l'assurant de mes bonnes intentions. Les autres membres du groupe, distraits par ce bonjour plutôt bruyant, nous ont regardés.

L'animateur a expliqué: « Il s'appelle Bogie, le résidant de plus longue date du refuge et, comme vous pouvez le voir et l'entendre, il est également notre enfant à problème. »

Bogie semblait pleinement conscient qu'on parlait de lui et son langage corporel a confirmé sa colère, car sa queue se balançait violemment d'un côté et de l'autre. Le groupe s'est mis à rire des propos de l'animateur, puis ce dernier s'est déplacé autour de la pièce, pour admirer et parler aux animaux plus sociables qui occupaient les autres cages. Bogie restait assis et grognait.

Après le cours de formation, j'ai commencé à faire du bénévolat au refuge tous les dimanches. J'aimais tous les animaux, mais les chats étaient mes préférés, alors je passais mon temps avec eux — je jouais pendant des heures, je les brossais, les embrassais, les massais et j'aimais mes petits amis félins à fourrure. Chaque chat recevait une part égale de mon amour et de mon affection — c'est-à-dire tous les chats, sauf Bogie. Il était strictement interdit aux bénévoles d'approcher Bogie, parce qu'il mordait. Ce type de comportement n'est pas inhabituel chez les chats qui ont été dégriffés, et le pauvre Bogie avait été victime de cette chirurgie malheureuse et inhumaine avant de venir au refuge. Pour Bogie, qui se sentait sans défense et vulnérable sans ses griffes, mordre était la seule façon de se protéger contre ce qu'il percevait comme un danger. Comme résultat, Bogie était laissé à lui-même, à s'asseoir dans sa cage et à observer ce qui se passait autour de lui.

Bien qu'une étiquette sur la cage de Bogie spécifiait *Personnel seulement*, je n'ignorais pas ce chat pour autant. Dès que j'ai rencontré Bogie, j'étais déterminée à percer sa carapace pour faire ressortir chez lui l'esprit aimant qui s'y cachait. La façon d'y arriver était la ruse. J'ai d'abord pensé qu'il fallait qu'il se sente important; donc, tous les dimanches, lorsque je passais la porte, je chantais son nom avant de m'adresser à tout autre chat. « Bonjour, Bogie! Comment vas-tu? Tu m'as beaucoup manqué, Bogie! » Puis, je lui donnais ses gâteries préférées au poisson et je lui racontais que sa nouvelle famille viendrait bientôt l'emmener chez lui. Je sentais que c'était important qu'il ne perde pas espoir. Je sais que cela peut paraître stupide, mais je crois que Bogie comprenait — sinon mes paroles, du moins mon ton doux et rassurant. J'ai quelquefois glissé mon doigt à travers les barreaux de la cage et j'ai gratté le derrière des oreilles de Bogie, jusqu'à ce qu'il découvre mon intrusion et qu'il me laisse promptement entendre qu'il désapprouvait mon geste. J'ai apporté à Bogie un nouveau lit et je l'ai vaporisé d'huile de lavande, en espérant que l'odeur le calmerait — sans succès. Je lui ai apporté des jouets, en espérant qu'il jouerait et qu'il trouverait au moins un tout petit peu de joie dans quelque chose, mais il n'était pas intéressé. Jour après jour, il était couché dans cette cage, son dos faisant face au monde. C'était pathétique à voir; malgré mes efforts, Bogie avait abandonné tout espoir.

Comme je partageais déjà ma maison avec cinq chats et deux chiens, il était hors de question que j'adopte Bogie. Il fallait pourtant que je fasse quelque chose — cette situation me déchirait le cœur. J'ai fait une campagne pour lui trouver un bon foyer. En espérant que quelqu'un veuille lui donner une deuxième chance d'être heureux, j'ai raconté la triste histoire de Bogie à quiconque voulait écouter. On avait trouvé Bogie abandonné sur une plage de la Caroline du Sud. Personne ne savait comment il était arrivé là. Il s'était peut-être égaré ou il avait peut-être été abandonné là volontairement. Seul Bogie connaissait la réponse. Il a été secouru par un employé du refuge qui était là en vacances, et ce dernier l'avait amené à Pittsburgh. Il ne pesait alors que deux kilos soixante-douze et avait été diagnostiqué d'une anémie hémolytique. Le traitement médical a réussi et, peu après, Bogie était en voie de rétablissement. La maladie de Bogie étant sous contrôle, il était donc éligible pour l'adoption. Le jour est finalement arrivé où une famille a adopté Bogie — seulement pour le ramener quelques jours plus tard parce qu'il avait une aversion pour la litière. Rejeté, Bogie semblait, à son tour, rejeter le monde. J'ai dit à tous qu'il attendait simplement sa personne idéale. Bogie avait besoin de quelqu'un qui se consacrerait à travailler avec lui pour l'aider à vaincre les nombreux traumatismes de sa vie, quelqu'un qui accepterait son humeur grincheuse et qui ne l'abandonnerait pas, même s'il avait un accident dans la maison — bref, quelqu'un qui lui donnerait sécurité et amour. J'étais certaine que ce quelqu'un était là... quelque part.

Enfin, à ma grande joie, après un long séjour de deux ans et quatre mois au refuge, Bogie a été adopté en mai 2002. Son ajustement à la vie à l'extérieur du refuge n'a pas été facile, mais sa famille adoptive le rassurait constamment en lui disant qu'il était définitivement chez lui pour toujours. Ses progrès ont été lents, mais réguliers. En deux jours, il a permis à sa nouvelle maman de le gratter brièvement sous le menton. En moins d'une semaine, il jouait comme un chaton et, à ce jour, il n'a eu qu'un seul accident! Les doses quotidiennes de caresses et de baisers qu'il reçoit guérissent son petit cœur et lui permettent de faire confiance de nouveau.

Lorsque je pense à Bogie et à tous les changements positifs qu'il a connus depuis qu'il a trouvé son foyer définitif, je souris — surtout lorsque je le vois assis devant sa fenêtre à observer les oiseaux pendant que sa queue se balance joyeusement.

C'est exact: *je* suis la nouvelle maman de Bogie, et pas un jour ne passe sans que mon grognon de chat d'autrefois me remercie de lui donner la chance de prouver que, sous cette attitude, il n'est qu'un gros paquet d'amour.

Lorra E. Allen

Le cadeau d'Alley

Sur la petite ferme en Floride où j'ai grandi, le vétérinaire ne soignait pas nos animaux de compagnie parce qu'ils n'étaient pas notre moyen de subsistance. Ainsi, je ne connaissais presque rien aux soins quotidiens et médicaux à donner aux animaux de compagnie. Après mon mariage et un déménagement loin de la maison, j'ai eu Nicky, un superbe croisé Turc van. Comme nouvelle « maman », je voulais ce qu'il y avait de mieux pour mon « bébé ». Nicky a reçu d'excellents soins vétérinaires et j'ai suivi à la lettre toutes les recommandations du médecin, sans jamais en douter. Mon doux petit garçon se développait bien. Il était mon meilleur ami et il a beaucoup adouci ma peine d'être loin de ma famille.

La première fois que j'ai vu Alley, elle se déplaçait furtivement autour du boisé au fond de la cour pendant que nous cuisinions en plein air. Elle était maigre et semblait ne pas avoir mangé depuis des jours, et son pelage était d'un brun miteux. Je me souviens m'être dit combien elle faisait pitié à comparer à mon beau Nicky. Je lui ai lancé des restes de nourriture et je l'ai observée pendant qu'elle avalait tout rond. La nourriture était bonne, mais pas assez pour la faire venir à moins de six mètres de moi. Finalement, elle a cessé d'avoir aussi peur et j'ai commencé à la nourrir régulièrement. Elle ne voulait pas que je la prenne, mais j'ai pu la piéger pour la faire stériliser et vacciner contre la rage. Nous avons tenté de la garder à l'intérieur, mais elle faisait les cent pas et hurlait jusqu'à ce qu'elle puisse sortir. À ce moment-là, je croyais que j'avais fait tout ce que je pouvais pour elle.

Alley s'est épanouie et son pelage miteux d'autrefois est devenu d'un beau brun avec les rayures du tigré. Elle aimait vivre sur notre terrain très boisé de dix acres. Nicky occupait ses journées à l'extérieur, dormait sur la véranda, et passait ses nuits à l'intérieur, sur notre lit. Alley adorait Nicky et il était son compagnon fidèle lorsqu'il était dehors. Je crois qu'elle ne restait que parce qu'il était là.

Un soir, Alley a disparu. Même si elle l'avait déjà fait auparavant, elle revenait toujours après une journée ou deux. Lorsqu'elle n'est pas revenue après trois jours, j'ai cherché dans les bois. J'emmenais Nicky avec moi, en espérant qu'Alley viendrait vers lui comme elle l'avait fait par le passé, mais elle était partie.

À peu près à cette période, j'avais entrepris des études en dessin technique et j'ai été soulagée lorsque j'ai eu mon premier emploi. Je n'étais pas excitée du choix de ma profession, mais c'était un travail. Presque une semaine après la disparition d'Alley, le matin où je devais commencer mon nouveau travail, Alley est revenue à la maison. Elle pouvait à peine monter les marches de la galerie. Je voyais bien qu'il y avait quelque chose de très grave. Elle était tellement faible qu'elle m'a même laissée la prendre et la tenir dans mes bras pour la première fois. Je devais aller travailler — je ne pouvais pas m'absenter à ma première journée — mais je ne pouvais pas la quitter. J'ai donc fait un compromis: je serais en retard. Alors que je devais me présenter devant mon nouveau patron, j'étais à l'hôpital vétérinaire. J'ai expliqué la situation à la réceptionniste et je lui ai donné carte blanche et le numéro de téléphone à mon travail.

Heureusement, la directrice à mon nouveau travail aimait les animaux et lorsque je lui ai donné la raison de mon retard, elle a manifesté de la sympathie. Une heure plus tard, la vétérinaire a téléphoné et m'a donné de mauvaises nouvelles. Alley avait plusieurs tumeurs cancéreuses à l'abdomen et souffrait aussi de leucémie féline. La vétérinaire m'a demandé la permission au téléphone d'endormir Alley, car elle ne voulait pas que la chatte souffre davantage. À regret, j'ai acquiescé.

Après le travail, je suis retournée à l'hôpital. Le médecin était resté après les heures d'ouverture pour me parler. Elle m'a expliqué comment la leucémie affectait les chats et combien il était important de les faire tester et de les immuniser. J'avais le cœur brisé. Alley n'avait pas eu d'examen pour la leucémie et la seule fois où elle était allée chez le vétérinaire, c'était le jour où je l'avais piégée pour la faire stériliser et pour son vaccin annuel contre la rage. Lorsqu'elle a dit que la leucémie féline était très contagieuse, je me suis inquiétée de Nicky. La vétérinaire a consulté le dossier médical de Nicky, qui démontrait qu'il avait reçu son vaccin contre le virus chaque année et que le test avait été négatif lorsqu'il était chaton. J'étais heureuse d'avoir fait confiance au premier vétérinaire de Nicky et d'avoir suivi ses conseils, même sans les comprendre tout à fait.

La mort de Alley m'a beaucoup affectée. Je vivais déjà une période difficile de ma vie — mon mariage était en difficulté, je n'aimais pas le dessin technique, je souffrais constamment du mal du pays — et maintenant, je m'ennuyais aussi de Alley. Je n'avais pas compris à quel point je m'étais attachée à elle jusqu'à ce qu'elle ne soit plus là. Aussi, je pensais à la tragédie si j'avais perdu mes deux chats et si je n'avais jamais su qu'il est possible de prévenir la leucémie féline. Je me sentais perdue et seule.

La semaine après la mort de Alley, j'ai reçu une carte de la faculté de médecine vétérinaire de l'université d'État. Un don en argent avait été fait au nom de Alley. Cela m'a remonté le moral de penser qu'on se souviendrait d'elle, d'une certaine façon. Ma vétérinaire avait fait le don, j'ai donc rédigé, sur mon ordinateur, une carte à son intention pour la remercier de sa compassion et d'avoir pris le temps de me parler. Après avoir terminé la carte, je suis restée assise à mon bureau. Je ne pouvais pas cesser de penser à mon ignorance à propos de la leucémie féline. J'ai passé deux autres heures à l'ordinateur pour créer une affiche afin d'aider les autres à éviter l'erreur que j'avais faite avec Alley.

Je l'ai imprimée. Le caractère gras en titre disait: « Aimez-vous votre chat? » Au centre, il y avait la photo d'un chat. Au bas, il y avait une autre ligne en caractères gras: « L'amour ne peut pas guérir les maladies félines. Votre chat a-t-il été testé et vacciné contre la leucémie féline? » En dessous, en tout petits caractères au bas de la feuille, on pouvait lire: « Cette affiche est dédiée à Alley, une petite chatte timide que j'aimais et que j'ai perdue. » J'ai envoyé la carte et l'affiche par la poste à ma vétérinaire.

Quelques mois plus tard, la société pour laquelle je travaillais a fait faillite et j'ai perdu mon emploi. J'ai recommencé à envoyer des curriculum vitæ. La perte de mon emploi ne m'avait pas contrariée autant qu'elle l'aurait dû.

La vétérinaire de Alley s'est souvenue de moi lorsqu'elle a lu dans les journaux que la compagnie de dessins industriels fermait ses portes. Elle m'a téléphoné et a offert de me former comme technicienne vétérinaire. Elle croyait que mon désir d'éduquer les propriétaires d'animaux de compagnie profiterait à sa pratique vétérinaire.

Le premier jour de travail à l'hôpital vétérinaire, mon cœur s'est emballé lorsque j'ai vu mon affiche de Alley suspendue au mur. Immédiatement, j'ai aimé mon nouvel emploi et j'ai senti que j'avais enfin trouvé un but dans la vie. Mon mari, par contre, qui se souciait très peu de mon bonheur, n'était pas heureux de mon nouveau salaire — très bas. Il a demandé le divorce et je suis retournée vivre avec ma famille. Chez nous, j'ai été engagée dans un hôpital vétérinaire. Les heures de travail étaient longues, mais je m'épanouissais.

Puis, presque deux ans après mon divorce, un nouveau client séduisant est entré dans le bureau avec son chat blessé, Shadowmar. Mes collègues de travail et moi avons compté les jours jusqu'à ce que « l'homme au chat » revienne pour un examen de vérification. Lors de cette visite, nous avons remarqué que la blessure à la tête de Shadowmar ne guérissait pas bien. Des tests ont révélé la leucémie féline comme raison du système immunitaire défaillant de Shadowmar. Ma propre expérience douloureuse avec le virus mortel était évidente alors que je discutais du diagnostic de Shadowmar avec son propriétaire éploré. Au moment où « l'homme au chat » quittait le bureau, je lui ai remis ma carte d'affaires (juste au cas où il aurait des questions). Je suis revenue chez moi ce soir-là pour entendre son message sur mon répondeur. Nous nous sommes fréquentés, et j'étais là pour le réconforter le jour terrible où nous avons dû endormir Shadowmar. Deux années plus tard, nous nous sommes mariés.

Aujourd'hui, nous sommes toujours mariés et heureux, et notre famille se compose de plusieurs merveilleux « bébés » à fourrure. Je ne peux pas m'imaginer comment les choses auraient tourné si je n'avais pas rencontré Alley et si je n'avais pas été si affectée par sa maladie — le cours de ma vie a changé totalement grâce à cette petite chatte.

Lori Pitts

Roméo et Juliette

Nous sommes témoins de beaucoup de solitude lorsque nous travaillons pour un organisme de sauvetage d'animaux: animaux abandonnés, animaux rejetés, animaux qui n'ont jamais eu de compagnon dans leur vie. L'existence peut-être la plus solitaire est celle du chat sauvage. Nés de mères errantes, ces chatons n'ont jamais connu la douceur d'une main aimante. Ils craignent les humains et les considèrent comme leurs plus grands ennemis mortels. Ils ne trouvent pas non plus de réconfort chez leur propre race. Les chats sauvages mènent une vie assez solitaire dans la nature et, une fois qu'ils sont sevrés, ils doivent souvent voir eux-mêmes à leurs propres besoins et craignent aussi les autres chats.

Notre groupe de sauveteurs comprenait une équipe qui s'était proclamée les « dames folles des chats », qui aidait à gérer les colonies de chats sauvages qu'on retrouvait dans les ruelles, les granges, et plus particulièrement derrière les établissements de restauration rapide. À l'aide d'une boîte avec une porte piégée, ces femmes attrapaient autant de chats sauvages qu'elles le pouvaient, et les faisaient vacciner, châtrer ou enlever les ovaires. Malheureusement, plusieurs restaient trop sauvages pour être placés dans un foyer. Ainsi, une fois vaccinés et « opérés » pour ne pas produire d'autres chatons, elles libéraient les chats où ils avaient été piégés.

Les dames aux chats avaient fait stériliser tous les chats qui vivaient derrière un certain établissement de restauration rapide, sauf un mâle sauvage trop rusé et une femelle trop méfiante pour tomber dans le piège. Il était impensable d'essayer de les attraper sans piège. Ces deux-là, extrêmement craintifs des humains, agissaient comme si la mort venait les prendre chaque fois qu'un humain s'approchait.

Le problème est que deux chats sauvages en font six, qui, à leur tour, en font des douzaines. La plupart des propriétaires de restaurants ne tolèrent qu'une certaine quantité de chats avant de décider de les exterminer.

Les dames aux chats ont peaufiné leur plan. Les tentatives de les piéger se poursuivaient une nuit froide après l'autre. Nos sauveteuses commençaient à s'impatienter. Même les plus tenaces d'entre nous commençaient à se sentir frustrées de cet insuccès.

Puis, c'est arrivé.

La femelle noire méfiante était dans le piège! Confuse, elle était furieuse, grognait et grattait frénétiquement à la porte, mais elles l'avaient attrapée! Le gros tigré mâle s'était probablement enfui dans les bois à cause de tout le bruit. Même si la femelle noire était en colère, les vaccins et l'opération pour la stériliser prolongeraient sa vie. Nous avons toutes célébré lorsque la chatte et la boîte ont été placées sur le siège arrière de la voiture.

Jugeant que c'était assez de travail pour la soirée, les bénévoles se sont éloignées de la voiture pour récuper l'autre piège. Elles savaient que le tigré gris était aux aguets, ses yeux de chat sauvage épiaient probablement dans les bois tout près. Par contre, toutes ont convenu que la soirée avait été une réussite.

La première personne à retourner à la voiture a étouffé un cri, figée sur place.

Là, sur le siège arrière, il y avait le gros tigré gris qui se démenait pour aider la femelle à se libérer de la boîte. Il était si absorbé à la sauver qu'il n'a même pas entendu la porte de la voiture se refermer derrière lui. Il ne fallait qu'une petite tape pour l'enfermer dans une boîte à côté d'elle.

Il avait affronté sa plus grande peur, il avait bravé ses ennemis les plus dangereux — les humains et les voitures — pour essayer de la sauver.

Une fois stérilisés, il s'est produit une chose intéressante. Ces deux-là, les plus sauvages du groupe et les plus méfiants envers les gens, ont été si heureux pendant leur visite chez le vétérinaire, si heureux d'être ensemble qu'ils étaient prêts à accepter un humain dans leur vie. Surnommés Roméo et Juliette, le couple très uni, maintenant en sécurité dans un foyer, ne sera jamais séparé par des maladies infectieuses, des prédateurs ou une mort violente.

En plus, ils ont trouvé la seule chose qui manquait encore dans leur vie: un humain de compagnie.

E.V. Noechel

Fins heureuses

C'était un samedi après-midi. J'étais directrice de la section des chats au refuge et je venais de terminer une adoption. Je me tenais dans la pièce des chats adultes et je regardais autour. Les portes des cages des chats — nous les appelions les condos pour chats — étaient ouvertes et pourtant, il y avait des chats étendus à l'intérieur sur les coussins aux couleurs vives recouverts de finette. Quelques chats étaient étendus sur le rebord profond de la fenêtre, observant le monde extérieur ou roupillant de contentement. J'ai levé les yeux et j'ai vu Otis qui marchait le long de la passerelle pour chats, un réseau de planches suspendues à partir du plafond où les chats accédaient en grimpant une haute colonne recouverte de corde située dans un coin et qui faisait office de poteau à gratter. Moo a passé sa tête à travers la porte des chats donnant sur la véranda, fermée par une moustiquaire, simplement pour s'assurer qu'il ne manquait rien d'important. Satisfait que je n'aie pas de nourriture, il a retiré sa tête touffue noir et blanc et, à travers la fenêtre, je l'ai vu sauter avec grâce sur l'une des chaises de la véranda pour reprendre sa sieste dans les rayons du soleil. La scène représentait la sérénité féline, plaisante et parfaite.

Quelle différence peut faire une année, ai-je pensé. Il y a un an, les chats de la Fondation animale l'Arche de Noé étaient tous dans des familles d'accueil, et il y en avait aussi d'autres qui étaient abrités temporairement et à l'étroit dans ma propre maison. Ça n'a pas été facile, mais nous y sommes parvenus. Ce n'était qu'une autre étape dans notre cheminement — sortir vainqueurs des cendres de la tragédie qui nous avait presque détruits sept années auparavant.

En mars 1997, des adolescents des environs sont entrés par effraction dans notre refuge, tuant dix-sept chats et en blessant sérieusement une douzaine d'autres. L'histoire a fait la une des journaux du pays — et elle a même été jugée « L'histoire de l'année » en 1997 dans le magazine *People*, qui accordait ce titre suivant le niveau de réaction des lecteurs. Lorsque les jeunes hommes n'ont été trouvés coupables que de méfaits, plusieurs personnes qui aimaient les animaux ont été outragés, en disant que les garçons avaient reçu une punition trop légère. Par contre, même ce nuage noir a eu un bon côté: en utilisant cet incident comme d'une bannière, nous, à l'Arche de Noé, et d'autres organismes de protection des animaux, avons pu persuader des législateurs de l'État de renforcer les lois sur la cruauté envers les animaux en Iowa, de même que dans de nombreux autres États.

Cependant, notre organisme a connu des moments difficiles. La tragédie avait traumatisé tous ceux qui étaient impliqués, et il a fallu du temps pour se rétablir émotionnellement. Puis, cinq années plus tard, nous avons dû déménager de l'endroit où nous étions depuis plus de dix ans. Nous avons fait des pieds et des mains pour enfin trouver un foyer temporaire pour nos chiens du refuge, sur la ferme d'un couple généreux qui soutenait le travail de la fondation. Les chats ont été dispersés dans diverses maisons de la région.

Nous avons poursuivi notre travail — en secourant et en trouvant des foyers pour le plus de chiens et de chats possible, et nous avons aussi fait de la promotion afin d'éduquer les gens sur la stérilisation des animaux ainsi que l'organisation d'activités. Pendant ce temps, nous amassions lentement de l'argent pour acheter un terrain où bâtir un nouveau refuge. Nous faisions de notre mieux dans les circonstances. La tension était énorme et, en moi-même, je me demandais combien de temps nous pourrions encore continuer ainsi.

Puis, un miracle s'est produit — le genre de miracle qui vous fait vous pincer pour vous assurer de ne pas rêver. Une bonne fée est apparue, a agité sa baguette magique et — *poof!* nous avions notre tout nouveau refuge bien à nous. Enfin, pas exactement, mais pas loin! Le gestionnaire d'une fondation avait entendu parler de notre travail. Notre bienfaitrice, appelée à juste titre Miss Kitty, a fait un don assez considérable, et ce don, additionné à l'argent que nous avions déjà amassé, nous a permis de construire un refuge: ce bel édifice moderne adapté pour les animaux dans lequel je me trouve maintenant.

Il a fallu bien sûr plus qu'un « *poof!* » pour construire le refuge. Une grande partie du travail a été consacrée à la recherche, au design et à la construction, car non seulement notre refuge est-il propre et confortable pour les animaux, le personnel et les bénévoles et visiteurs, il est aussi écologique. Notre édifice est « vert », ce qui signifie qu'il est efficace au plan énergétique, et que la qualité de l'air est bonne à l'intérieur puisqu'il a été construit avec des matériaux non toxiques, et conçu de manière à tirer profit du soleil pour l'éclairage et le chauffage. Les chats et les chiens à l'Arche de Noé semblent vraiment aimer l'édifice. C'est important, car même si nous espérons que leur séjour sera court, certains animaux passent beaucoup de temps avec nous. Une fois que nous acceptons un animal, il demeure avec nous jusqu'à ce que nous lui trouvions un foyer — peu importe le temps que cela prendra.

Ce n'est pas toujours agréable de faire du sauvetage. Il y a un haut degré de frustration, car nous ne pouvons pas les sauver tous, et aussi parce que nous nous inquiétons lorsqu'un animal semble avoir de la difficulté à s'adapter à la vie dans un refuge ou s'il nous est retourné après une adoption infructueuse. Malgré tout, il y a beaucoup de fins heureuses — et elles nous motivent à continuer.

Je souriais en pensant à l'adoption que je viens tout juste de compléter. Kenny est parti cet après-midi dans les bras d'une femme qui ne pouvait pas le voir, mais qui l'aimait tout de même. Kimberly, qui est aveugle, est immédiatement tombée amoureuse de Kenny, un résidant de longue date de l'Arche de Noé, que d'autres parents adoptifs potentiels avaient constamment ignoré, probablement parce qu'on le considérait trop ordinaire: un chat noir à poils courts qui n'était plus un chaton.

Bien sûr, Kenny avait fait sa part. Kimberly voulait un chat qui serait attiré vers elle. À peine quelques instants après qu'elle ait pris place dans la berceuse de la salle d'adoption, Kenny était sur ses genoux, faisant étalage à sa façon de ses qualités. Parfois, je ne peux que m'émerveiller de la façon dont se produisent ces adoptions de chats; très souvent, il semble que c'est le chat ou le chaton qui adopte une famille humaine, et non l'inverse. De toute façon, Kenny et Kimberly ont établi un lien d'une façon qui va au-delà du simple attrait visuel. Ce fut, pour moi, une fin particulièrement heureuse et satisfaisante parce que je savais à quel point Kenny avait d'amour à donner.

En quittant la pièce des chats, j'ai regardé autour et j'ai dit: « Ne vous inquiétez pas, les gars, ce sera bientôt votre tour de partir à la maison avec quelqu'un de bien. » Puis, j'ai fermé la porte et j'ai traversé la fin la plus heureuse de toutes — le nouvel édifice de l'Arche de Noé, qui abrite notre esprit renaissant et fournit un refuge pour le flot continu d'animaux qui ont besoin de nos soins et les reçoivent.

Janet Mullen

« Ils semblent toujours le savoir lorsque quelqu'un n'aime pas les chats. »

8

Un membre de la famille

Cette maison est détenue et gérée
uniquement pour le confort
et la commodité des CHATS !

Anonyme

Elvis a quitté l'édifice

Il était mon meilleur ami et mon compagnon depuis plus de douze ans, un cadeau de mon mari pour notre premier anniversaire de mariage, lorsque je lui ai dit que je voulais prendre soin de quelque chose de doux et de chaud. Il était à mes côtés lors de mes différents emplois, de tremblements de terre, d'incendies, des émeutes de Los Angeles, et de cinq ou six déménagements dans divers appartements. Il était mon enfant substitut, mon bébé, mon copain et mon protecteur lorsque mon mari travaillait tard. Il prenait soin de moi, me suivait partout et m'aimait sans condition.

Ainsi, lorsque le chirurgien vétérinaire m'a annoncé que mon bien-aimé Elvis mourrait d'ici quelques semaines, ce fut un coup terrible. J'étais enceinte depuis peu de mon premier enfant et je voulais tellement que mon bébé connaisse Elvis et en vienne à l'aimer autant que mon mari et moi l'aimions.

Tout est arrivé si rapidement: une semaine, mon mari et moi avions remarqué que notre chat noir et blanc habituellement robuste et en santé perdait rapidement du poids. Après quelques jours, nous avons constaté une nette baisse d'énergie et nous avons emmené Elvis pour un examen médical.

Le vétérinaire, qui avait trouvé une anomalie dans son sang, nous a référés à une merveilleuse équipe de médecine interne pour animaux. Là, Elvis a dû subir toute une batterie de tests, qui ont finalement déterminé son sort. Il avait une forme rare de cancer du mastocyte pour lequel il n'y avait aucun traitement. Cela ne l'a pas empêché de se lier d'amitié avec les réceptionnistes et les techniciens du laboratoire, qui se sont vite attachés à lui. Chaque fois que nous venions le chercher, nous les entendions crier à l'arrière : « Elvis a quitté l'édifice! »

Les semaines ont passé et le médecin qui prenait soin d'Elvis nous a laissés prendre la décision quant à la procédure des soins. Nous avons décidé d'essayer tout ce qui était possible pour maintenir Elvis en vie et lui donner une chance de se battre. Cela signifiait une dépense de plus de cinq mille dollars, et venir à la clinique deux à trois fois par semaine pour donner à Elvis des transfusions de sang et de la chimiothérapie — aucune de ces mesures ne garantissant son rétablissement. Mais, nous devions essayer.

La nuit, Elvis dormait pelotonné près de nous dans le lit. Il était si émacié et si faible qu'il avait besoin de la chaleur de notre corps pour se réchauffer, et il pressait sa tête contre mon bras, comme pour dire : « Reste tout près. » Les jours où il était à la maison, il s'étendait sur le canapé et il dormait, levant occasionnellement la tête et me donnant son miaulement bien à lui, un bruit nasal étrange: « maaaaa! »

Alors que le bébé grossissait dans mon ventre, Elvis faiblissait, et mon mari et moi avons constaté qu'il perdait sa bataille contre le cancer. Nous étions en janvier, et mon bébé devait naître en mars. Si seulement Elvis pouvait tenir encore un peu — mais à mesure que le mois passait, il devenait évident que la chimio ne fonctionnait pas. Elvis avait perdu plus de la moitié de sa masse corporelle et il pouvait à peine bouger. Ses analyses sanguines démontraient une dangereuse anémie. Le médecin ne pensait pas qu'il pourrait survivre à une autre transfusion.

Ainsi, par une journée froide de la fin de janvier, mon mari et moi avons transporté Elvis chez le médecin une dernière fois. Comme dans un rêve, on nous a conduits, à travers la section des chirurgies, à une chambre à l'arrière appelée « la salle du deuil ». C'était une chambre paisible et amicale avec un canapé et des rideaux, destinée à adoucir le douloureux processus. On nous a alloué une demi-heure pour faire nos adieux. Puis, le médecin est entré, a récité une prière pour Elvis et a fait une injection dans une veine.

Alors que je sentais mon ami, mon bien-aimé Elvis, devenir mou dans mes bras, je l'ai tenu serré sur mon énorme ventre, en espérant que peut-être une partie de son esprit pénétrerait dans mon enfant à naître. C'était une idée folle, mais elle m'a tenue assez longtemps pour m'éviter de pleurer en quittant le bureau, jusqu'à ce que j'entende l'une des techniciennes du laboratoire dire tristement: « Elvis a quitté l'édifice. » La réceptionniste pleurait et alors qu'elle me serrait dans ses bras, j'ai éclaté en sanglots.

Il a fallu quelques semaines avant que je puisse passer une journée sans pleurer. Il y avait des rappels d'Elvis partout. Par contre, comme le mois de mars approchait, j'ai tourné mon attention vers la césarienne qui approchait. Notre petit garçon, Max, allait bientôt faire son apparition dans le monde. Mon mari et moi avions choisi son nom, Maxwell Gordon Jones, et le 19 mars, comme planifié, il est né — gros, vigoureux et en santé.

Pendant la première nuit que Max a passé à l'hôpital, il a fait toutes sortes de bruits étranges de bébé, dont un son nasal très distinct: « *maaaaa!* » Mon mari et moi nous sommes regardés, bouche bée. Était-ce possible? « *Maaaaa!* » Nous avons ri en songeant à l'idée que notre enfant avait, d'une quelconque façon, absorbé l'esprit d'Elvis. Puis, lorsque Max a dormi à côté de moi dans le lit, je suis devenue tout émue quand il a pressé sa tête contre mon bras, comme pour dire: « Reste tout près. »

Lorsque nous avons rempli le certificat de naissance, nous avons décidé d'ajouter un petit nom spécial à celui de Max: Maxwell Gordon Elvis Jones. Maintenant, six mois plus tard, Max agit de plus en plus comme le frère félin qu'il ne connaîtra jamais — aimant, affectueux et câlin — et j'en suis réconfortée.

Récemment, j'ai emmené Max à l'épicerie. Alors que j'attendais en ligne en le tenant dans mes bras, j'ai vu la une d'un journal populaire et je me suis mise à rire. On y lisait: « Elvis est en vie! »

Vous m'en direz tant, ai-je pensé, en serrant mon fils et en l'embrassant sur la joue.

Marie D. Jones

L'histoire de deux chatons

On dit que les chats ont neuf vies. Je ne sais pas si c'est vrai, mais je connais un chat qui a eu deux vies. Il s'appelait Smokey; du moins, c'est ainsi que je l'appelais. C'était un matou rayé gris avec un nez rose, quatre pattes blanches et l'oreille droite en fourrure soyeuse qui était pliée au bout. J'ai trouvé ce chaton grelottant dans notre garage alors que j'avais neuf ans, et je l'ai caché dans ma chambre pendant une semaine, jusqu'à ce que je sois certaine que maman me laisserait le garder. Toute personne pourrait ne pas le trouver très beau, mais pour moi, c'était le plus beau chaton du monde. Maman avait l'habitude de me taquiner en disant que j'étais la seule fille d'Indian Hills, au Colorado, qui était tombée amoureuse d'un chat avec une « oreille de chien ».

Quand j'ai atteint l'âge de onze ans, Smokey était tout à fait adapté à sa routine quotidienne de revenir à la maison à temps pour le repas du soir, après quoi il se couchait en boule sur mon lit. Lorsque je me mettais sous les couvertures pour la nuit, il s'approchait de mon visage, posait sa tête sous mon menton et, bien installé au chaud, il ronronnait comme le moteur d'un petit appareil électroménager. Je n'ai jamais fait de mauvais rêve lorsque Smokey dormait près de moi. Il aimait mes trois frères, mais il était évident qu'il était le chat d'un seul enfant, c'est-à-dire moi. Du moins, je le pensais.

Un soir de juillet, Smokey n'est pas rentré à la maison. J'étais inquiète, mais maman m'a rassurée en me disant qu'il n'était pas rare pour un chat de partir à l'aventure de temps à autre. J'ai passé les quelques jours suivants à le chercher, en criant son nom et en m'attendant à le voir à tout instant, mais il n'y avait aucun signe de sa présence. À la fin de la semaine, nous étions tous inquiets.

Maman a donné son accord pour que j'aille au magasin général poser une affiche de chat perdu avec la photo de Smokey. J'ai pris une photo de lui couché comme un sphinx sur mon oreiller, son oreille pliée et ses pattes blanches tout à fait visibles. Pendant que je terminais l'affiche qui indiquait sa couleur et ses marques distinctives, j'avais de la difficulté à me retenir pour ne pas pleurer. Mon frère Dave est venu au magasin avec moi pour placer l'affiche. Une fois qu'elle a été installée, nous avons reculé pour vérifier que l'endroit était bon. Assurément qu'il l'était — juste à côté d'une affiche d'un autre chat perdu qui s'appelait Ranger. En fait, la seule différence entre les deux chats, c'était leur nom; leur description était identique.

J'ai noté le numéro de téléphone sur l'autre affiche et j'ai téléphoné dès que nous sommes rentrés à la maison. La fille qui a répondu a dit que son chat disparu, Ranger, restait toujours dehors la nuit et revenait le matin, mais il n'était pas rentré depuis une semaine. Je lui ai raconté à mon tour que mon chat, Smokey, sortait le matin et revenait le soir, et qu'il ne s'était pas montré depuis une semaine. La coïncidence était trop forte pour en *être* une. Avec le serrement muet d'avoir été trahies, nous avons toutes les deux reconnu que son Ranger et mon Smokey était un seul et même chat — et qu'il avait vécu une double vie! Tu parles d'un chat d'un seul enfant. Mais un matou à deux enfants ou non, nous l'aimions toutes les deux, et il n'était toujours pas revenu.

La fille s'appelait Evelyn et nous avons pris rendez-vous pour nous rencontrer le lendemain. Elle avait un an de plus que moi, ce qui explique probablement pourquoi nous ne nous connaissions pas, même si elle demeurait à moins d'un demi-kilomètre de chez moi. Elle avait apporté des photos de Ranger, et j'avais apporté les miennes de Smokey. Nous avons passé l'après-midi à nous raconter des histoires sur notre « chat d'un seul enfant avec une oreille de chien », tantôt reniflant et tantôt riant de la similitude de ses cabrioles dans deux maisons. À l'heure du repas du soir, nous avions utilisé plus de la moitié d'une boîte de mouchoirs et étions devenues les meilleures amies.

Ensemble, Evelyn et moi avons fait des feuilles pour notre chat perdu (« répondant aux noms de Smokey et de Ranger »), nous les avons distribuées dans toute la ville et nous nous sommes mutuellement encouragées à ne pas perdre espoir en nous racontant des histoires étonnantes d'animaux perdus qui avaient miraculeusement retrouvé leur chemin vers la maison après des années. Cependant, à la fin d'août, même ces bonnes paroles sonnaient creux.

Une semaine avant la rentrée scolaire, nous avons reçu un appel téléphonique qui semblait trop beau pour être vrai. Une femme qui habitait Golden, environ seize kilomètres plus loin, disait avoir vu notre annonce dans une station-service et elle croyait avoir notre chat. Son fils l'avait trouvé il y a environ un mois sur l'accotement de la route, ensanglanté et presque mourant à la suite de l'attaque d'un animal et elle l'avait soigné jusqu'à ce qu'il recouvre la santé. Elle a dit qu'elle l'avait appelé Marker à cause de son oreille pliée.

Le même après-midi, maman nous a conduites à Golden, Evelyn et moi, en nous prévenant de ne pas nous faire trop d'illusions au cas où le chat ne serait pas le nôtre. *Combien de chats à l'oreille de chien pouvait-il y avoir?* nous sommes-nous demandé, mais sans vouloir vraiment connaître la réponse. En nous serrant la main fortement, nous avons suivi la dame dans la maison où elle avait dit que Marker se reposait. Dès que nous l'avons vu, nous n'avons pas douté un seul instant que Marker n'était pas Marker. C'était Smokey, c'était Ranger. C'était le nôtre — et il était en vie! Son ronronnement incessant pendant tout le chemin du retour nous a confirmé qu'il était aussi heureux d'avoir été trouvé que nous l'étions de l'avoir avec nous.

Smokey/Ranger a continué de mener sa double vie — divisant ses jours et ses nuits et son amour entre la maison d'Evelyn et la nôtre — jusqu'à un âge avancé et jusqu'à ce que la maladie ait raison de lui. Lorsqu'il est devenu très malade, nous savions que le meilleur geste de bonté à faire était de le libérer de ses souffrances. Evelyn et moi étions toutes les deux avec lui lorsqu'il est mort. Il semblait savoir que nous étions là, elle et moi — caressant ses pattes blanches et son oreille pliée — et il a glissé paisiblement de l'autre côté, en ronronnant jusqu'à la fin.

Non, Smokey n'était pas le chat d'un seul enfant comme je le croyais. Il était juste le meilleur chat qui a jamais existé.

P.-S. : Evelyn, qui est restée ma meilleure amie pendant toutes ces années, pense la même chose de Ranger.

June Torrence
Tel que raconté à Hester J. Mundis

Etcetera, Etcetera, Etcetera

« LUCILLE! Viens ici tout de suite! »

Silence

La voix en colère a répété: « LUCILLE! Que fais-tu? »

Lucille, ma petite mère toute tranquille, avait l'air étonnée. « J'étends les couches », a-t-elle répondu.

J'ai ouvert la porte arrière en riant. « Maman, cet homme de l'autre côté de la ruelle appelle son *chien* Lucille. Pas toi. » J'ai replacé mon nouveau-né sur mon épaule et je me suis rendue à la porte de la clôture. « Sois certaine que cette porte reste bien fermée, car ce chien est méchant. »

J'ai couché le bébé dans son landeau et j'ai regardé ma fille de six ans mettre notre chat siamois dans sa poussette de poupée. Les yeux bleu clair du chat semblaient inquiets, mais il restait couché sur le dos avec une chemise de nuit de poupée et un bonnet, comme tout bon bébé. Lorsque j'étais petite, je me souviens que ma voisine âgée avait dit: « Ce n'est pas bon d'avoir des chats siamois près de jeunes enfants. Ils ont tendance à être mesquins, vous savez. » Elle a baissé la voix: « *Et les chats aspirent la vie chez un bébé.* Tous ceux qui ont de jeunes enfants devraient songer à se débarrasser de leur chat. »

Jamais je ne penserais même me débarrasser de notre chat! Etcetera était un membre important de notre famille. Même son nom avait été une décision familiale. Nous aimions tous écouter mon disque de la comédie musicale de Rodgers and Hammerstein, *Le roi et moi*. Les enfants aimaient particulièrement la partie où le roi de Siam disait: « Etcetera, etcetera, etcetera ». C'est ainsi que notre beau et délicat siamois est devenu Etcetera.

Etcetera a grandi avec nos enfants. Il a démontré son bon caractère en ne se plaignant jamais, et parfois même en prenant le blâme pour leurs bêtises. Les garçons se sont retrouvés un jour les cheveux très collés après avoir dévoré tout un paquet de gomme à mâcher. Lorsque je leur ai demandé comment c'était arrivé, ils m'ont répondu que notre chat avait mâché la gomme et qu'il l'avait déposée dans leurs cheveux. Une autre fois, le propriétaire d'une paire de sous-vêtements mouillés m'a dit: « C'est Etcetera qui a fait ça! »

Etcetera a démontré sa patience en étant le chargement d'un gros camion à benne dans le carré de sable. Il se transformait en lion féroce et restait assis sans bouger pour la construction d'une clôture en cubes de construction autour de lui. Il ronronnait de contentement pendant qu'un petit bras dodu s'accrochait à lui pendant sa sieste. Était-ce la même race de chats qui avait un penchant mesquin?

Lorsque le nouveau bébé a eu deux semaines, grand-maman Lucille est retournée chez elle et je me suis concentrée à élever nos quatre enfants. Un matin, pendant le bain du bébé, j'ai entendu les enfants dehors qui lançaient des cris de frayeur. J'ai vite enveloppé le bébé dans une serviette et j'ai ouvert la porte arrière. J'ai remarqué que la porte de la clôture était ouverte. Sans avertissement, Etcetera est sorti précipitamment de la maison, une lueur farouche dans les yeux et la queue bien droite.

Il s'est dirigé tout droit vers le carré de sable, où je voyais maintenant que les enfants avaient été coincés par Lucille. Etcetera a bondi. Le grognement menaçant de Lucille s'est arrêté. Lucille, qui avait perdu la première ronde, s'est dirigée vers la porte de la clôture en jappant. Etcetera, le vainqueur, a grimpé dans le camion à benne pour une promenade. Après avoir fait face à notre chat d'attaque, Lucille ne reviendrait pas de sitôt. J'ai fermé et verrouillé la porte de la clôture, j'ai essuyé des larmes, j'ai regardé le début de la construction d'une route dans le carré de sable et j'ai écouté les éloges pour notre chat, qui emplissaient l'air.

« Etcetera n'a-t-il pas été brave? »

« Il nous a sauvé la vie. »

« Il a volé plus vite que Superman. »

« Notre petit chat est plus fort que ce gros chien. »

Etcetera, etcetera, etcetera.

Sharon Landeen

Machiavel

Arthur, un chat aux goûts très particuliers, les ignorait presque, ces gigantesques mâles non poilus qui venaient et partaient. D'après Arthur, il y avait un grand laisser-aller dans leur hygiène personnelle. Ils ne prenaient pas plus d'un bain par jour, croyait-il, et ils lissaient très rarement leurs cheveux. Ils n'étaient pas comme Arthur. Ce dernier se tournait la langue et la passait sur son dos blanc éblouissant. L'assistante personnelle d'Arthur aimait les chats propres. Elle s'appelait Beth, ou peut-être Brenda. Il ne s'en souvenait plus. Arthur ne s'embarrassait pas de détails.

Il était facile de se débarrasser des mâles non poilus. Arthur avait échafaudé ce plan alors que son assistante personnelle était mariée à Bill, ou était-ce Bruce? Quoi qu'il en soit, le mari aimait s'asseoir sur la chaise d'Arthur et dormir sur le côté du lit d'Arthur. La pire impolitesse, cependant, fut le jour où le mari est rentré à la maison et avait sur lui l'odeur d'un autre chat mâle. *Inacceptable.* Arthur n'a pas eu d'autre choix que de salir une paire de souliers propres. Le mari a crié. Arthur a pris comme cible des souliers de course.

Le mari a dit: « Ou c'est le chat qui part, ou c'est moi. »

Un choix pas très difficile à faire, a pensé Arthur, mais son assistante personnelle a pleuré et hésité. Cependant, elle a hésité jusqu'à ce qu'elle découvre que l'autre chat appartenait à une autre femme. Arthur est resté, et le mari est parti.

Puis, d'autres mâles non poilus sont venus. Arthur laissait chacun d'eux rester pendant un temps — jusqu'à ce que l'homme se rende coupable d'une grossièreté impardonnable, comme appeler Arthur « minou ». Alors, Arthur salissait une paire de souliers, ou un veston ou un sac de gymnastique. L'assistante personnelle d'Arthur criait et lançait des accusations. L'homme se défendait. Elle se disait que son chat avait un instinct très développé pour ces choses. Arthur s'attaquait aux souliers une autre fois. Un autre mâle non poilu disparaissait. La vie était belle.

Puis, George a fait son apparition, ou s'appelait-il Jeff? Le Nouveau avait entendu parler d'Arthur et des souliers. Lorsqu'il s'est présenté pour un dîner, il a apporté des roses pour l'assistante personnelle et une babiole dispendieuse à l'arôme d'herbe à chat pour Arthur. Arthur a accepté le pot-de-vin, mais lorsqu'il fut certain que le Nouveau l'observait, il a jeté un long regard aux souliers: des *topsiders* en cuir. Le Nouveau a compris le sens de ce regard. Il a souri à Arthur, lui a gratté doucement l'oreille et l'a appelé « Machiavel ». Arthur ne savait pas ce que voulait dire Machiavel, mais le nom sonnait bien.

Un week-end, le Nouveau est entré avec des outils. De son perchoir confortable, Arthur pouvait entendre tout un vacarme dans la cour arrière. Comme il n'aimait pas le bruit, il s'est lancé à la recherche d'une paire de souliers, mais le Nouveau ne les laissait jamais traîner. Enfin, le bruit a cessé et le Nouveau a ouvert la porte arrière et a appelé Arthur. À l'extérieur? Il n'avait pas la permission d'aller à l'extérieur. Mais le Nouveau avait fermé la véranda arrière avec une moustiquaire et il avait construit une plate-forme spéciale juste pour Arthur. Ils se sont assis sur cette véranda toute la journée: les deux humains collés l'un contre l'autre, et Arthur, bien allongé, les yeux fermés, la face tournée vers le soleil. Il sentait l'air chaud et parfumé caresser sa fourrure éblouissante. *Je suppose,* a pensé Arthur, *que celui-ci peut rester.*

Susan Hasler

Le camp d'entraînement pour Wheezy

Ma femme, Sue, est revenue un lundi après-midi de chez le vétérinaire en pleurant. Wheezy, l'un de nos trois chats, était encore dans sa cage de transport, et je craignais le pire.

« Le vétérinaire m'a remis ceci », a-t-elle dit en reniflant et en me tendant un dépliant bleu. Tremblant, je l'ai ouvert et j'ai lu: « Un chat obèse n'est pas un chat heureux. »

« Le médecin a dit qu'il fallait que le chat perde du poids et retrouve sa forme », a ajouté ma femme pendant qu'elle ouvrait la cage de transport. Wheezy, qui se qualifiait presque pour avoir son propre code postal, a sauté en dehors de son taxi félin et s'est précipité vers la porte du sous-sol, à son endroit favori: son bol de nourriture que nous appelions son buffet vingt-quatre heures.

« C'est drôle, ma chérie, il ne semblait pas avoir besoin de Prozac lorsqu'il s'est rendu vers sa nourriture tout à l'heure », ai-je dit.

Oups! Tout homme marié sait ce qui se passe quand il laisse une moquerie s'aventurer à l'intersection du bon jugement sans appliquer les freins à temps. C'était l'un de ces moments.

Les yeux de Sue se sont remplis de larmes devant mon insensibilité, et j'ai fait ce que tout bon mec de mari qui se respecte fait lorsqu'il se reconnaît être dans le pétrin — j'ai promis de m'en occuper.

« Ne t'en fais pas, ma douce. Je vais mettre ce bon vieux Wheezy sur un plan d'entraînement physique. Je le remettrai en forme en un rien de temps, crois-moi. Dès dimanche, tu verras le changement. Notre chat sera un chat heureux, c'est moi qui te le dis. »

Mardi

Étant moi-même presque un athlète de classe mondiale (je détiens le record de basket-ball de l'école pour avoir été exclus le plus rapidement d'un match), je savais que j'avais le physique de l'emploi. Le premier jour du camp d'entraînement signifiait entretenir le feu de la motivation. J'ai loué tous les films machos favoris et j'ai installé Wheezy sur le canapé pour une séance intensive de visionnement. En fait, Wheezy a de la difficulté à rester assis en raison de la loi de la gravité qui le porte à rouler — mais cela n'a pas d'importance.

Nous avons regardé tous les films de *Rocky*, tous les *Terminators* et quelques films militaires. Immédiatement après la scène dans le film *Officier et Gentleman* où Louis Gossett fils réprimande toutes les nouvelles recrues, j'ai eu une inspiration. Je me suis empressé de chercher un vêtement militaire dans la maison — le mieux que j'ai pu trouver était le sweat-shirt du camp des guides de Sue. Il était verdâtre et ferait l'affaire.

J'ai gonflé ma poitrine et j'ai essayé de faire sortir toutes les veines de mon cou. Je me suis approché du soldat Wheezy affalé sur le canapé et j'ai crié : « Hé, boule de fourrure miteuse, ATTENTION ! Sur tes pieds... euh ! Sur tes pattes... quoi qu'il en soit. »

Wheezy s'est réveillé de sa sieste, a secoué la tête et m'a jeté un regard confus. J'ai poursuivi sur ma lancée : « Ne me regarde pas dans les yeux, soldat. Je suis ton supérieur ! » J'ai commencé à chanceler, étourdi à force d'essayer de faire sortir les veines de mon cou, et j'avais l'impression que j'allais tourner de l'œil.

Weezy est descendu du canapé et s'est dirigé tout droit vers le sous-sol sans me regarder.

Mercredi

Bon, d'accord, l'approche du camp d'entraînement avait échoué — je n'étais pas à bout de ressources. Plus j'y pensais, plus je me rendais compte qu'il fallait que ce soit agréable et excitant pour Wheezy. Il fallait que ce soit quelque chose de différent, quelque chose que tout le monde aime. Il n'y avait donc qu'une chose: le Tae-bo.

J'ai sorti la vidéo et j'ai formé une belle ligne uniforme avec Wheezy. Il fallait commencer par des exercices de respiration profonde. J'ai regardé mon compagnon d'exercice; il semblait piger, jusqu'ici. Ensuite, il fallait lancer quelque chose qu'on appelait des coups de poing contraires.

J'étais presque en état d'hyperventilation quand Wheezy a balancé la tête. Je n'étais pas certain s'il essayait de savoir comment un chat est censé lancer un coup de poing contraire, ou s'il fixait l'instructeur sur la vidéo en se demandant si ces dents étaient vraiment les siennes.

Pour donner le bon exemple, j'ai décidé de continuer l'entraînement. J'ai tenté de lancer une sorte de coup de pied latéral dans trois directions, un coup meurtrier, et j'ai cru entendre craquer les lignes à haute tension.

Un instant plus tard, la brûlure dans ma jambe m'a fait comprendre que ce n'était pas un problème de la compagnie d'électricité — c'était le muscle d'une jambe qui se mettait en lambeaux comme les cordes d'un piano Steinway vieux de 300 ans.

Pendant que je me tordais de douleur au sol, le souffle coupé, Wheezy a marché sur mon ventre, en route vers l'escalier menant au sous-sol. Je ne suis pas certain, mais je crois avoir entendu mon petit copain poilu rire en descendant les marches.

Jeudi

Après une nuit de repos et une application d'onguent pour le soulagement de douleurs musculaires, il était temps d'aller au magasin d'équipements sportifs. J'ai pensé que ce serait logique de rester simple. Qu'y avait-il de plus simple que de courir? Wheezy et moi allions avaler des kilomètres. Cela a créé un léger problème, car Wheezy n'avait jamais quitté la maison et ce serait difficile pour mon petit marathonien en devenir de faire de la course sur la « route ». La solution était un tapis roulant. Après bien des délibérations et après avoir versé l'équivalent du produit national brut de certains pays moins développés, le tapis a été livré.

Toute personne enthousiaste de la forme physique sait qu'il faut faire des étirements avant de courir. Je me suis donc mis en face de mon copain dodu avec une jambe étirée et l'autre rentrée, et je me suis penché vers mon genou.

Wheezy a arqué le dos.

J'ai changé de jambe et je me suis penché vers mon genou. Wheezy s'est étiré les pattes de devant.

Je ne pouvais pas croire ce que je voyais — il comprenait!

Je me suis étiré le dos.

Wheezy a fait ce drôle d'étirement qui le fait toujours ressembler à un appareil de télévision qui présente des lignes horizontales en piteux état.

J'ai fait du surplace.

Wheezy a gratté le tapis devant lui.

J'étais détendu; j'étais prêt.

Wheezy a fait un dernier lo-o-o-ong étirement et... est tombé endormi.

J'ai décidé de ne pas me laisser abattre par ce détail, j'ai transporté mon partenaire d'exercice sur le tapis roulant et je l'ai installé entre mes jambes. J'ai actionné le tapis et j'ai commencé à courir. Wheezy s'est réveillé abruptement, a fait quelques pas, puis a glissé en bas de l'appareil comme une vieille valise Samsonite sur un convoyeur à bagage dans un aéroport.

Pas un grand succès.

Vendredi

Je ne pouvais pas dormir. Wheezy le pouvait. Je crois que nous gérons notre stress différemment.

Je suis resté éveillé toute la nuit à changer de chaînes de télévision, avec mon partenaire d'entraînement sur les genoux. Puis, j'ai trouvé la réponse: le pouvoir personnel.

Tony Robbins, le guru par excellence de croissance personnelle, nous promettait une nouvelle vie. Certaines des personnes qui ont le mieux réussi au monde ont fait appel à ce leader hyper intense aux yeux brillants et aux grandes dents.

Je me suis aussitôt ragaillardi et j'ai poussé Wheezy pour le réveiller.

Tony a dit que nous devions sentir la flamme. Wheezy a dressé l'oreille.

Tony nous a dit de rêver et de visualiser de grandes choses. Wheezy a commencé à respirer plus fort.

Tony nous a crié de devenir qui nous voulions vraiment être! Wheezy s'est mis à trembler.

Tony nous a suppliés d'aller au plus profond de nous-mêmes et de nous secouer l'intérieur!

Wheezy l'a fait — puis il a régurgité une grosse boule de poils sur mes genoux.

Samedi

Assez parlé de pouvoir personnel. Il ne restait qu'un jour avant la pesée, et j'avais encore besoin d'une carte géographique pour faire le tour de Wheezy. Il fallait que je fasse un ultime effort. Le temps était venu pour le Tummy-O-Matic.

Le Tummy-O-Matic est la masse de tuyaux de plastique tordus qui comprend un oreiller au milieu pour la tête de l'utilisateur et qui lui garantit des abdominaux en béton après seulement une utilisation de huit minutes par jour. J'ai pensé que nous n'avions pas beaucoup de temps, donc Wheezy et moi devrions en faire deux fois plus en la moitié moins de temps.

Alors que je terminais l'installation de l'appareil, j'ai aperçu mon partenaire d'entraînement qui se dirigeait vers l'escalier du sous-sol. Je l'ai saisi (en utilisant les bons mécanismes du corps) et j'ai placé sa tête sur le repose-tête. Les pattes de Wheezy ne rejoignant pas les poignées, il a donc fallu que j'active le roulement pendant qu'il resserrait ses abdos.

Au moment où j'étais en position et où je tendais la main vers les poignées, Wheezy bavait et dormait profondément, de toute évidence insensible au potentiel du Tummy-O-Matic. J'ai pensé qu'il n'était dit nulle part qu'il fallait être éveillé pour développer des abdominaux d'acier, alors j'ai commencé à pousser pendant que Wheezy faisait sa sieste féline.

Tout allait si bien.

À chaque contraction de l'abdomen, plus de bave coulait de la bouche de Wheezy et, dans mon désir de succès, je crois que j'ai sacrifié de bons aspects mécaniques du corps. À la quatrième répétition inconsciente de Wheezy, j'ai glissé dans la mare de bave, je me suis frappé sur la barre de stabilisation du Tummy-O-Matic, je me suis effondré sur le plancher de bois franc et je me suis de nouveau blessé la jambe.

Une fois de plus, je me roulais sur le parquet du salon, en proie à une douleur intense.

Wheezy s'est mis à ronfler.

Dimanche

Notre jour de vérité arrivé, j'ai pris mon enthousiaste déterminé de la condition physique et je me suis rendu au pèse-personne dans la salle de bains pour en avoir le cœur net. J'ai doucement déposé Wheezy sur le pèse-personne, et je me suis préparé à un échec. Quand les chiffres ont cessé de tourner, j'ai regardé et je ne pouvais pas le croire.

« SAINTE FORMULE DE POISSON DE MER!!!! WHEEZY A PERDU UN DEMI-KILO!!!! » me suis-je entendu crier.

Immédiatement, j'ai couru à travers la maison en levant le poing, en faisant ce geste stupide de chahut et ma meilleure danse après un toucher (au football américain). Pour la forme, j'ai crié: « Qui a réussi? Qui a réussi? J'ai réussi, c'est moi qui ai réussi! » Je ne m'étais pas senti aussi bien depuis que j'avais battu ce record d'exclusion.

Wheezy dormait profondément sur le pèse-personne.

Pendant que je gambadais dans toute la maison, Sue s'est pointée à la porte. Je ne pouvais plus me contenir. « Wheezy a perdu un demi-kilo! J'ai réussi! Je suis LE MEILLEUR! Le MEILLEUR entraîneur de chat! Comme je le dis toujours, mon chou: *Si tu peux le faire, ce n'est pas de la vantardise — Je suis le MEILLEUR!* »

De toute évidence, Sue était contente. Elle s'est frotté le menton, perdue dans ses réflexions, puis elle a dit: « Je me demande si cette nouvelle nourriture que j'ai donnée à Wheezy, *Nourriture pour les chats qui ne sont presque jamais actifs,* a pu aider? D'une façon ou d'une autre, il semble plus heureux. »

Wheezy et moi connaissions la vérité vraie, mais j'ai laissé Sue croire ce qu'elle voulait.

Quant à Wheezy, bien sûr qu'il est plus heureux — il est en forme.

Tom Schreck

L'appel du homard

Basil Rathcoon et sa demi-sœur Agatha Coonstie ont été les premiers chats Maine Coon que j'ai eus, et je me suis rapidement habituée à leurs trilles de sons musicaux, que mon mari et moi désignions comme « parler ». Basil, un mâle de plus de neuf kilos, était de loin le plus chantant des deux; chaton, il avait développé une langue particulière pour parler à son jouet favori, un homard rembourré.

L'« appel du homard » se produisait toujours lorsque Basil déménageait son petit ami, le jouet rouge, en le transportant avec précaution entre ses mâchoires. Chaque jour, le homard était présent au déjeuner, pour la sieste dans le lit de Basil, pour regarder la télévision sur le canapé, pour le dîner, et enfin au lit. Bien sûr, le homard, « M. Jean-toujours-prêt », contribuait aux diverses tâches de la maison, telles la vaisselle et la lessive. Basil s'assurait que lui et son ami participent à toutes les activités de la famille, alors chaque fois que Basil déménageait son homard, il le prenait et lui expliquait — à l'aide de toute la force de ses poumons — la prochaine tâche à l'ordre du jour. Peu importait où j'étais dans la maison, je pouvais toujours les entendre venir.

Comme il arrive souvent aux amitiés d'enfance, je craignais que les deux se séparent à mesure que Basil vieillirait. Les deux sont pourtant restés de bons amis, même si le pauvre homard a été victime de nombreuses tragédies, comme une chute dans la cuve de la toilette par le frère jaloux de Basil, Rochester, un tigré roux à poils longs. Le homard a dû être lavé, séché et remis en état avec l'herbe aux chats — grâce une opération chirurgicale mineure — avant d'être en mesure de voyager de nouveau. Tout semblait au beau fixe. Jusqu'à ce jour où le jouet a disparu, et qu'ainsi se termine l'appel du homard.

Mon mari et moi étions attristés de ne plus entendre les cris musicaux, mais ce qui était encore plus pénible, c'était le changement dans le comportement de Basil. Même s'il avait toujours été un sauteur fantastique, énergique et un peu trop intelligent pour sa sécurité, il n'avait jamais détruit de meubles ou brisé des objets fragiles. Donc, lorsqu'il a commencé à s'étirer les pattes jusqu'à la rampe de l'escalier menant à l'étage pour tenter de frapper le vase antique contenant des fleurs artificielles à longues tiges, qui avait appartenu à ma belle-mère décédée, j'ai été contrariée. Je craignais que notre Rochester, parfois un brin vilain, ait enseigné à Basil l'art d'attaquer les fausses fleurs.

Pendant plusieurs mois, j'ai déplacé le vase de fleurs à divers endroits. Chaque fois, Basil tentait des cascades incroyables pour l'atteindre. Un jour, lassée par une autre des tentatives de Basil pour massacrer les fleurs, j'ai pris le vase pour le déplacer. Mon mari, qui se tenait non loin, a dit: « Pourquoi y a-t-il une paire d'yeux qui me regardent? »

Étonnée, j'ai déposé le vase sur la table de la salle à manger et j'ai reculé. Mon brave mari s'est approché des fleurs et il en a ressorti — le homard de Basil.

Nous nous sommes assis sur le plancher, avons appelé Basil à nous et l'avons réuni à son ami volage. Basil a senti le homard, puis il a pris son copain et l'a apporté en haut jusqu'à la chambre, et l'a installé dans le lit de chat circulaire. Pendant deux jours, le homard a été privé de sortie et est resté en punition dans la chambre, mais à la fin de sa détention, il a eu la permission de reprendre ses activités normales de voyage.

Basil a maintenant cinq ans. Malheureusement, le homard irremplaçable a été plongé une fois de trop dans la cuve de la toilette par Rochester, et Basil a adopté une souris rouge rembourrée d'herbe aux chats, et une nouvelle amitié a pris naissance.

Notre chatte d'Espagne, Pyewacket, miaule aussi après son ami favori, une balle scintillante d'un vert éclatant — même si elle ne peut pas émettre les mêmes sons musicaux que Basil. Je suis la seule personne, à ma connaissance, dont les animaux de compagnie ont leurs propres toutous, ce qui crée finalement une famille heureuse, bien qu'un peu bruyante.

Susan Isaac

Clic, clic

Lorsque je joue avec ma chatte, qui sait si ce n'est pas plutôt moi qui suis son passe-temps?

Montaigne

Comme je suis une gardienne d'animaux responsable, je m'assure de bien connaître les plus récentes recommandations et innovations en ce qui concerne les soins à donner aux animaux, en lisant les anciens numéros cornés et chiffonnés des magazines sur les chats dans le cabinet de mon vétérinaire, et ce, tous les six mois, lorsque j'amène une horde de chats pour leurs vaccins semi-annuels.

Le dernier article que j'ai lu traitait de l'importance de jouer avec nos compagnons félins. Les animaux, soulignait l'article, *aiment* et *attendent* le moment de jouer avec leurs humains. C'est un temps pour resserrer les liens et, si cela se fait régulièrement, l'animal attendra ce moment chaque jour avec impatience et excitation.

Voyez-vous, tout ce temps, je présumais que nos chats étaient heureux à s'empiffrer et à se faire ensuite chauffer le ventre au soleil pendant des périodes de huit heures. J'ignorais que derrière ces ventres pleins et ces fourrures chaudes, le cœur des chats était brisé parce qu'ils n'avaient pas de période régulière de jeu avec moi. Je me suis mise en frais de remédier à la situation.

En rentrant à la maison après avoir fait des achats à la boutique pour animaux, j'avais bien confiance que l'un de ces sacs contenait le secret pour découvrir un plaisir partagé entre mes chats et moi. J'ai commencé simplement, avec leur jouet favori lorsqu'ils étaient petits, la souris en coton.

« Ici, mon chat », ai-je dit, en balançant une souris en coton jaune vif par la queue. « Viens jouer. »

Le chat s'est gratté le nez dans son sommeil et s'est roulé sur le ventre.

J'ai essayé avec le chaton. « Tu vois la souris? Veux-tu attraper la souris? »

Le chaton s'est assis et a bâillé. Quel encouragement! Il y en avait au moins un qui était réveillé.

J'ai mis ma main dans le sac et j'en ai ressorti du fromage en caoutchouc.

« *Oooooh!* me suis-je exclamé. Regarde le joli fromage. Qui veut essayer de manger le joli fromage? »

Le chaton a regardé le chat, qui a fait un haussement d'épaule, l'air de dire: Je-ne-sais-pas-mais-ignore-la-et-elle-s'en-ira-peut-être.

J'ai frappé dans mes mains et j'ai annoncé: « Hé! Vous êtes supposés vouloir jouer avec moi. J'ai acheté tous ces jouets, alors participez. »

J'ai tiré du sac deux balles à grelot identiques rayées de la couleur des cannes en bonbon. *Clic, clic. Clic, clic.* Elles avaient un son joyeux.

Les chats m'ont tourné le dos.

« Ah, allez! ai-je supplié. Jouons une partie de *chasse à la balle à grelot*. Venez, je vais vous montrer comment. »

Je me suis donc retrouvée à faire rouler une balle grelot dans le couloir, puis à courir après pour l'attraper et la faire rouler — encore et encore. J'étais très essoufflée lorsque je suis revenue vers les chats après cinq essais.

« Vous voyez? ai-je dit en râlant. Ce n'est pas si... »

Ils étaient partis. Je les ai cherchés dans la maison jusqu'à ce que je trouve le chat qui grignotait près du bol du chaton, et la petite chatte qui était terrée sous la crédence de la salle à manger, dans l'espoir de se cacher de moi.

« D'accord, vous gagnez », ai-je ajouté, en abandonnant les jouets au milieu du plancher. « Nous ne jouerons pas. »

***

La scène se passe à deux heures du matin: mon mari et moi sommes bien au chaud sous les couvertures et profondément endormis.

Clic, clic. Clic, clic.

Mon mari s'est retourné. « C'est quoi, ça? » a-t-il grommelé.

Clic, clic.

« J'ai acheté des jouets aux chats, ai-je répondu. Ils les détestaient. Attends quelque temps et ces bruits cesseront. »

Clic, clic. Clic, clic. Dérangeant, mais supportable. Supportable, jusqu'à ce que les chats découvrent à quel point les balles sonnaient mieux sur les planchers en bois franc.

CLIC CLIC. CLIC CLIC. CLIC CLIC CLIC CLIC CLIC CLIC CLIC CLIC CLIC. Pause. CLIC CLIC CLIC CLIC CLIC CLIC CLIC CLIC.

Deux heures s'étaient écoulées et le bruit ne voulait pas cesser. Non seulement les chats étaient-ils enchantés de leur nouveau jeu de « chasse à la balle clic », mais ils ont aussi découvert un attrait pour le jeu « n'approche pas ». Chaque fois que nous sortions du lit pour leur retirer les balles, ils les cachaient dans un endroit introuvable, s'assoyaient et nous fixaient jusqu'à ce que nous retournions au lit. Puis, ils sortaient les balles et recommençaient leur pratique de soccer sur les planchers de bois à l'extérieur de notre chambre à coucher.

Il y a une semaine de cela et je n'ai pas encore retrouvé ces balles à grelot. Les chats ont certainement une cachette secrète qu'ils ne dévoileront pas. Je sais, par contre, qu'elles sont ici. Je le sais, car tard dans la nuit, profondément cachées dans des recoins de la maison, ces balles approchant toujours de plus en plus, nous les entendons venir.

Clic, clic.

Parfois, nous nous serrons dans les bras l'un de l'autre et nous pleurons.

Stupides revues d'animaux.

Dena Harris

Confession d'une personne qui détestait les chats — et qui en a guéri

Je me souviens très clairement avoir observé notre fille qui portait dans ses bras un jeune chaton le long du sentier menant à mon bureau. *Pourquoi,* me suis-je demandé, *Jenny m'apporte-t-elle un chat à moi?* Elle sait très bien que je n'aime pas les chats. Tout récemment, nous avions eu une discussion sur sa décision d'introduire un chat dans la famille. Je m'y étais opposé, et j'avais perdu. Mon grand-père n'aimait pas les chats, mon père n'aimait pas les chats, et même le fils obéissant que j'étais a appris très jeune que les chats étaient des êtres sinistres et diaboliques, en somme, des animaux peu recommandables. À mon avis, ils n'avaient aucune place légitime dans la maison de gens civilisés.

Ma question a rapidement trouvé réponse. Jenny avait sauvé le chat d'un groupe de jeunes voyous qui brandissaient des bâtons près d'un parc de roulottes. Au premier regard, on aurait pu penser qu'elle était arrivée trop tard. Le chat était dans un état terrible. Il était émacié et avait plusieurs blessures sur le corps, ainsi qu'une mâchoire blessée. Il avait, de toute évidence, besoin de soins médicaux.

Pendant que Jenny tenait le chat, elle le rassurait en lui disant que tout irait bien. Puis, elle a ajouté: « Papa va t'emmener voir le Dr Waggoner. »

J'ai repris: « Jenny, tu sais que je n'aime pas les chats. Trouve quelqu'un d'autre pour l'emmener chez le vétérinaire. »

« Je n'ai pas le temps, papa. Je suis déjà en retard à mes cours. » (Elle étudiait la musique dans une université locale.) « Papa, a-t-elle poursuivi, presque en larmes, tu ne veux pas qu'il souffre, n'est-ce pas? »

« Mais non », ai-je répondu. (Je n'aimais peut-être pas les chats, mais je n'étais pas un monstre!) « Ça va, ai-je ajouté avec réticence, je vais l'emmener voir le Dr Waggoner. Mais lorsque je le ramènerai, *tu* en prendras soin. Quand il sera rétabli, je veux que *tu* lui trouves un foyer. » C'était une affaire réglée. Du moins, je le croyais.

Le Dr Waggoner connaissait mes sentiments envers les chats — ou, plus précisément, mon manque de sentiments. Après avoir manifesté son étonnement du fait que *j'*aie été choisi pour emmener ce malheureux félin pour recevoir des soins, il a examiné l'animal, a nettoyé ses blessures et a pratiqué quelques ajustements mineurs à sa mâchoire blessée. Puis, il m'a remis des médicaments pour le chat, avec instruction de les lui donner oralement deux fois par jour. Il a dit que le chat était chanceux d'être en vie, très chanceux. « Lucky » ai-je répété, et le nom est resté.

Je n'avais jamais donné de médicaments à un chat de ma vie, et j'ai été surpris de la force des mâchoires de Lucky, malgré sa blessure. Lors de ma première tentative, il a fermé sa gueule hermétiquement, l'air de dire: « Je ne prendrai de médicament de personne. » Heureusement, le Dr Waggoner avait prévu la chose et il m'avait montré comment appliquer simultanément une pression des deux côtés de la mâchoire, forçant ainsi le chat à ouvrir la gueule. Dès que l'occasion s'est présentée, j'ai inséré le compte-gouttes dans la gueule de la petite bête et j'ai pressé le bout, et le tour était joué, jusqu'à la prochaine fois.

Les jours se suivaient et je voyais très peu de changement dans l'attitude de Lucky. Enfin, après dix jours, je l'ai ramené chez le Dr Waggoner pour un suivi. J'ai été étonné d'apprendre que nous devions continuer le traitement pendant encore dix jours. Ce n'était pas ce que je voulais entendre, mais j'avais appris la procédure et je pensais que peut-être, peut-être seulement, la résistance de Lucky deviendrait un peu moins sauvage.

Quelque part au cours de la deuxième période de dix jours, j'ai remarqué quelques changements. Lucky sautait parfois sur le bureau où était mon ordinateur et se couchait sur les papiers dont j'avais justement besoin pour mon travail. J'ai aussi remarqué qu'au moment de manger, il marchait autour de mes chevilles et ronronnait très doucement. Un jour, il a sauté sur le dossier de ma chaise, s'est couché en boule et a dormi pendant quelque temps.

Comme la deuxième période de dix jours tirait à sa fin, j'ai demandé à Jenny (qui, étrangement, semblait débordée par son horaire durant tout ce temps) si elle avait trouvé un bon foyer pour Lucky. « Pas encore, a-t-elle répondu. Je cherche toujours. » Puis, jetant un œil sur Lucky qui dormait confortablement sur mon bureau, elle a ajouté: « J'ai l'impression que Lucky croit qu'il a trouvé juste la bonne maison pour lui. »

« Pas ici, ai-je dit. Tu as fait une promesse lorsque j'ai accepté de l'emmener chez le Dr Waggoner; maintenant, il faut que tu la tiennes et que tu trouves un bon foyer pour ce chat. » Jenny avait compris ce que Lucky avait déjà décidé — et que je n'avais pas encore saisi: ces quatre pattes à lui étaient exactement là où elles voulaient être.

Ainsi, conformément à la personnalité rusée du chat, Lucky avait trouvé son chemin dans ma vie et était devenu une partie très importante de ma routine. La preuve de cela est venue alors que j'ai reconnu avoir commencé à le chercher à la fenêtre et à écouter ses salutations — un ronronnement très fort en s'approchant du petit édifice à bureaux où je travaillais, et où il était fermement décidé à y vivre. J'ai même construit un petit perchoir à la fenêtre pour lui (avec du tapis, bien sûr) et j'ai placé un solide écran en fils de fer à l'extérieur pour le protéger des chiens du voisinage. Il lui était encore plus difficile de se sauver ainsi, si telle avait été son intention. Ce n'étaient pas là des gestes posés par quelqu'un qui détestait les chats. Je ne m'en suis pas rendu compte sur le coup, mais j'en ai pris conscience peu après.

Je l'ai compris avec certitude (et pour toujours) le jour où je l'ai emmené chez le vétérinaire pour son dernier examen avec les couleurs — des rubans orange et bleu — de mon université de Floride, fièrement attachés à la porte de sa cage. C'est alors que le Dr Waggoner a avoué que Lucky n'avait pas nécessairement eu besoin de la deuxième séance de médicaments. « Lucky se portait suffisamment bien, a-t-il expliqué. Vous, vous aviez besoin encore d'un peu de temps pour que le processus d'attachement soit solide. »

Marshall Powers
Tel que raconté à Hester Mundis

NOTE DE L'ÉDITEUR: *Un solide lien s'est créé entre Lucky et Marshall Powers, qui a profité de l'amour et de la compagnie de Lucky pendant près de dix ans. Un an après sa mort, Lucky le Chat a été nommé cofondateur, avec Marshall Powers, de Gato Press. Se consacrant à la publication d'histoires sur les chats conçues pour éduquer et enrichir les jeunes lecteurs, Gato Press possède maintenant une collection de livres sur les aventures de Lucky au paradis des chats. Les histoires sont racontées du point de vue de Lucky — mais elles sont toutes écrites par Marshall, un homme qui a découvert la joie incomparable d'ouvrir son cœur à un chat.*

Le cadeau de l'acceptation

Lorsque nous avons emmené Doogie, un chaton gris et blanc de quatre mois, vivre avec nous, Calvin, notre tigré de deux ans, n'en était pas heureux. Il nous a accueillis à la porte d'un air soupçonneux, crachant fortement en direction de la boîte qui contenait le chaton. Cette première rencontre a été un échec. Doogie voulait qu'ils soient amis immédiatement et Calvin ne l'entendait pas ainsi.

Les quelques premiers jours ont été pénibles. Doogie continuait d'essayer de devenir ami avec Calvin, et Calvin continuait de cracher et de lui donner des coups. J'étais stressée et je pensais que nous avions peut-être fait une erreur en adoptant un deuxième chat. Je savais que Calvin avait besoin d'un compagnon de jeu félin, mais apparemment, il n'était pas heureux de mon choix.

Pour empirer les choses, Doogie avait un problème à digérer la nourriture coûteuse, formule spéciale, avec laquelle nous le nourrissions, et il dégageait de très mauvaises odeurs. Steven, mon mari, qui n'avait pas été très chaud, dès le départ, à l'idée d'avoir un deuxième chat, s'est tourné vers moi après un autre des moments « odorants » de Doogie, et m'a dit: « De tous les chats qu'il y avait au refuge, pourquoi devais-tu choisir celui qui sentait mauvais? »

L'avenir s'annonçait sombre.

Toutefois, après une semaine entière avec nous, Doogie a fait une autre tentative pour développer une amitié avec Calvin, et ce dernier, dans un moment de bienveillance, lui en a donné la permission. Doogie a frappé sa petite tête sur la face de Calvin, puis il s'est frotté au complet sur son corps. J'étais ravie de voir à quel point les garçons s'entendaient finalement bien, lorsque soudain Calvin a émis un miaulement furieux et a frappé son petit frère. Avant que je puisse gronder le plus vieux chat, j'ai senti. Doogie avait choisi le moment où son petit derrière était devant la face de Calvin pour avoir une éruption reliée à ses problèmes digestifs. Je n'ai pu faire autrement que de rire.

Malgré les salutations impolies de Doogie, les relations entre les deux chats se sont grandement améliorées à partir de là. Ils ont commencé à lutter ensemble et à jouer à des jeux de pourchasse dans toute la maison. Même s'ils s'entendaient, Calvin continuait toujours de penser qu'il devait faire entendre clairement à Doogie que lui, Calvin, était le chat dominant qui daignait permettre à Doogie de partager sa maison. Si Doogie avait quelque chose que Calvin voulait, généralement un endroit chaud où dormir, il n'hésitait pas à chasser Doogie de là et à prendre ce qu'il voulait. Heureusement, l'arrangement convenait à Doogie.

Entre temps, les problèmes digestifs de Doogie empiraient. Il avait cessé de sentir mauvais, mais il avait cessé aussi de garder sa nourriture. Inquiète, je l'ai emmené chez le vétérinaire. J'ai appris que Doogie avait un estomac sensible et qu'il devait manger une diète spéciale. Nous sommes revenus à la maison avec un sac de nourriture naturelle pour chats, spécialement prescrite.

Cela posait un problème. Les garçons étaient habitués à ce que leur nourriture les attende pour qu'ils en mangent chaque fois qu'il leur en prenait l'envie. Nous ne pouvions plus continuer à garder la nourriture riche à leur portée tout le temps. Nous avons échangé la nourriture riche pour la nourriture naturelle, en pensant que le problème serait résolu. Nous avions tort.

La première fois que Calvin s'est approché du bol pour un casse-croûte, il l'a reniflé et a manifesté son indignation avec force. Ce miaulement exprimait clairement: « Quelle est cette cochonnerie dans mon bol?! »

Pour calmer Calvin, Steven et moi avons gardé sa nourriture riche dans le garde-manger. Lorsqu'il voulait se nourrir, il se tenait devant la porte du garde-manger et miaulait fortement jusqu'à ce que l'un de nous deux ouvre la porte pour lui permettre d'entrer. Nous restions là jusqu'à ce qu'il ait terminé, puis nous fermions la porte derrière lui une fois qu'il était sorti du garde-manger. C'était un moyen efficace pour tenir Doogie loin de la nourriture qui le rendait malade.

Il y a quelque chose de magique à propos de choses que nous ne pouvons pas avoir. Nous commençons par vouloir plus que tout ce qui nous est interdit. Cela s'applique aux chats aussi bien qu'aux humains. Doogie a rapidement compris qu'il y avait dans le garde-manger une chose particulière qui lui était refusée. Chaque fois que la porte s'ouvrait pour que Calvin puisse prendre une collation, Doogie était sur les talons de son frère et essayait de toutes ses forces d'atteindre le mystère qu'était la nourriture de Calvin. Nous lui refusions l'accès à tout coup.

Si les chats peuvent avoir de la compassion, Calvin en avait pour Doogie. Il savait qu'il avait la meilleure nourriture alors que Doogie mangeait ce que Calvin considérait comme de la nourriture de catégorie inférieure.

Cet arrangement fonctionnait depuis des semaines lorsqu'un jour, Calvin est allé dans le garde-manger, comme d'habitude. Comme il en sortait, j'ai vitement fermé la porte afin que Doogie, qui le talonnait de près, ne puisse pas entrer. Ce jour-là, par contre, Calvin a refusé de faire comme à l'habitude. Il s'est arrêté devant Doggie et a ouvert sa bouche. Une cascade de nourriture pour chat s'est déversée en pile aux pieds de Doogie. Doogie l'a avalée avec reconnaissance.

J'étais ébahie de ce qui venait de se produire. Mon chat n'avait pas seulement montré beaucoup d'ingénuité, mais il avait aussi donné à Doogie le plus grand des cadeaux — il l'avait accepté totalement et pour toujours.

Anne Marie Davis

« Cesse de faire le difficile...
ce n'est pas si mauvais que ça. »

Apprendre les règles

La plupart des chats ne s'approchent pas des humains imprudemment... Il y a bien des rites à observer et certains gestes diplomatiques à poser avant d'en arriver à une trêve.

Lloyd Alexander

Hazel et Stormy n'avaient aucune idée de ce qui allait arriver. Un jour, mon mari n'est pas allé travailler et nous sommes tous les deux partis pendant deux journées entières; à notre retour, nous avions un chaton humain.

Au début, aucun des deux chats ne voulait voir le bébé, car ils en étaient effrayés. Stormy avait été sauvée à l'âge de quatre semaines et elle croyait, dans son petit cœur de chatte, qu'elle était une forme larvaire d'un être humain. Elle avait vécu ses deux premières années convaincue qu'un jour, son pelage tomberait et qu'elle grandirait pour mesurer un mètre quatre-vingt. Elle considérait mon mari comme sa mère et faisait de son mieux pour marcher sur ses deux pattes de derrière. La vue d'un vrai bébé humain a ébranlé sa foi, et j'ai bien peur qu'elle ne retrouve jamais son équilibre.

Hazel — avec son profond instinct de conservation acquis après plusieurs mois dans la rue — avait une vue plus expérimentée du monde. Elle comprenait que j'étais maintenant une « Mère animale » et, en ce sens, que j'étais dangereuse. Elle m'évitait. En défendant ma progéniture, je pourrais devenir imprévisible. Bien qu'elle ait toujours dormi sur mon oreiller, Hazel refusait maintenant de sauter sur le lit lorsque j'y étais. J'avais beau la rassurer, rien n'y faisait. Hazel voulait surtout que le bébé grandisse et s'en aille. Elle attendrait patiemment ce moment.

Le bébé est né au milieu du mois de juillet. À la mi-août, Hazel s'est inquiétée, voyant que le bébé ne marchait ni ne parlait encore — et qu'il ne montrait aucun signe de vouloir partir vers son propre appartement. Vraiment, cela demandait un compromis: elle allait devoir amorcer des relations diplomatiques avec le bébé.

C'était un vendredi après-midi et le bébé avait enfin cessé de crier pour finalement s'endormir. Je l'ai couché au milieu de mon grand lit et je me suis assise pour lire. Peu après, Hazel est montée au pied du lit et s'est installée dans le coin le plus reculé du matelas. Elle m'observait. D'après sa posture, sa question était claire: *Est-ce que je peux être sur le lit pendant que le bébé est sur le lit?*

Je lui ai fait des bruits de cliquetis, et elle s'est détendue. Toujours en m'observant, elle s'est approchée de deux pas, puis elle s'est arrêtée. De nouveau, sa question était évidente: *Est-ce que je peux m'approcher du bébé?*

J'étais assise bien détendue, je la surveillais et je veillais à ce que mon langage corporel dise oui.

Hazel a fait le tour du périmètre du lit, puis a mis sa tête sous mes mains. *Est-ce que je peux être caressée pendant que tu es avec le bébé?* Oui, Hazel, tu peux être caressée.

Ensuite, elle a dressé la queue et s'est dirigée tout droit vers mon fils, en exprimant: *Puis-je marcher sur le bébé?* J'ai répondu à cela en la soulevant et en la déposant de l'autre côté de moi. Non, Hazel. Tu peux marcher sur nous, mais tu ne peux pas marcher sur le bébé.

Tout en me surveillant toujours, Hazel a mis sa tête près des mains du bébé. *Puis-je essayer d'approcher le bébé pour qu'il me flatte?* Oui, Hazel, mais c'est inutile.

Puis-je me pelotonner près du bébé? Oui, surtout si tu ronronnes comme tu le fais maintenant, mais attention à tes pattes de derrière.

La question des caresses a été longue à résoudre. J'ai dû faire pivoter souvent Hazel afin que son dos soit près du bébé. Elle n'aimait pas cette position parce qu'elle ne pouvait pas me voir. Elle avait fait de son mieux pour garder le contact visuel tout ce temps.

Hazel était sur ses pattes et, avec son regard fixé sur le mien, elle a abordé l'étape suivante des négociations; elle a soigneusement étendu une patte avec les griffes rentrées sur le front de mon fils. Je me suis levée d'un bond et elle a retiré sa patte et n'a plus jamais essayé.

Les négociations terminées, Hazel s'est encore installée près du bébé, en n'hésitant pas cette fois à me tourner le dos. Elle avait défini des frontières très précises sur la façon de traiter les chatons humains et, sept années et trois bébés plus tard, notre petite diplomate obéit encore à ces règles.

Jane Lebak

Le chat George Washington et famille

Nous emménagions dans notre nouvelle maison. Je venais d'ouvrir la porte pour aller chercher d'autres effets que j'avais dans la voiture lorsque « quelque chose » a passé en vitesse près de moi. « Qu'est-ce...? » ai-je commencé à dire. Le voisin en face m'a fait un grand sourire, en répondant: « Je crois que vous avez un nouvel ami. C'est un chat errant qui se tient aux alentours. »

Un chat? Nous avions déjà un chien, un gentil petit berger shetland de couleur sable appelé Greta. Que ferions-nous avec un chat? Dans le passé, Greta avait démontré une grande affinité pour tous les genres d'amis. Elle aimait tous les chiens. Devant notre ancienne maison, beaucoup se présentaient régulièrement et tous avaient l'air de dire: « Est-ce que Greta peut sortir et venir jouer? » Notre préféré parmi ses amis était un petit crapaud qui avait pris l'habitude de s'asseoir sur notre balcon avant pendant la soirée. Greta et lui se frottaient le nez, puis elle s'assoyait près de lui sous la lumière du porche. Nous avons même pris des photos de cette amitié étrange. Par contre, un chat?

Le seul chat qu'elle avait connu était un tigré, avec des rayures noires, qui vivait en bas de la rue où nous habitions. Nous passions tous les soirs devant sa maison pendant la promenade de Greta. Le chat sortait, s'arquait le dos et crachait. Greta jappait une ou deux fois, le tigré s'en retournait et Greta poursuivait sa marche. Le propriétaire du chat en était très amusé. « Je crois qu'ils s'aiment bien, mais ils ne peuvent pas l'admettre », m'a-t-il confié. Quand Greta a été hospitalisée pour une infection à la gorge, le propriétaire du chat est venu chez nous pour s'informer de sa santé. « Mon chat s'ennuie d'elle », a-t-il expliqué.

La nouvelle maison était remplie de nombreuses grosses boîtes contenant nos effets. En regardant dans les pièces, je ne pouvais voir que des boîtes et des boîtes — mais pas de chat. Lorsque nous aurons fini de déballer, je pourrai peut-être le trouver. En attendant, j'ai décidé de mettre de la nourriture pour chat dans un bol et de laisser la porte-fenêtre ouverte, au cas où il déciderait de partir. La nourriture disparaissait régulièrement. La porte restait ouverte, mais il ne semblait pas que quiconque quittait les lieux.

Lorsque j'en suis finalement arrivée à la dernière boîte, nous l'avons trouvé. C'était le chat blanc le plus sale que j'avais jamais vu. Ses oreilles étaient d'une drôle de teinte de vert et il avait le nez noir. Son pelage blanc était rayé de divers tons de brun, gris et orange. Ne sachant pas s'il était sauvage, je l'ai approché avec précaution. Il est venu dans mes bras comme s'il y était à sa place.

Une visite chez le vétérinaire a occasionné une note de frais très salée. Il avait une candidose aux oreilles ainsi que des mites et des puces. De plus, il a fallu lui donner un bain, des vaccins et une licence. Pendant tout ce temps, le chat est demeuré patient et aussi indifférent que possible.

Au cours des semaines précédant le moment où nous l'avons trouvé, Greta sentait que le chat était allé dans les boîtes, mais elle ne s'en occupait pas. Lorsque le chat est revenu tout propre et bien soigné, elle lui a offert un nez, et il lui a offert le sien à son tour: leur relation était scellée. Nous l'avons appelé George Washington le Chat, en raison de la façon dont il s'assoyait tout droit dans notre fauteuil avec une patte avant sur le bras de la chaise, comme s'il contemplait de façon royale sa nouvelle maison.

Quelques années plus tard, nous avons accouplé Greta à un merveilleux shetland de travail, et elle a eu quatre chiots. J'étais un peu inquiète de la façon dont George Washington le Chat réagirait aux nouveaux étrangers. Georgie s'est rendu jusqu'à la boîte où étaient les chiots et s'est assis à sa manière égyptienne, la queue enroulée autour de lui. Je l'ai observé pendant qu'il fixait la boîte; soudain, il s'est mis à ronronner. Le ronronnement s'est intensifié de plus en plus. Enfin, il est entré avec précaution dans la boîte, s'est placé autour du groupe des chiots et s'est endormi, comme eux. Greta est revenue et a jeté un coup d'œil. À voir l'expression sur sa face, je pouvais presque l'entendre penser: *Une gardienne! J'ai une gardienne!* Elle s'est alors dirigée vers son coin favori pour la sieste, sans les chiots qui la harcelaient.

Les petits grandissaient et Georgie participait avec encore plus d'énergie. Chaque matin, Greta quittait pour son déjeuner, et Georgie sautait dans la boîte et commençait la toilette du matin. Il nettoyait les oreilles (huit), les nez (quatre), les poitrines (quatre), et les yeux (encore huit), et lorsqu'il avait terminé, sa petite langue rose pendait de sa bouche. Je n'osais pas rire; il prenait son rôle très au sérieux. Quand une très gentille famille a adopté l'un des petits, Georgie l'a cherché pendant des jours. Le cœur brisé, il a miaulé devant la boîte de naissance. Nous avons décidé que nous ne voulions plus le faire souffrir de la sorte et nous n'avons plus jamais fait accoupler Greta.

Un deuxième chiot a été donné à une amie très chère et, parce que Georgie ne pouvait pas se résigner à être séparé de « sa » progéniture, nous avons gardé les deux derniers chiots. Pendant le reste de sa vie, oncle Georgie a conservé son rituel du matin de faire leur toilette. Les deux chiens maintenant adultes se présentaient consciencieusement à lui chaque matin et il nettoyait leurs oreilles, leurs yeux, leur face et leur poitrine. Les gens passaient des commentaires élogieux sur le blanc immaculé de la poitrine des shetlands, et ils demandaient ce que j'utilisais pour les laver. Je ne leur ai jamais parlé de l'oncle Georgie des garçons.

Lorsque Greta est morte, il l'a cherchée constamment, et son rituel de toilettage semblait être fait un peu moins à fond. Georgie s'est langui seulement une courte année avant d'aller rejoindre son ami canin bien-aimé. Les garçons se sont ennuyés de lui après sa mort et, pendant des mois, ils sont allés au même endroit sous la table chaque matin pour leur « toilette ».

Ces merveilleux membres de notre famille sont tous disparus maintenant, mais j'aime penser qu'oncle Georgie a retrouvé les « siens » et qu'il est de nouveau occupé à leur faire leur toilette avec sa petite langue rose.

Peggy Seo Oba

À propos des auteurs

Jack Canfield

Jack Canfield est l'un des plus grands spécialistes américains du développement du potentiel humain et de l'efficacité personnelle. Il est un conférencier dynamique et divertissant, et un formateur très en demande. Jack possède un talent extraordinaire pour informer et inspirer ses auditoires à atteindre des degrés plus élevés d'estime de soi et un rendement maximal. Récemment Jack a publié le volumee: *Le succès selon Jack: Les principes du succès pour vous rendre là où vous souhaiteriez être!*

Jack est l'auteur et le narrateur de nombreuses cassettes et vidéocassettes à grand succès, dont *Self-Esteem and Peak Performance, How to Build High Self-Esteem, Self-Esteem in the Classroom* et *Chicken Soup for the Soul — Live.* On le voit régulièrement à la télévision dans des émissions telles *Good Morning America, 20/20* et *NBC Nightly News.* Jack est le coauteur de nombreux livres, dont la série *Bouillon de poulet pour l'âme, Osez gagner* et *Le pouvoir d'Aladin* (tous avec Mark Victor Hansen), *100 Ways to Build Self-Concept in the Classroom* (avec Harold C. Wells), *Heart at Work* (avec Jacqueline Miller) et *La force du focus* (avec Les Hewitt et Mark Victor Hansen).

Jack est souvent le conférencier invité auprès d'associations de professionnels, de commissions scolaires, d'agences gouvernementales, d'églises, d'hôpitaux, d'équipes de vente et de sociétés commerciales. Parmi ses clients, on compte l'American Dental Association, l'American Management Association, AT&T, Campbell's Soup, Clairol, Domino's Pizza, GE, Hartford Insurance, ITT, Johnson & Johnson, le Million Dollar Roundtable, NCR, New England Telephone, Re/Max, Scott Paper, TRW et Virgin Records. Il a aussi fait partie du corps enseignant de Income Builders International, une école pour entrepreneurs.

Jack organise chaque année un séminaire de sept jours, un programme appelé *Breakthrough to Success.* Ce séminaire attire des entrepreneurs, des éducateurs, des conseillers, des formateurs dans l'art d'être parent, des formateurs en entreprise, des conférenciers professionnels, des ministres du culte et d'autres personnes intéressées à améliorer leur vie et celle des autres.

www.jackcanfield.com

Mark Victor Hansen

Dans le domaine du potentiel humain, personne n'est plus respecté que Mark Victor Hansen. Depuis plus de trente ans, Mark s'est concentré exclusivement à aider des gens de tous les milieux à revoir leur vision personnelle de ce qui est possible. Ses puissants messages de possibilités, d'occasions et d'actions ont créé des changements importants dans des milliers d'organisations et chez des millions d'individus dans le monde entier.

Mark est un conférencier recherché, auteur de best-sellers et un conseiller en marketing. Les références de Mark incluent une vie de succès comme entrepreneur et un bagage académique imposant. Auteur prolifique, il a écrit de nombreux best-sellers comme *Le millionnaire minute, La force du focus, Le pouvoir d'Aladin* et *Osez gagner,* en plus de la série *Bouillon de poulet pour l'âme.* Mark a exercé une forte influence par sa collection de documents audio et vidéo et ses articles sur la pensée globale, la réussite en vente, la création de richesse, le succès en édition et le développement personnel et professionnel.

Mark a créé la série MEGA Seminars. Il organise des conférences annuelles MEGA Book Marketing University et Building Your MEGA Speaking Empire où il enseigne aux aspirants et aux auteurs nouveaux, aux conférenciers et autres experts, la façon de se construire des carrières lucratives dans le domaine de l'édition et des conférences. Il existe aussi d'autres événements MEGA dont MEGA Marketing Magic et My MEGA Life.

Il a participé à de nombreuses émissions de télévision *(Oprah, CNN* et *The Today Show).* Il a fait l'objet de nombreux articles *(Time, U.S. News & World Report, USA Today, New*

York Times et *Entrepreneur)* ainsi que d'innombrables entrevues à la radio où il assure à ceux qui l'écoutent que « Vous pouvez facilement créer la vie que vous méritez. »

Philanthrope et humaniste, Mark se dévoue sans compter pour des organismes comme *Habitat for Humanity, The American Red Cross, The March of Dimes, Childhelp USA* et plusieurs autres. Il est le récipiendaire de nombreux honneurs en reconnaissance de son esprit d'entreprenariat, de son cœur philanthropique et de son sens aigu des affaires. Il est membre à vie de la Horatio Alger Association of Distinguished Americans, un organisme qui a reconnu l'ensemble de la carrière de Mark en lui décernant le prestigieux Horatio Alger Award.

Mark Victor Hansen est un champion enthousiaste du possible et il se passionne à faire du monde un endroit meilleur.

www.markvictorhansen.com

Marty Becker, D.M.V.

Le Dr Marty Becker a fait pour les animaux de compagnie ce que Jacques Cousteau a fait pour la mer et Carl Sagan pour l'espace.

Vétérinaire, auteur, enseignant universitaire, personnalité des médias et ami des animaux de compagnie, le Dr Becker est l'un des spécialistes les plus reconnus dans le monde sur la santé animale. Passionné pour son travail, il se consacre à la promotion du lien affectif entre les animaux de compagnie et les humains qu'on appelle « Le Lien ».

Marty est coauteur de *Bouillon de poulet pour l'âme de l'ami des bêtes, Bouillon de poulet pour l'âme de l'ami des chiens, Chicken Soup for the Cat & Dog Lover's Soul, Chicken Soup for the Horse Lover's Soul* et *The Healing Power of Pets,* qui a reçu un prestigieux prix argent des National Health Information Awards.

Le Dr Becker a une puissante plate-forme dans les médias dont sept années à titre de populaire vétérinaire maison de *Good Morning America* sur ABC-TV. Il écrit aussi deux chroniques prestigieuses pour les journaux, distribuées à l'échelle internationale par Knight Ridder Tribune (KRT) Services. De plus, en collaboration avec l'American Animal Hospital Association (AAHA), Dr Becker anime à la radio une émission nationale distribuée sous licence, *Top Vet Talk Pets* sur la chaîne Health Radio.

Dr Becker a été interviewé sur ABC, NBC, CBS, CNN, PBS, *Unsolved Mysteries* et par *USA Today, The New York Times, The Washington Post, Reader's Digest, Forbes, Better Homes & Gardens, The Christian Science Monitor, Woman's Day, National Geographic Traveler, Cosmopolitan, Glamour, Parents,* en plus d'importants sites Web tels *ABCNews.com, Amazon.com, Prevention.com, Forbes.com* et *iVillage.com.*

Récipiendaire de plusieurs prix, Dr Becker est particulièrement fier d'avoir reçu en 2002 le prestigieux Bustad Award, de la Delta Society et de la American Veterinary Medical Association (AVMA), à titre de Vétérinaire des animaux de compagnie de l'année pour les États-Unis.

Marty et sa famille habitent dans le nord de l'Idaho et partagent le ranch Almost Heaven avec deux chiens, cinq chats et cinq chevaux de race quarter horse.

www.drmartybecker.com

Carol Kline

Carol Kline est une passionnée des chiens ! En plus d'être une « maman gâteau pour les animaux de compagnie », elle s'occupe activement de sauver les animaux. Malgré son déménagement récent en Californie, elle est toujours membre du conseil d'administration du Noah's Ark Animal Foundation, *www.noahsark.org,* de Fairfield, Iowa, un refuge à accès limité sans cage pour chiens et chats perdus, errants ou abandonnés, où l'on ne pratique pas l'euthanasie. Au cours des huit dernières années, Carol a consacré plusieurs heures par semaine à suivre le sort des chiens et chats de Noah's Ark et à leur trouver un bon foyer permanent. Elle a aussi géré le Caring Community Spay/Neuter Assistance Program (CCSNAP), un fonds spécialement réservé à aider financièrement les propriétaires d'animaux de compagnie à faire stériliser leurs animaux. « Ce que je récolte de l'aide accordée à ces animaux est plus épanouissant que toute rémunération que je pourrais recevoir. Mon bénévolat auprès des animaux de compagnie comble mon cœur et apporte beaucoup de joie dans ma vie. »

Écrivaine et rédactrice pigiste depuis dix-neuf ans, Carol, détentrice d'un baccalauréat en littérature, a écrit pour des journaux, des bulletins et d'autres publications. En plus de ses propres livres de la série *Bouillon de poulet,* elle a contribué à des histoires et a mis son talent de rédactrice au service d'autres ouvrages de *Bouillon de poulet pour l'âme.*

En plus d'écrire et de s'occuper des animaux, Carol est aussi conférencière en motivation, traitant de plusieurs sujets, pour des groupes de bien-être pour les animaux de tout le pays. Elle enseigne aussi des techniques de gestion du stress destinées au grand public depuis 1975.

Carol a la chance d'avoir épousé Larry et elle est la fière belle-mère de Lorin, vingt-trois ans, et de McKenna, vingt ans. Elle a trois chiens — tous rescapés — Beau, Beethoven et Jimmy.

ckline@lisco.com

Amy D. Shojai

Amy D. Shojai est consultante en comportement animal, auteure à succès, conférencière et autorité nationale en matière de soins et de comportement des animaux de compagnie. Elle est une passionnée de l'éducation des propriétaires d'animaux dont elle parle dans ses livres, ses articles, ses chroniques et ses présences dans les médias, et elle a été reconnue par ses pairs comme « une des journalistes les plus chevronnés et compétents en matière d'animaux de compagnie ».

Cette ex-technicienne vétérinaire est journaliste spécialisée en animaux de compagnie depuis plus de vingt ans. Membre du International Association of Animal Behavior Consultants, elle conseille un grand nombre de professionnels en soins animaliers, de chercheurs et d'autres experts. Elle se spécialise dans la traduction du « jargon médical » en termes facilement accessibles au commun des mortels propriétaires d'animaux de compagnie. Chaque semaine, Amy répond aux questions dans sa chronique *Emotional Health* sur *www.catchow.com* et anime *Your Pet's Well-Being with Amy Shojai* sur *iVillage.com.* Elle dirige aussi la partie consacrée aux soins holistiques et au comportement de PetsForum. Elle a écrit vingt et un livres de non-fiction sur les animaux de compagnie dont *PETiquette: Solving Behavior Problems in Your Multipet Household* et *Complete Care for Your Aging Dog,* en plus d'être une coauteure de *Bouillon de poulet pour l'âme de l'ami des chiens.*

En plus de son travail de journaliste et de consultante sur les soins aux animaux de compagnie, la formation d'Amy en arts de la scène (B.A. en musique et en théâtre) l'aide dans son travail de porte-parole d'entreprise et de conseillère en produits pour animaux de compagnie. Elle a participé en tant qu'invitée à la série *Petsburgh USA / Disney Channel Animal Planet, Good Day New York, Fox News: Pet News, NBC Today Show,* et a donné des centaines d'interviews à la radio dont *Animal Planet Radio.* Amy a été l'objet d'articles dans *USA Weekend, The New York Times, The Washington Post, Reader's Digest, Woman's Day, Family Circle, Woman's World,* sans compter « la presse des animaux de compagnie ». Elle est fondatrice et membre honoraire du Cat Writers' Association, membre du Dog Writers Association of America et de l'Association of Pet Dog Trainers, son travail a été honoré avec plus de deux douzaines de prix en journalisme de la part de ces associations et de plusieurs autres organismes.

Amy et son mari, Mahmoud, habitent à Rosemont dans le nord du Texas, un « domaine » de plus de treize acres, parmi plus de 700 rosiers antiques et autres créatures diverses.

amy@shojai.com — www.shojai.com

Autorisations

Nous aimerions remercier les éditeurs et les personnes suivantes pour l'autorisation d'utiliser leur matériel. (Note: Les histoires anonymes, celles qui sont du domaine public ou qui ont été écrites par Jack Canfield, Mark Victor Hansen, Marty Becker, Carol Kline ou Amy D. Shojai ne sont pas incluses sur la liste qui suit.)

Oscar, le chaton de poubelle. Reproduit avec l'autorisation de Audrey Kathleen Kennedy. ©1997 Audrey Kathleen Kennedy.

Le chat de ma mère. Reproduit avec l'autorisation de Renie Burghardt. ©2003 Renie Burghardt.

Le tigré qui aimait la musique. Reproduit avec l'autorisation de Beverley Faith Walker. ©2004 Beverley Faith Walker.

Le chat de Coco. Reproduit avec l'autorisation de Sheila Kay Sowder. ©2004 Sheila Kay Sowder.

Le pouvoir de l'amour. Reproduit avec l'autorisation de Barbara Kay Adrian. ©2004 Barbara Kay Adrian.

À l'épreuve des « enfants ». Reproduit avec l'autorisation de Valerie Gaye Gawthrop. ©2004 Valerie Gaye Gawthrop.

Les oncles. Reproduit avec l'autorisation de Bonnie Blanche Hanson. ©1997 Bonnie Blanche Hanson.

Le bon choix. Reproduit avec l'autorisation de Margaret Loud Charendoff. ©2004 Margaret Loud Charendoff.

Conversation avec un chat. Reproduit avec l'autorisation de Hoyt Tarola. ©2004 Hoyt Tarola.

Il y a toujours de la place pour un de plus. Reproduit avec l'autorisation de Roberta Lee Lockwood. ©2004 Barbara Lee Lockwood.

Quel était ce bruit? Reproduit avec l'autorisation de Maryjean Ballner. ©2004 Maryjean Ballner.

Ce que j'ai fait au nom de l'amour. Reproduit avec l'autorisation de Linda Lou Bruno. ©2004 Linda Lou Bruno.

C'est mon chat. Reproduit avec l'autorisation d'Edna Mary Knight. ©2004 Edna Mary Knight.

Sauver le soldat Hammer. Reproduit avec l'autorisation de Rick Bousfield. ©2004 Rick Bousfield.

Billu le beau, Henry le héros. Reproduit avec l'autorisation de Cornelia Adams Jones. ©2004 Cornelia Adams Jones.

Ling Ling. Reproduit avec l'autorisation de Theresa Louise Young. ©2004 Theresa Louise Young.

Le chat de l'ashram. Reproduit avec l'autorisation de Shirley Harmison. ©2005 Shirley Harmison.

Ariel et Pongo. Reproduit avec l'autorisation de Kerri Glynn. ©2004 Kerri Glynn.

Morris, le maire. Reproduit avec l'autorisation de Margaret Loud Charendoff. ©2004 Margaret Loud Charendoff.

Peux-tu me voir? Reproduit avec l'autorisation de Dena R. Harris. ©2004 Dena R. Harris.

Un chaton fouilleur de corbeille. Reproduit avec l'autorisation de Marie D. Savino-Jones. ©2003 Marie D. Savino-Jones.

Bénévole de l'année. Reproduit avec l'autorisation d'Edi dePencier. ©2004 Edi dePencier.

Trouver un ami. Reproduit avec l'autorisation de Vanni Cappelli. ©2004 Vanni Cappelli.

Laser, le thérapeute. Reproduit avec l'autorisation de Nancy Ann Kucik. ©2004 Nancy Ann Kucik.

Cinq cents fleurs. Reproduit avec l'autorisation de Beverly Nielsen. ©2005 Beverly Nielsen.

Le chat Dickens. Reproduit avec l'autorisation de Gwen Ellis. ©2004 Gwen Ellis.

Le cadeau de Puffin. Reproduit avec l'autorisation de Jennifer Gay Summers. ©2004 Jennifer Gay Summers.

Mima, l'infirmière. Reproduit avec l'autorisation de Natalie Jewel Suarez, RVT. ©2004 Natalie Jewel Suarez, RVT.

La paix pour Pickles. Reproduit avec l'autorisation de Barbara J. Normandin. ©1997 Barbara J. Normandin.

Cloe, la guérisseuse. Reproduit avec l'autorisation de Marlene Mabel Alexander. ©2002 Marlene Mabel Alexander.

Des anges parmi nous. Reproduit avec l'autorisation de Vivian Elaine Jamieson. ©2004 Vivian Elaine Jamieson.

Le chat en porcelaine. Reproduit avec l'autorisation de Mary Bryant. ©2000 Mary Bryant.

L'homme au chat. Reproduit avec l'autorisation de Roger Dean Kiser. ©1999 Roger Dean Kiser.

Panther et les pigeons. Reproduit avec l'autorisation de Barbara M. Vitale. ©1993 Barbara M. Vitale.

La charte des droits du chat. Reproduit avec l'autorisation de Michael Alan Ruemmler. ©2004 Michael Alan Ruemmler.

Les entrées et les sorties des chats. Reproduit avec l'autorisation de Betsy Rawls Patterson Stowe. ©1992 Betsy Rawls Patterson Stowe.

Une chatte intelligente. Reproduit avec l'autorisation de Rebecca Ann Eckland. ©2004 Rebecca Ann Eckland.

Jaws, la terreur. Reproduit avec l'autorisation de Carol Lynn Shenold. ©2000 Carol Lynn Shenold.

Le chat qui nous a procuré une bouteille de vin... de la Réserve privée des Pape. Reproduit avec l'autorisation de Michael T. McGaulley. ©1999 Michael T. McGaulley.

Une balade en vol. Reproduit avec l'autorisation de Lisa-Maria Padilla. ©1999 Lisa-Maria Padilla.

Théâtre de comédie animale. Reproduit avec l'autorisation de Gregory Popovich. ©2003 Gregory Popovich.

Ringo, le chat héros. Reproduit avec l'autorisation de Carol et Ray Steiner. ©2005 Carol et Ray Steiner.

Pierres chaudes et dures leçons. Reproduit avec l'autorisation de Mary Joan Shaddox Isom. ©2004 Mary Joan Shaddox Isom.

Un autre recommencement. Reproduit avec l'autorisation de Harriet May Savitz. ©2002 Harriet May Savitz.

Le sourire de Solomon. Reproduit avec l'autorisation de Sharon Melnicer. ©2004 Sharon Melnicer.

La science de Willa. Reproduit avec l'autorisation de Catherine D. Reynolds. ©2004 Catherine D. Reynolds.

Apprendre de Roscoe. Reproduit avec l'autorisation d'Ellen Perry Berkeley. ©2005 Ellen Perry Berkeley.

Du temps avec Marky. Reproduit avec l'autorisation de Joanne S. Liu. ©2004 Joanne S. Liu.

Ange félin. Reproduit avec l'autorisation de Lesléa Newman. ©2005 Lesléa Newman.

Un cycle complet. Reproduit avec l'autorisation d'Andrea Rolfingsmeier. ©2004 Andrea Rolfingsmeier.

Les longs adieux. Reproduit avec l'autorisation de Jeanne Marie Laskas. ©1996 Jeanne Marie Laskas.

Une promenade avec Ace. Reproduit avec l'autorisation d'Edith Barton Scher. ©2001 Edith Barton Scher.

Patches. Reproduit avec l'autorisation de Carolyn Harris. ©2004 Carolyn Harris.

Le glas a sonné pour Annabelle. Reproduit avec l'autorisation de Madelyn B. Filipski. ©2004 Madelyn B. Filipski.

La magie de Merlyn. Reproduit avec l'autorisation de Lori Susanne (Mitchell) Hess. ©2004 Lori Susanne (Mitchell) Hess.

Un cercle de feu. Reproduit avec l'autorisation de Sara Porter Wye. ©2004 Sara Porter Wye.

Le cadeau de la foi d'un chat. Reproduit avec l'autorisation de Claudia D. Newcorn. ©2004 Claudia D. Newcorn.

Jellybeans noirs. Reproduit avec l'autorisation de Dorian Solot. ©2004 Dorian Solot.

L'amour persan. Reproduit avec l'autorisation de Daniela V. Wagstaff. ©2004 Daniela V. Wagstaff.

Ma vie de sage-femme. Reproduit avec l'autorisation de Brian Baker. ©2001 Brian Baker.

Le chaton qui a sauvé sa maman. Reproduit avec l'autorisation d'Elizabeth Doyle. ©2004 Elizabeth Doyle.

Bogie cherche son foyer définitif. Reproduit avec l'autorisation de Lorra E. Allen. ©2004 Lorra E. Allen.

Le cadeau d'Alley. Reproduit avec l'autorisation d'Alyce Lorraine Pitts. ©2004 Alyce Lorraine Pitts.

Roméo et Juliette. Reproduit avec l'autorisation de E.V. Noechel. ©2004 E.V. Noechel.

Fins heureuses. Reproduit avec l'autorisation de Janet Ann Pfrank Mullen. ©2005 Janet Ann Pfrank Mullen.

Elvis a quitté l'édifice. Reproduit avec l'autorisation de Marie D. Savino-Jones. ©2004 Marie D. Savino-Jones.

L'histoire de deux chatons. Reproduit avec l'autorisation de Hester J. Mundis. ©1999 Hester J. Mundis.

Etcetera, Etcetera, Etcetera. Reproduit avec l'autorisation de Sharon Lee Landeen. ©2004 Sharon Lee Landeen.

Machiavel. Reproduit avec l'autorisation de Susan Gail Hasler. ©2001 Susan Gail Hasler.

Le camp d'entraînement pour Wheezy. Reproduit avec l'autorisation de Thomas J. Schreck. ©2004 Thomas J. Schreck.

L'appel du homard. Reproduit avec l'autorisation de Susan Victoria Wells Isaac. ©2004 Susan Victoria Wells Isaac.

Clic, clic. Reproduit avec l'autorisation de Dena R. Harris. ©2004 Dena R. Harris.

Confession d'une personne qui détestait les chats — et qui en a guéri. Reproduit avec l'autorisation d'Hester J. Mundis. ©1999 Hester J. Mundis.

Le cadeau de l'acceptation. Reproduit avec l'autorisation de Anne Marie Davis. ©2004 Anne Marie Davis.

Apprendre les règles. Reproduit avec l'autorisation de Jane Lebak. ©2004 Jane Lebak.

Le chat George Washington et famille. Reproduit avec l'autorisation de Peggy Seo Oba. ©2004 Peggy Seo Oba.

SÉRIE « BOUILLON DE POULET POUR L'ÂME »

1er bol *(aussi en format de poche)*
2e bol
3e bol
4e bol
5e bol
Ados *(aussi en format de poche)*
Ados II *(aussi en format de poche)*
Ados — Journal
Ados dans les moments difficiles
Aînés
Amateurs de sport
Amérique
Ami des bêtes *(aussi en format de poche)*
Ami des chats
Ami des chiens
Canadienne
Célibataires *(aussi en format de poche)*
Chrétiens
Concentré *(format de poche seulement)*
Couple *(aussi en format de poche)*
Cuisine (Livre de)
Enfant *(aussi en format de poche)*
Femme
Femme II *(aussi en format de poche)*
Future Maman
Golfeur
Golfeur, la 2e ronde
Grands-parents *(aussi en format de poche)*
Infirmières
Mère *(aussi en format de poche)*
Mère II *(aussi en format de poche)*
Mères et filles
Noël
Père *(aussi en format de poche)*
Préados *(aussi en format de poche)*
Professeurs *(aussi en format de poche)*
Romantique
Survivant
Tasse *(format de poche seulement)*
Travail

PARTICIPEZ AU PROJET

Vous avez une histoire inspirante,
d'espoir ou de courage, à nous raconter?
Faites-nous-la parvenir.

POUR INFORMATION

www.bouillondepoulet.com

ou

Bouillon de poulet pour l'âme des Québécois
a/s *Je désire soumettre une histoire*
271, Maurice St-Louis, Gatineau, QC J9J 3V9

MARQUIS
Marquis imprimeur inc.
Québec, Canada
2008